동아시아 법화경 세계의 구축 Ⅲ

본서는 2007년 한국정부(교육과학기술부)의 재원에 의하여 한국연구재단의 지원을 받아서 간행된 출판물입니다(NRF-361-2007-1-AM0046)

동아시아 법화경 세계의 구축 Ⅲ

금강학술총서 24 | 금강대학교 불교문화연구소 편

여래

동아시아 법화경 세계의 구축 III

2015년 8월 20일 초판 1쇄 인쇄
2015년 8월 31일 초판 1쇄 발행

지은이 금강대학교 불교문화연구소
펴낸이 정창진
펴낸곳 도서출판 여래
출판등록 제2011-81호(1988.4.8)
주소 서울시 관악구 행운2길 52 칠성빌딩 5층
전화번호 (02)871-0213
전송 (02)885-6803

ISBN 979-11-86189-47-4 03220
Email yoerai@hanmail.net
biog naver.com/yoerai

값은 뒤표지에 있습니다.

※ 저자와의 협의에 따라 인지를 생략합니다.
※ 잘못된 책은 구입하신 서점에서 바꿔드립니다.
※ 이 책의 저작권은 저자에게 있습니다. 서면에 의한 저자의 허락 없이
   내용의 일부를 인용하거나 발췌하는 것을 금합니다.
※ 이 도서의 국립중앙도서관 출판예정도서목록(CIP)은 서지정보유통지원시스템
   홈페이지(http://seoji.nl.go.kr)와 국가자료공동목록시스템(http://www.nl.go.kr/kolisnet)에서
   이용하실 수 있습니다.(CIP제어번호 : CIP2015023055)

| 편집자 서문 |

　근대 이후의 사회에서 종교는 사회 각 영역 중의 한 부분일 뿐이다. 그러나 고대와 중세 세계에서 종교는 사회 영역 중의 한 부분에 그치는, 제한된 영역의 것이 아니다. 고대와 중세 세계에서 종교는 그 사회의 다양한 영역에 걸쳐서 영향력을 가진다. 그야말로 그 사회를 지배하는 가치체계로부터 개인의 일상생활에 이르기까지 다양한 층위에서 작동하는 종합적인 사상문화체계로서 기능하는 것이었기 때문이다. 따라서 근대 이전의 사회에서 종교를 연구 영역으로 삼는다는 것은 때로는 그 종교가 속해있는 사회 전체의 양상을 연구 영역으로 삼는다는 의미가 되기도 한다. 사회 변동에 의하여 종교가 영향을 받는 만큼이나 종교가 사회 각 영역에 미치는 영향 또한 크다는 의미이다.
　그런 점에서 근대 이전의 세계에서 종교의 전파는 대단히 중요한 의미를 함축한다. 단순히 종교만 전파되는 것이 아니라, 종교의 전파를 따라서 각양각색의 문화가 함께 전파되기 때문이다. 어떻게 보면, 전혀 이질적인 문화 간의 전면적인 접촉이 일어날 수밖에 없는 것이 종교의 전파이기도 하다. 그 결과가 긍정적이든 아니면 부정적이든 말이다. 불교의 동아시아 전파와 수용 그리고 정착에는 짧게는 수백 년에서 길게는 천 년 가까운 세월을 산정한다. 이질적인 세계에 수용되고 정착하고 다시 그 이질적인 세계에 자연스럽게 전통으로 받아들여지는 과정에는 그만큼 많은 시간이 필요했던 것이다.

본서『동아시아 법화경 세계의 구축 III』은 이미 출간되어 있는 제1권과 제2권에 이은 세 번째 권에 해당한다. 불교 그 중에서도『법화경』이 인도 세계에서 처음 출현하여 서역을 거쳐 동아시아 사회에 전파되는 과정과 그 점진적인 변화, 그리고 그것을 핵심 경전으로 삼고 동아시아적으로 재해석함으로써 등장했던 천태사상의 전개에 이르기까지의 과정을 개략적으로나마 검토한다는 것이 본서 기획 당시의 목표였다.

제1권과 제2권에서 초점을 둔 것은 이 중『법화경』이 인도 세계에서 출현하여 서역을 거쳐 동아시아에 전파되고 확산된 결과를 되도록 다양한 각도에서 검토하는 것이었다. 본서 역시 기본적인 구상은 제1권과 제2권의 구상에서 벗어나지 않는다. 다만 제1권과 제2권이 동아시아 세계 전체의 형상화를 중심 구도로 했다면, 제3권은 한국불교에서『법화경』과 천태사상을 둘러싼 신행과 사상의 전개를 주된 초점으로 삼은 점이 가장 큰 특징이다. 이전의 제1권과 제2권처럼, 본서 역시 학술대회에서 발표된 논문들을 주축으로 하고, 기존에 이미 발표되어 있던 국내 학자들의 논문 두 편을 추가하여 편집하였다.

이렇게 세 권의 책을 간행하는 과정에서, 동아시아 세계의 『법화경』 해석을 통한 사상사적 전개와 신앙사적 전개에 대해서 어느 정도 그 구체적인 양상을 담아냈다고 생각한다. 하지만 본래의 의도대로 충실하게 보완된 부분도 있지만, 그러지 못하여 개략적인 언급으로 그친 부분 역시 적지 않다. 때문에 앞으로도 추가적인 보완작업이 여러 방면에서 진행되어야 하리라 생각한다.

본서 『동아시아 법화경 세계의 구축 Ⅲ』은, 금강대학교 불교문화연구소 인문한국(HK)연구센터와 대한불교천태종 총무원 교육부가 공동으로 "한국 천태법화신행의 역사적 전개"라는 주제로, 2014년 10월 25일과 26일의 양일간에 걸쳐 개최하였던 학술대회의 성과물을 모은 것이다. 학술대회 주제에서 보는 것처럼, 한국에서 천태법화신행이 역사적으로 전개되었던 양상을 재조명하려는 의도로 기획된 것이었다.

학술대회에서는 주제를 크게 두 가지 부문으로 구성하였는데, 하나는 역사부문이었고 나머지 하나는 신행부문이었다. 일견 당연해 보이는 구성이지만, 한 번의 학술대회 혹은 한 권의 책에 이 두 부문을 모두 포함시켜서 조명한다는 것이 그리 쉽지는 않다. 때문에 학술대회와 제3권의 간행을 기획할 때 되도록 전체의 역사를 보여줄 수 있는 형태를 지향하되, 역사 부문이든 신행 부문이든, 기존의 연구사에서 연구가 미약하다거나 새롭게 조명되는 주제들을 우선적으로 반영하기로 하였다. 이것은 또한 이미 간행한 제1권과 제2권에서 동아시아 천태법화사상의 한 부분으로만 다루었던 한국 천태법화사상과 신행의 역사를 전체적으로 조망할 수 있도록 하기 위한 것이기도 하다.

본서의 역사 부문에 속하는 원고 중 황인규 선생님, 차차석 선생님, 이봉춘 선생님, 그리고 이기운 선생님의 논문이 한국의 천태법화 사상과 신행의 역사에서 새롭게 조명되는 주제에 속하는 논문들이다. 이들 원고들은 그 동안의 연구사에서 빠져있던 부분들을 보완하여 한국의 천태법화사의 전체적인 맥락을 새롭게 조명할 수 있는 여지를 제공한다는 측면에서 매우 중요하다고 생각한다. 또한 앞으로 한국의 천태법화의 역사 연구를 진전시킬 또 다른 실마리가 될 것이라 기대한다.

아래에서는 본서 전체의 구성에 대해서 간략히 언급하고자 한다. 본서는 총 4부로 구성되어 있다.

제1부는 한국 천태법화사상과 신행의 역사에 대한 개설에 해당하는 두 편의 논문으로 구성하였다. 광도 스님의 「천태삼대부(天台三大部)의 개현사상(開顯思想)」과 후쿠하라 류젠의 「한국의 천태법화사상의 전개 -『법화경』의 요미료의(了末了義)에 대해서-」가 그것이다. 이 두 편의 연구논문은 한국 천태법화사상의 전개에서 근원이 되는 사유의 하나인 개현사상(開顯思想)을 원론적 측면과 역사적 전개의 측면이라는 두 양상에서 검토한 것이다. 두 논문이 한국 천태법화사상사를 움직인 사유의 근본원리와 그것의 역사적 전개라는 큰 틀을 보여줄 수 있을 것이라 생각하여 제1부에 구성하였다.

제2부에는 '신라시대의 법화사상과 신행'이라는 주제 아래, 박광연의 「신라시대『법화경』의 수용과 전개」라는 논문을 편차하였다.

한국의 불교사상사에서 천태종의 성립과 전개는 대단히 독특한 측면이 있는데, 그 전래 시기보다 훨씬 뒤에 종파로서 성립되었다는 점이 그렇다. 동아시아불교에서 법화신앙과 천태사상이 가지고 있는 위치를 고려할 때 한국불교사에서 천태종의 성립은 오히려 때늦은 감이 있는 것이다. 이 때문인지 종파 성립 전의 천태법화사상사 관련 자료는 매우 부족한 것이 현실이다. 다행히 박광연 선생이 천태종 성립 이전의 법화사상과 신행의 역사를 「신라시대 『법화경』의 수용과 전개」라는 형태로 보완해주셨다.

제3부에는 '고려 조선시대 천태종의 동향'이라는 주제 아래 모두 세 편의 논문을 편차하였다. 박용진의 「대각국사 의천의 천태종 개창과 계승」, 셈 베르메르쉬(Sem Vermeersch)의 「천태의 회삼귀일(會三歸一)과 고려시대의 불교정책 -민지의 「국청사영이기(國淸寺靈異記)」를 중심으로-」, 황인규의 「고려후기 조선초 천태종단의 존재양상 추이 및 동향 -주요 고승과 사찰을 중심으로-」가 그것이다.

박용진의 「대각국사 의천의 천태종 개창과 계승」은 대각국사 의천이 천태종을 개창하기 위해 송 천태종과 교류하고 수용한 내용을 소개하고, 개창 당시의 문도와 사자 전승된 인물들을 중심으로 살펴보며, 이들의 천태종 9조 및 천태 6산에 대한 인식을 함께 고찰한 논문이다. 천태종 성립 초기의 역사 인식과 동향을 꼼꼼히 살피고 있기 때문에 이후의 동향을 파악하는 하나의 기준점으로 읽을 수 있을 것이라 생각한다.

셈 베르메르쉬(Sem Vermeersch)의 「천태의 회삼귀일(會三歸一)과 고려시대의 불교정책 -민지의 「국청사영이기(國淸寺靈異記)」를 중심으로-」는 천태법화의 회삼귀일 사상이 고려시대의 불교정책에 어떤 형태로 활용되었는지, 그리고 그러한 정책적 활용의 사례를 통해서 파악되는 고려말 천태종의 정치적 위상과 역할에 대해 검토하고 있다.

황인규의 「고려 후기 조선초 천태종단의 존재양상 추이 및 동향 - 주요 고승과 사찰을 중심으로-」는 고려말부터 조선 전기에 이르는 천태종단의 전개 양상을 정리한 것이다. 거의 미답에 해당하는 부분들인데, 새로운 사료들을 발굴하여 소개하는 것과 동시에 이를 통해서 고려말부터 조선 전기의 천태종을 분열이 아니라 중흥의 측면에서 바라볼 필요가 있음을 제기하고 있다. 역사적 관점의 재인식이라는 측면에서도 충분히 주목할 필요가 있다고 생각한다.

제4부는 '한국 천태법화신행의 전개'라는 주제 아래, 한국 천태법화의 대표적인 신행의 내용과 역사적 추이를 보여줄 수 있는 네 편의 논문을 편차하였다.

김성순의 「한국불교사에 나타난 법화회(法華會)의 통시적 특징 : 법회인가, 결사인가?」는 삼국시대에서 근대에 이르기까지 '법화회'의 역사적 전개와 신행의 양상에 대해 고찰한 것이다. 법화의 성격에 대해 개인적인 발원이나 국가의식으로 설행되었을 경우에는 법회적 성격이 강하지만, 다수 신도들이 신행을 위해 정기적으로 회합을 갖거나, 결연대중으로 참여할 경우에는 결사의 성격이 강하게 드러난다는 결론을 제시하고 있다.

이기운의 「새로 발견된 『묘법연화경삼매참법(妙法蓮華經三昧懺法)』을 통해 본 고려 후기 법화신행」은 고려 후기 천태종에서 사용되었던 『묘법연화경삼매참법』이라는 새로운 자료를 통해서 고려 후기 천태종의 신행 양상을 검토한 것이다. 학술대회에서 발표된 논문은 아니지만, 고려 후기 천태종의 신행 양상을 보여주는 새로운 사료에 대한 전면적인 검토를 하고 있는 논문이기에 별도로 요청하여 본서에 삽

입하게 되었다.

차차석의 「『관세음보살묘응시현제중감로(觀世音菩薩妙應示現濟衆甘露)』에 나타난 법화사상」은 조선 후기에서 근대로 이행하는 시기에 법화신행 전개 양상의 일단을 밝혀주는 논문이다. 조선 후기 재가 거사들의 수행결사단체인 묘련사를 중심으로 집성된『관세음보살묘응시현제중감로』에서『법화경』의 영향이 어떻게 표현되고 있는지를 처음으로 집중 검토한 것이다. 논자는 이 책이 관음신앙을 중심으로 화엄, 선, 정토, 반야사상 등 다양한 사상을 융합하고 있으며, 동시에『법화경』의 영향을 곳곳에서 발견할 수 있음을 지적하고 있다.

이봉춘의 「상월대조사의 수행과 대한불교천태종의 신행」은 근현대기 천태종을 새롭게 중창한 상월대조사의 천태종 중창 이전의 수행상과 중창 이후의 독특한 신행형태를 정리한 것이다. 전체적으로 한국 천태법화신행의 역사적 맥락에서 현대 천태종의 신행의 의미를 확인하기 위해 상월대조사의 천태종 중창 예비기간 중의 수행상을 살펴보는 부분과, 중창 이후 천태종의 독특한 신행 형태를 재조명하고 있다. 더불어 천태종의 신행이 지니는 역사·사상적 의미를 규명함으로써 한국 천태법화사상의 역사를 통시적으로 조망하고, 그 미래적 지향을 확인하려 하였다.

이처럼 본서『동아시아 법화경 세계의 구축 Ⅲ』에는 모두 열 편의 논문을 통해서 한국 천태법화사상과 신행의 역사를 조명하고자 하였다. 하지만 짐작하는 바와 같이 이것만으로 한국 천태법화상과 신행의 역사를 전면적으로 서술했다고 말하기에는 여전히 부족하다고 해야 할 것이다.

이것은 본 연구소에서 진행했던 세 차례에 걸친 학술대회의 주된 목적이 동아시아 세계에 『법화경』이 수용되면서, 그것을 매개로 형상화된 사상과 신행의 양상을 동아시아세계 전체를 염두에 두고 해명하는 것이었기 때문이기도 하다. 결국 한국이라는 좀 더 좁혀진 범주에서 좀 더 장기적으로 해명하는 시도가 필요하다고 생각한다. 모쪼록 한국의 천태법화사상과 신행의 역사를 집중적으로 재조명할 수 있는 기회가 가까운 미래에 있기를 기대한다.

마지막으로 학술대회에 참여하여 옥고를 발표해주신 여러 선생님들의 노고에 깊이 감사드린다. 그리고 3회에 걸친 학술대회의 기획을 주도하신 본 연구소 한지연 HK교수님과 본서의 편집에 참여하신 최원섭 HK교수님, 그리고 학술대회를 진행하고 본서를 간행하기까지 도움을 아끼지 않으신 본 연구소 선생님들과 연구보조원들에게 깊이 감사드린다.

2015년 8월

저자들을 대표하여 석길암 씀

목차

편집자 서문_ 5

제1부 한국 천태법화사상의 연원으로서의 개현사상

천태삼대부(天台三大部)의 개현사상(開顯思想)   이승남(광도)_ 17

한국의 천태법화사상의 전개

   - 『법화경』의 요미료의(了未了義)에 대해서 -   후쿠하라 류젠(福原隆善)_ 53

제2부 신라시대 법화사상과 신행

신라시대 『법화경』의 수용과 전개   박광연_ 67

제3부 고려 조선시대 천태종의 동향

대각국사 의천의 천태종 개창과 계승   박용진_ 91

천태의 회삼귀일(會三歸一)과 고려시대의 불교정책

   - 민지의 「국청사영이기(國淸寺靈異記)」를 중심으로 -

        셈 베르메르쉬(Sem Vermeersch)_ 139

목차

고려후기 조선초 천태종단의 존재양상 추이 및 동향
 －주요 고승과 사찰을 중심으로－　황인규_163

제4부 한국 천태법화신행의 전개

한국불교사에 나타난 법화회(法華會)의 통시적 특징
: 법회인가, 결사인가?　김성순_189

새로 발견된『묘법연화경삼매참법(妙法蓮華經三昧懺法)』을 통해
본 고려후기 법화신행　이기운_223

『관세음보살묘응시현제중감로(觀世音菩薩妙應示現濟衆甘露)』에
나타난 법화사상　차차석_249

상월대조사의 수행과 대한불교천태종의 신행　이봉춘_283

참고문헌_309

제1부

한국 천태법화사상의
연원으로서의 개현사상

천태삼대부(天台三大部)의 개현사상(開顯思想)

이승남(광도)

1. 서론(序論)

천태대사는 『법화경(法華經)』의 중심사상을 개권현실(開權顯實)로 보고 있다. 그는 부처님의 일대 설교를 화엄교(華嚴敎)·삼장교(三藏敎)·방등교(方等敎)·반야교(般若敎)·법화교(法華敎)의 5시교로 구분하고 있다. 이 가운데 화엄교(華嚴敎)는 널리 보살의 수행과 계위에 대하여 설하고 있다. 삼장교(三藏敎)는 소승에 대해서만 설하고 있다. 방등교(方等敎)는 소승을 파(破)하고 대승을 드러내고 있다. 반야교(般若敎)는 집착을 씻어내고 근본으로 돌아가게 하고 있다. 그리고 마지막 제5시교인 법화교(法華敎)는 방편을 열어서 진실을 드러내고 있다.[1] 이와 같이

---

1) 智顗, 『維摩經玄疏』(大正藏38, p.561下). "至如華嚴, 廣明菩薩行位. 三藏, 偏說小乘. 方等, 破小顯大. 大品, 歷法遣蕩會宗. 法花, 結撮始終開權顯實. 涅槃, 解釋衆經, 同歸佛性常住."

천태대사는 법화교의 주된 내용이 방편을 열어서 진실을 드러내는 개권현실이라고 하였다.

그는 『묘법연화경(妙法蓮華經)』의 문구를 해석한 『묘법연화경문구(妙法蓮華經文句)』와 다섯 글자로 된 경전의 명칭을 풀이한 『묘법연화경현의(妙法蓮華經玄義)』, 그리고 법화의 원돈수행을 체계적으로 서술한 『마하지관(摩訶止觀)』에서 개현의 의미에 대하여 밝히고 있다. 『법화문구(法華文句)』에서는 개권현실(開權顯實)[2]·개삼현일(開三顯一)[3]·회삼귀일(會三歸一)[4] 등으로, 『법화현의(法華玄義)』에서는 개추현묘(開麤顯妙)[5] 등으로, 『마하지관(摩訶止觀)』에서는 개권현실(開權顯實)[6]·개점현돈(開漸顯頓)[7] 등으로 설하고 있다. 이처럼 표현은 다양하지만 그 의미는 여러 가지 방편을 열어서 하나의 진실을 드러낸다는 것이다.

『법화경(法華經)』의 「방편품(方便品)」에서는 모든 부처님이 세상에 출현하는 이유는 일대사인연(一大事因緣)으로 불지견(佛知見)의 개시오입(開示悟入)을 중생들이 얻게 하는 데에 있다고 설하고 있다. 모든 부처님이 중생들에게 부처가 되는 길인 일불승(一佛乘)을 설하여 성불하게 한다. 비록 부처님이 성문승(聲聞乘)과 연각승(緣覺乘)과 보살승(菩薩乘)의 삼승에 대하여 설한다고 하더라도 그것은 결국 불승(佛乘)을 위한 것이다. 따라서 중생들은 부처님의 설법을 듣고 수행을 해서 일체

---

[2] 智顗, 『妙法蓮華經文句』(大正藏34, p.2上). "從序至安樂行十四品, 約跡開權顯實, 從踊出訖經十四品, 約本開權顯實."
[3] 智顗, 『妙法蓮華經文句』(大正藏34, p.6上). "若至開三顯一, 即得入圓敎七一也."
[4] 智顗, 『妙法蓮華經文句』(大正藏34, p.34下). "然正是會三歸一, 聲聞得記也."
[5] 智顗, 『妙法蓮華經玄義』(大正藏33, p.697中-下). "則有一百二十重, 若破麤顯妙, 即用上相待妙, 若開麤顯妙, 即用上絶待妙(云云)."
[6] 智顗, 『摩訶止觀』(大正藏46, p.34上). "開權顯實, 權即是實, 無權可論."
[7] 智顗, 『摩訶止觀』(大正藏46, p.33中). "卽是從漸入圓, 亦名開漸顯頓意也."

종지(一切種智)를 얻어 부처가 되어야 한다.

『법화경(法華經)』의 「방편품(方便品)」에서 설한 이러한 취지를 회삼귀일(會三歸一) 또는 개권현실(開權顯實)이라 한다. 성문승(聲聞乘)과 연각승(緣覺乘)과 보살승(菩薩乘)을 모아 일불승(一佛乘)에 귀일시킨다는 의미에서 회삼귀일(會三歸一)이라 한다. 성문승(聲聞乘)·연각승(緣覺乘)·보살승(菩薩乘)의 방편을 열어서 일불승(一佛乘)의 진실을 드러낸다는 의미에서 개권현실(開權顯實)이라 한다. 천태대사는 이러한 법화(法華)의 개현(開顯)에 대하여 삼대부에서 자세히 밝히고 있다.

이 글에서는 삼대부에 나타난 개현의 의미를 파악하고 나서 『법화문구(法華文句)』·『법화현의(法華玄義)』·『마하지관(摩訶止觀)』의 중심체계가 모두 개현을 천명하고 있음을 밝혀보고자 한다. 삼대부는 방대한 분량으로 설해지고 있기 때문에 자세히 논하는 것이 사실상 어려운 일이다. 여기서는 삼대부 각각의 중심체계에서 개현이 어떻게 드러나고 있는지 핵심적인 내용만을 다루고자 한다. 이를 통해 천태종의 소의전적인 『법화경(法華經)』의 주요내용인 개현사상에 대한 바른 이해와 그것의 실천을 도모하고자 한다.

2. 개현(開顯)의 의미

개권현실(開權顯實)은 방편을 열어서 진실을 드러낸다는 말이다. 먼저 방편을 연다는 것은 부처님이 중생을 교화하기 위하여 무수한 방편을 사용하는 것을 의미한다. 이러한 방편의 사용을 세 시기로 구분할 수 있다. 『법화현의(法華玄義)』에서는 세 시기로 변화하는 연화(蓮華)로 이러한 방편의 사용을 비유하고 있다. 다음으로 진실을 드러낸다는 것은 무량한 방편의 사용으로 하나의 진실이 드러남을 의미한다. 다시 말해 무량한 방편이 하나의 진실로 돌아간다는 것이다. 그런데 이러한 하나가 무량한 것과 다른 것이 아니다.

1) 입권(立權)의 삼의(三意)

모든 부처님은 방편을 사용하여 중생들을 교화한다. 이러한 방편을 사용하는 이유는 가르침을 받은 중생들이 실상을 깨달아 성불하는 데에 있다. 『법화경(法華經)』의 「방편품(方便品)」에서는 다음과 같이 설하고 있다.

> 모든 부처님께서는 오로지 일대사인연(一大事因緣)으로 세상에 출현하시느니라. 사리불아, 무엇을 일러 모든 부처님께서 오로지 일대사인연으로 세상에 출현하신다고 하는 것이냐. 모든 부처님께서는 중생에게 불지견(佛知見)을 열어 청정함을 얻게 하시고자 세상에 출현하시며, 중생에게 불지견(佛知見)을 보여 주시고자 세상에 출현하시며, 중생에게 불지견(佛知見)을 깨닫게 하시고자 세상에 출현하시며, 중생에게 불지견(佛知見)의 도에 들게 하시고자 세상에 출현하시느니라. 사리불아! 이것이 모든 부처님께서 일대사인연으로 세상에 출현하시는 이유이니라.[8]

---

8) 『妙法蓮華經』(高麗藏9, p.731中), "諸佛世尊, 唯以一大事因緣故, 出現於世. 舍利弗, 云何名, 諸佛世尊 唯以一大事因緣故, 出現於世. 諸佛世尊, 欲令衆生, 開佛知見, 使得

삼세의 제불이 세상에 출현하는 이유는 일대사인연(一大事因緣)으로 불지견(佛知見)의 개시오입(開示悟入)을 중생들이 얻게 하는 데에 있다. 성문이나 연각이나 보살의 지견이 아니라 오로지 부처님의 지견을 성취하게 한다. 부처님만 알고 볼 수 있는 것을 중생들이 이룰 수 있도록 한다.

여기서 말하는 부처님의 지견으로 알고 보는 것이 제법실상(諸法實相)이다. 부처님이 성취한 가장 희유(希有)하고 난해한 법이 제법실상이다.[9] 이것은 오로지 부처님만이 부처님과 더불어 끝까지 궁구할 수 있다. 성문이나 연각은 그것을 알 수 없다.[10] 보살은 그것을 부분적으로 알 수 있을지라도 끝까지 궁구하지 못한다.

「방편품」에서는 이어서 다음과 같이 설하고 있다.

> 모든 부처님께서는 다만 보살만을 교화하시고, 모든 하시는 것은 항상 이 일 하나로서 오로지 불지지견(佛之知見)을 중생에게 보여 깨닫게 하는 것이니라. 사리불아. 여래는 다만 일불승(一佛乘)으로 중생에게 설법을 하시느니라. 다른 승이 없으며 2승이나 3승이 없느니라.[11]

清淨故, 出現於世. 欲示衆生, 佛之知見故, 出現於世. 欲令衆生, 悟佛知見故, 出現於世. 欲令衆生, 入佛知見道故, 出現於世. 舍利弗, 是爲諸佛, 以一大事因緣故, 出現於世."

9) 『妙法蓮華經』(高麗藏9, p.729下). "佛所成就, 第一希有, 難解之法, 唯佛與佛, 乃能究盡, 諸法實相."
10) 『妙法蓮華經』(高麗藏9, p.729中). "一切聲聞辟支佛, 所不能知."
11) 『妙法蓮華經』(高麗藏9, p.731中). "諸佛如來, 但敎化菩薩, 諸有所作, 常爲一事, 唯以佛之知見, 示悟衆生. 舍利弗, 如來, 但以一佛乘故, 爲衆生說法, 無有餘乘, 若二若三."

모든 부처님이 중생들을 교화하여 불지견(佛知見)의 개시오입(開示悟入)을 얻게 하는 일만 한다. 이것 하나뿐이며 다른 일이 없다. 따라서 중생들은 오로지 불지견을 얻기 위해 노력해야 한다.

모든 부처님은 중생들에게 부처가 되는 길인 일불승(一佛乘)을 설하여 그들을 성불하게 한다. 중생들을 가르쳐서 오로지 부처의 자리에 오르도록 한다. 이러한 의미에서 성문·연각·보살에 그치고 마는 성문승(聲聞乘)과 연각승(緣覺乘)과 보살승(菩薩乘)은 없다는 것이다. 이러한 삼승에 머무는 것이 아니라 불승으로 나아가야 한다. 이어서 다음과 같이 설하고 있다.

> 사리불아! 현재 시방의 무량한 백천만억의 불토 가운데 모든 부처님께서 중생들에게 많은 이익을 베푸시고 안락함을 얻게 하시는데, 이 모든 부처님께서 또한 무량무수한 방편과 여러 가지 인연, 그리고 비유와 언사로써 중생을 위해 제법을 연설하시며, 이 법은 모두 일불승을 위한 것이므로 이 모든 중생이 부처님으로부터 법을 듣고 구경에는 모두 일체종지(一切種智)를 얻느니라.[12]

과거와 미래와 현재의 삼세제불이 모두 법을 설하는데 그것은 모두 일불승(一佛乘)을 위한 것이며 일체종지(一切種智)를 얻게 하는 것이다. 비록 부처님이 여러 가지 방편과 인연, 그리고 비유와 언사 등

---

12)『妙法蓮華經』(高麗藏9, p.731中-下). "舍利弗, 現在十方, 無量百千萬億佛土中, 諸佛世尊, 多所饒益, 安樂衆生. 是諸佛, 亦以無量無數方便, 種種因緣, 譬喩言辭, 而爲衆生, 演說諸法. 是法皆爲, 一佛乘故, 是諸衆生, 從佛聞法, 究竟皆得, 一切種智."

을 사용한다고 하더라고 그것은 결국 불승을 위한 것이다. 따라서 중생들은 부처님의 설법을 듣고 수행을 해서 일체종지(一切種智)를 얻어 부처가 되어야 한다.

『법화경(法華經)』의 「방편품(方便品)」에서 설한 이러한 취지를 개권현실(開權顯實) 또는 회삼귀일(會三歸一)이라 한다. 부처님이 방편을 쓰는 이유는 일불승을 위한 것이다. 따라서 중생들은 이러한 부처님의 가르침에 따라 일불승에 귀일하여야 한다.

천태대사는 부처님이 방편을 쓰는 이유가 세 가지라고 하였다. 그는 『마하지관(摩訶止觀)』에서 방편을 쓰는 것에 대하여 다음과 같이 말하고 있다.

> 권(權)은 이것이 술책으로 잠시 사용하고 다시 폐하는 것이다. 실(實)은 이것이 실록(實錄)이고 구경(究竟)의 지귀(旨歸)이다. 권을 세우는 데에 간략히 세 가지 뜻이 있다. ① 위실시권(爲實施權), ② 개권현실(開權顯實), ③ 폐권현실(廢權顯實)이 그것이다.[13]

여기서 말하고 있는 권(權)과 실(實)은 방편과 진실이다. 방편은 잠시 사용하고 버리는 것이다. 목적을 달성하기 위하여 필요에 따라 사용하지만 쓰고 나면 버리는 것이 방편이다. 이에 반하여 진실은 돌아가야 할 구경의 것이다. 이러한 의미에서 천태대사는 권(權)은 잠시 사용하고 폐하는 수단이고 실(實)은 돌아가야 할 구경의 것이라고 하였다.

---

13) 智顗, 『摩訶止觀』(大正藏46, p.34上). "權是權謀暫用還廢, 實是實錄究竟旨歸, 立權略爲三意, 一爲實施權, 二開權顯實, 三廢權顯實."

이러한 권(權)을 세우는 뜻이 세 가지인데, ① 실을 위하여 권을 베풀고, ② 권을 열어서 실을 드러내고, ③ 권을 폐하고 실을 세우기 위해서이다. 간단히 말해 시권(施權)하고 개권(開權)하며 구경에는 폐권(廢權)을 한다. 이와 같이 방편을 쓰는 이유는 진실을 드러내기 위해서이다. 다시 말해 삼승의 방편을 써서 일불승의 진실을 드러내기 위해서이다. 부처님께서 여러 가지 방편을 쓰시지만 결국 그것은 하나의 진실을 드러내기 위해서이다. 이러한 의미에서 개현(開顯)은 하나의 실상으로 돌아가는 귀일(歸一)을 의미한다.

2) 연화(蓮華)의 비유

『법화현의(法華玄義)』에서는 연화(蓮華)로 법화의 개현(開顯)을 비유하고 있다.[14] 연화는 세 시기로 변화한다. 첫 번째로 연실(蓮實)을 위해 연꽃이 나오는데 연실은 보이지 않는 시기다. 이것을 화필유연(華必有蓮)이라 한다. 두 번째로 연꽃이 피어서 연실을 키우고 연실이 드러나는 시기다. 이것을 화개연현(華開蓮現)이라 한다. 세 번째로 연꽃은 지고 연실은 번성하는 시기다. 이것을 화락연성(華落蓮成)이라 한다. 연꽃이 나오고 연꽃이 피고 그리고 연꽃은 진다. 즉 화생(華生)하고 화개(華開)하며 화락(華落)한다. 그렇지만 연실은 남는다.

연꽃의 이러한 변화는 방편의 사용을 의미한다. 진실을 드러내기 위해서 방편을 세 가지로 쓰는 것과 같다. 다시 말해 화생(華生)하고 화

---

14) 智顗, 『妙法蓮華經玄義』(大正藏33, p.773上). "又以此華, 喻佛法界, 跡本兩門, 各有三喻. 喻跡者, … 此三譬, 譬本門, 始從初開, 終至本地."

개(華開)하며 화락(華落)하듯이 시권(施權)하고 개권(開權)하며 구경에는 폐권(廢權)한다. 연화가 나와서 피고 지면서 연실이 남듯이 방편의 사용으로 오로지 진실만이 남는다. 천태대사는 이러한 연화의 비유로 개현을 나타내고 있으며 결국 모든 것이 진실로 귀일함을 말하고 있다.

『법화현의(法華玄義)』에서는 연화의 세 가지 변화로 법화의 개현을 비유하고 있는데, 적문(跡門)의 개현과 본문(本門)의 개현을 각각 비유하고 있다. 이것을 이문육비(二門六譬)라고 한다.

먼저 적문의 개현을 비유한다. 첫 번째로 화필유연(華必有蓮)은 약실명권(約實明權),[15] 즉 진실을 위하여 방편을 밝힌 것을 비유한다. 방편을 사용하지만 진실에 뜻이 있는데 그것을 알지 못한다. 두 번째로 화개연현(華開蓮現)은 개권현실(開權顯實)을 비유한다.[16] 방편이 진실을 가지고 있지만 그것을 알지 못한다. 따라서 방편을 열어서 진실을 보인다. 세 번째로 화락연성(華落蓮成)은 폐삼현일(廢三顯一)을 비유한다.[17] 오로지 일불승만이 곧바로 도량에 이른다.

다음으로 본문의 개현을 비유한다. 첫 번째로 화필유연(華必有蓮)은 적필유본(跡必有本)을 비유한다.[18] 수적(垂跡)은 본지(本地)를 함유하고 있으니 비록 뜻이 본지에 있지만 부처님의 뜻은 알기 어렵다. 두 번째

---

15) 智顗, 『妙法蓮華經玄義』(大正藏33, p.773上). "一華生必有於蓮, 爲蓮而華, 蓮不可見. 此譬約實明權 意在於實, 無能知者. 文云, 我意難可測, 無能發問者. 又云, 隨宜所說, 意趣難解."
16) 智顗, 『妙法蓮華經玄義』(大正藏33, p.773上). "二華開故蓮現, 而須華養蓮, 譬權中有實, 而不能知, 今開權顯實, 意須於權, 廣識恒沙佛法者, 秖爲成實, 使深識佛知見耳."
17) 智顗, 『妙法蓮華經玄義』(大正藏33, p.773上). "三華落蓮成, 卽喩廢三顯一, 唯一佛乘, 直至道場, 菩薩有行, 見不了了, 但如華開, 諸佛以不行故, 見則了了, 譬如華落蓮成."
18) 智顗, 『妙法蓮華經玄義』(大正藏33, p.773上). "一華必有蓮, 譬跡必有本, 跡含於本, 意雖在本, 佛旨難知, 彌勒不識."

로 화개연현(華開蓮現)은 개적현본(開跡顯本)을 비유한다.[19] 뜻이 수적에 있으며 중생들에게 부처님의 방편을 알게 한다. 수적을 알고 나면 다시 본지를 알게 한다. 세 번째로 화락연성(華落蓮成)은 폐적현본(廢跡顯本)을 비유한다.[20] 본지를 알고 나면 다시는 수적에 미혹되지 않는다.

적문의 세 가지 비유는 처음 방편에서 시작하여 대승으로 들어가게 하고 구경에는 원만을 이루게 하는 것을 나타내고 있다. 본문의 세 가지 비유는 처음 수적을 여는 것에서 시작하여 결국 본지에 이르게 하는 것을 나타내고 있다. 이와 같이 연화로 법화의 개현을 비유하고 있으며, 적문과 본문의 개현을 모두 연화로 비유하여 나타내고 있다. 결국 연꽃이 지고 나면 연실이 번성하듯이 구경에는 진실만이 남는다.

또한 『마하지관(摩訶止觀)』에서는 다음과 같이 설하고 있다.

> 모든 부처님께서는 곧 일대사(一大事)를 위해 출현하시는데, 그 근본은 원돈일실지관(圓頓一實止觀)을 위하여 삼권지관(三權止觀)을 베푸는 데에 있다. 권(權)에 본의가 있는 것은 아니지만, 권(權) 외에 뜻이 있는 것도 아니다. 다만 삼권지관을 열어서 원돈일실지관을 드러낸다. 실을 위하여 권을 베풀고, 실이 이제 세워지면 권을 열어서 실을 드러내며, 권이 곧 실이어서 논할 권이 없게 된다. 따라서 권을 폐하고 실을 드러내며 권은 없어지고 실은 존재한다.[21]

---

19) 智顗, 『妙法蓮華經玄義』(大正藏33, p.773上). "二華開蓮現, 譬開跡顯本, 意在於跡, 能令菩薩, 識佛方便, 既識跡已, 還識於本, 增道損生."

20) 智顗, 『妙法蓮華經玄義』(大正藏33, p.773上). "三華落蓮成, 譬廢跡顯本, 既識本已, 不復迷跡, 但於法身, 修道圓滿上地也."

모든 부처님은 일대사인연(一大事因緣)으로 출현하는데, 방편을 써서 진실을 드러내기 위해서이다. 진실을 위하여 방편을 베풀고, 방편을 열어서 진실을 드러내며, 결국 방편은 폐하고 진실은 존재한다. 실상을 닦는 지관에서 장교지관(藏敎止觀)·통교지관(通敎止觀)·별교지관(別敎止觀)의 세 가지는 방편이고, 원돈일실지관(圓頓一實止觀)은 진실이다.

따라서 원돈일실지관을 위하여 장교지관·통교지관·별교지관의 삼권지관을 베풀며, 이러한 삼권지관을 열어서 원돈일실지관을 드러내고, 결국 모든 지관이 원돈일실지관으로 귀일한다. 모든 부처님이 일대사인연으로 세상에 나오는데, 모든 중생이 오로지 원돈일실지관을 체득하여 성불하게 하기 위해서이다. 삼권지관은 원돈일실지관을 드러내기 위하여 잠시 사용하고 폐하는 것이다.

『마하지관(摩訶止觀)』에서 설하고 있는 이러한 법화의 개현은 『법화현의(法華玄義)』에서 설하고 있는 연화의 비유에 배대할 수 있다. 개현에 대한 연화의 비유를 간단히 표로 정리하면 다음과 같다.

화실유연(華必有蓮)	약실명권(約實明權)	적필유본(跡必有本)	위실시권(爲實施權)
화개연현(華開蓮現)	개권현실(開權顯實)	개적현본(開跡顯本)	개권현실(開權顯實)
화락연성(華落蓮成)	폐삼현일(廢三顯一)	폐적현본(廢跡顯本)	폐권현실(廢權顯實)

〈표〉 개현에 대한 연화의 비유

---

21) 智顗, 『摩訶止觀』(大正藏46, p.34上). "諸佛卽一大事出世, 元爲圓頓一實止觀, 而施三權止觀也. 權非本意, 意亦不在權外, 祇開三權止觀而顯圓頓一實止觀也. 爲實施權, 實今已立, 開權顯實, 權卽是實, 無權可論, 是故廢權顯實, 權廢實存."

3) 귀일(歸一)의 의미

『법화경(法華經)』의 개현은 무량한 방편을 써서 하나의 진실을 드러낸다는 의미이다. 이것은 곧 모든 것이 하나로 돌아감을 의미한다. 부처님은 무량한 방편을 써서 하나의 진실을 드러내며 무량한 것을 거두어서 하나로 귀일시킨다. 『법화문구(法華文句)』에서는 "옛적의 모든 부처님을 생각해보면 『무량의경(無量義經)』을 설한 후에 개권현실을 하셔서 무량한 것을 거두어 하나에 귀일시키셨으니, 생각해보면 지금의 부처님께서도 이미 설법을 마치셨으니 또한 응당 개권현실을 하셔서 무량한 것을 모아 하나로 귀일시킬 것이다."[22]라고 하였다.

『법화현의(法華玄義)』에서는 "『법화경(法華經)』은 무량한 것이 하나가 되는 것을 밝히고 있는데, 3종의 사제(四諦)를 모아서 무작(無作)의 사제에 귀일시킨다."[23]고 하였다. 『마하지관(摩訶止觀)』에서는 "다만 삼권지관을 열어서 원돈일실지관을 드러낸다."[24]고 하였다. 이와 같이 법화의 개현은 무량한 것을 거두어 하나로 만든다.

그런데 이러한 하나가 무량한 것과 다른 것이 아니다. 무량한 것이 곧 하나이고 하나가 곧 무량한 것으로 서로 상즉한다. 『법화문구

---

22) 智顗, 『妙法蓮華經文句』(大正藏34, p.33上). "惟昔諸佛, 說無量義後, 則開權顯實, 收無量歸一, 忖於今佛, 旣說法已, 亦應開權顯實, 會無量以歸一."
23) 智顗, 『妙法蓮華經玄義』(大正藏33, p.701下). "法華明無量入一, 是會三種四諦, 歸無作一種四諦也."
24) 智顗, 『摩訶止觀』(大正藏46, p.34上). "諸佛卽一大事出世, 元爲圓頓一實止觀, 而施三權止觀也. 權非本意, 意亦不在權外, 祇開三權止觀而顯圓頓一實止觀也."

(法華文句)』에서는 다음과 같이 설하고 있다.

> 비록 열면 무량하지만 무량하면서 또한 하나이다. 비록 합하면 하나이지만 하나이면서 무량하다. 비록 무량한 하나이지만 하나도 아니고 무량도 아니다. 비록 하나도 아니고 무량도 아니지만 하나이면서 무량하다. 오로지 부처님이라야 부처님과 더불어 끝까지 궁구할 수 있다. 범부는 곧 비방하며 믿지 않으며, 성문과 연각은 미혹하고 어두워 받아들이지 않으며, 보살은 티끌이 남아 있어서 아직 밝지 못하다.[25]

법화의 개현이 무량한 것을 거두어 하나로 귀일시키는 것이지만, 이러한 하나가 무량한 것과 같지도 않고 다르지도 않다. 무량하면서 하나이고 또한 하나이면서 무량하며, 하나도 아니고 무량도 아니다. 이러한 실상에 대해 성문과 연각은 알지 못하며, 보살은 조금은 알지만 밝게 알지는 못한다. 오로지 부처님만이 끝까지 궁구하여 알 수 있다.

결국 개현에 의하여 방편이 곧 진실이 된다. 방편을 폐하고 진실에 귀일한다고 하지만 방편과 구분되는 진실이 아니다. 방편이 곧 진실인 하나이다. 방편과 진실은 다르면서도 또한 같은 하나이다. 이러한 의미에서 『법화경(法華經)』은 상즉(相卽), 불이(不二), 원융(圓融)을 설한다고 한다.

---

25) 智顗, 『妙法蓮華經文句』(大正藏34, p.43中). "雖開無量, 無量而一, 雖合爲一, 一而無量, 雖無量一, 而非一非無量, 雖非一非無量, 而一而無量, 唯佛與佛, 乃能究盡. 凡夫則誹謗不信, 二乘則迷悶不受, 菩薩則塵杌未明."

『법화현의(法華玄義)』에서는 다음과 같이 설하고 있다.

 화엄교(華嚴敎)에서는 원융과 불융을 세워서 작은 근기는 같이 있어도 듣지 못한다. 삼장교(三藏敎)에서는 불융을 세우므로 큰 근기는 모두 사용하지 않는다. 방등교(方等敎)는 원융으로써 불융을 배척하는 것을 세워서 작은 근기로 하여금 불융을 부끄러워하게 하고 원융을 좋아하게 한다. 반야교(般若敎)는 작은 근기가 원융은 제쳐놓고 불융으로 향하게 하며, 큰 근기가 불융으로부터 원융으로 향하게 한다. 비록 여러 가지로 세워서 중생에게 베풀지만 다만 수타의어(隨他意語)로서 부처님의 본회가 아니기 때문에 빠르게 가는 설이 아니라고 말한다. 『법화경(法華經)』은 곧바른 것으로 불융을 버리고 다만 원융을 설한다. … 화엄교는 겸(兼)이고, 삼장교는 단(但)이며, 방등교는 대(對)이고, 반야교는 대(帶)이다. 『법화경(法華經)』은 앞의 4시교의 겸단대대(兼但對帶)와 같은 것이 없이 오로지 곧바로 무상의 도만을 밝히므로 묘법이라 칭한다.[26]

5시교 가운데 화엄교는 원융과 불융이 함께 설해져 있고, 삼장교는 불융만을 설하며, 방등교는 원융으로써 불융을 배척하여 원융을 좋아하게 하며, 반야교는 불융에서 원융으로 향하게 한다. 그런데 법화교는 다만 원융만을 설한다. 앞의 4시교는 불융이 있어서 빠르게

---

26) 智顗, 『妙法蓮華經玄義』(大正藏33, p.682上-中). "所以初敎建立融不融, 小根併不聞, 次敎建立不融, 大根都不用, 次敎俱建立以融斥不融, 令小根恥不融慕於融, 次敎俱建立令小根寄融向不融, 令大根從不融向於融, 雖種種建立施設衆生, 但隨他意語非佛本懷故, 言不務速說也. 今經正直捨不融但說於融, … 華嚴兼, 三藏但, 方等對, 般若帶, 此經無復兼但對帶, 專是正直無上之道, 故稱爲妙法也.

가는 것이 아니지만, 법화교는 원융만이 있어서 곧바로 가는 것이다. 이러한 의미에서 묘라고 한다. 또한 앞의 4시교는 겸단대대(兼但對帶)로 방편을 사용하지만 법화교는 오로지 무상의 도만을 밝히고 있어서 순이라 하며 묘법이라 한다. 이것을 표로 나타내면 다음과 같다.

5시	화엄교	삼장교	방등교	반야교	법화교
원융	원교		원교	원교	원교
불융	별교	장교	별교 통교 장교	별교 통교	
권실	겸(兼)	단(但)	대(對)	대(帶)	순(純)
		느림[불속(不速)]			빠름[정직(正直)]

〈표〉 5시교에서 원융과 불융

또한 『법화현의(法華玄義)』에서는 다음과 같이 설하고 있다.

여러 대승경 가운데 『화엄경(華嚴經)』 등은 추(麤)와 묘(妙)를 상격(相隔)하여 밝히고 있어서, 이승(二乘)은 듣지 못하고 이해하지 못하여 벙어리 같고 귀머거리 같다고 한다. 『무량의경(無量義經)』은 추묘(麤妙)를 밝히되 일리(一理)로부터 무량(無量)한 추묘가 나온다고 한다. 근기에 응한 일리는 묘한 것이며, 무량한 것이 나온 것은 추하다. 이러한 것은 곧 묘로부터 추가 나와 격(隔)하여 합하지 않은 것이다. 이제 이 『법화경(法華經)』은 무량을 다시 하나가 되게 하며, 이것이 곧 개권현실(開權顯實)이다. 다만 추가 묘이다. 왜 그

런가. 본래 일리를 드러내기 위하여 여러 방편을 만들며, 방편이 곧 진실이기 때문이다.[27]

방편이 추(麤)라고 할 때 진실은 묘(妙)이다. 방편과 진실이 『법화경(法華經)』과 다른 대승경전이 다르다. 여러 대승경전은 추와 묘가 상격한 데 반하여, 『법화경(法華經)』은 원융하다. 『화엄경(華嚴經)』과 『무량의경(無量義經)』 등 여러 대승경은 추와 묘를 분별하고, 하나의 묘로부터 무량한 추가 만들어지지만 그것은 곧 상격(相隔)하여 합해지지 않는다.

그렇지만 『법화경(法華經)』은 개권현실(開權顯實)에 의하여 무량(無量)한 것을 다시 하나가 되게 한다. 여기서는 무량한 추가 곧 묘이다. 왜냐하면 일묘(一妙)를 드러내기 위하여 무량한 추를 만들었기 때문이다. 다시 말해 일리를 드러내기 위하여 모든 방편을 만들었으며, 따라서 방편이 곧 진실이며, 추가 곧 묘이다.

법화의 개현에 의하여 무량한 추가 하나의 묘에 귀일하며, 무량한 방편이 하나의 진실에 귀일한다. 그렇지만 추와 묘가 다른 것이 아니며, 방편과 진실이 다른 것이 아니다. 방편이 곧 진실인 하나이며, 추법이 곧 묘법인 하나이다.

---

27) 智顗, 『妙法蓮華經玄義』(大正藏33, p.749下). "諸大乘經華嚴等, 明麤妙相隔二乘不聞不解如啞如聾無量義經明麤妙, 從一理出生無量麤妙, 機應一理爲妙, 生出無量爲麤, 此則從妙出麤隔而未合, 今經無量還爲一, 此則開權顯實 秖麤是妙. 何者, 本顯一理作諸方便, 方便卽是眞實."

3. 개현(開顯)의 천명(闡明)

『법화문구(法華文句)』에서는 『묘법연화경(妙法蓮華經)』의 문구를 사종석(四種釋)으로 풀이하고 있다. 『법화현의(法華玄義)』에서는 『묘법연화경(妙法蓮華經)』의 명칭을 해석하는 데에 5중현의로 하고 있다. 『마하지관(摩訶止觀)』에서는 원돈지관에 대하여 5략10광으로 서술하고 있다. 경전의 문구와 명칭, 그리고 수행에 대한 설명을 통해 법화의 개현을 천명하고 있으며 모든 중생들이 삼승의 방편을 버리고 일불승을 타야 함을 밝히고 있다.

1) 『법화문구(法華文句)』의 사종석(四種釋)

『법화문구(法華文句)』에서는 『묘법연화경(妙法蓮華經)』의 문구에 대하여 ① 인연석(因緣釋), ② 약교석(約敎釋), ③ 본적석(本跡釋), ④ 관심석(觀心釋)의 네 가지로 해석을 하고 있다. 이것을 사의소문(四意消文) 또는 사종석(四種釋)이라고 한다.[28] 이러한 4종석을 쓰는 이유는 다음과 같다.

① 인연석(因緣釋)을 쓰는 이유는 감응도교(感應道交), 즉 중생의 감(感)과 부처님의 응(應)이 서로 통하기 때문이다. 중생의 근기가 성숙하면 가르침을 받을 수 있게 되며 부처님은 이러한 중생의 근기를 알

---

28) 智顗, 『妙法蓮華經文句』(大正藏34, pp.2上-3上). "今帖文爲四, 一列數, 二所以, 三引證, 四示相. … 千車共轍, 萬流鹹會者也."

아서 감로의 문을 열어준다. ② 약교석(約敎釋)을 쓰는 이유는 부처님이 중생의 근기에 응하여 교를 펼치기 때문이다. ③ 본적석(本跡釋)을 쓰는 이유는 부처님의 가르침에는 방편과 진실이 있어서 얕고 깊음이 같지 않기 때문이다. 달이 있음을 손으로 가리키면 그림자가 아니라 본체를 찾는다. 본체가 없으면 그림자가 드리워지지 않으며 그림자가 없으면 본체를 드러낼 수 없다. ④ 관심석(觀心釋)을 쓰는 이유는 자기의 마음을 관하여 스스로 이익을 얻어야 하기 때문이다. 그림자를 찾으면 그것은 넓고 본체를 찾으면 그것은 높아서 찾기가 어렵다. 마치 남의 보물을 세는 것과 같아서 자기에게는 아무런 이익이 없다. 그렇지만 다만 자기의 마음이 넓고 높음을 관하면 무궁한 부처님의 응(應)함을 기대할 수 있고 근기가 성숙하여 감(感)을 할 수 있어서 스스로 이익을 얻게 된다. 이러한 이유로 네 가지를 쓴다.

구마라집(鳩摩羅什)이 번역한 『묘법연화경(妙法蓮華經)』은 제1「서품(序品)」부터 제28「보현보살권발품(普賢菩薩勸發品)」까지 전체 28품으로 되어 있다. 『법화문구(法華文句)』에서는 28품을 3분 또는 2문6단으로 나누고 있다.

먼저 서분(序分)·정분(正分)·유통분(流通分)으로 3분하고 있다.[29] 제1「서품」이 서분(序分)에 해당하고, 제2「방편품」에서 제17「분별공덕품」의 19항 게송까지[30]가 정분(正分)에 해당하고, 나머지 부분이 유통분(流通分)에 해당한다.

---

29) 智顗, 『妙法蓮華經文句』(大正藏34, p.2上). "分文爲三, 初品爲序, 方便品訖分別功德十九行偈, 凡五十五品半名正, 從偈後盡經, 凡十一品半名流通."
30) 『妙法蓮華經』(高麗經9, p.777上·下). "爾時大會, … 以助無上心."

『법화경(法華經)』의 28품		3분
제1「서품」		서분(序分)
제2「방편품」 ~ 제16「여래수량품」		정분(正分)
제17「분별공덕품」	이시대회(爾時大會)~ 이조무상심(以助無上心)	
	이시불고(爾時佛告)~ 경행급좌와(經行及坐臥)	유통분(流通分)
제18「수희공덕품」 ~ 제28「보현보살권발품」		

〈표〉 『법화경(法華經)』 28품의 삼분(三分)

『법화경(法華經)』은 제1「서품」의 "여시아문(如是我聞)"으로 시작해서 제28「보현보살권발품」의 "작례이거(作禮而去)"로 끝난다. 『법화문구(法華文句)』에서는 4종석을 사용해서 "여시아문(如是我聞)"부터 "작례이거(作禮而去)"까지 해석하고 있다. 이와 같이 해석을 하는 것에 대하여 "어이의동(語異意同) 천거공철(千車共轍) 만류함회(萬流醎會)"라고 하였다. 비록 그 문구 하나하나가 다르다고 하더라도 그 의미는 같다. 이것은 마치 천 개의 수레가 한 길을 가는 것과 같으며, 만개의 지류가 모두 바닷물로 가는 것과 같다.

특히 천태대사는 모든 것이 원교에 귀일함을 말하고 있다. 천개의 수레가 한 길을 가듯이, 또는 만개의 지류가 바닷물로 가듯이 『법화경(法華經)』의 문구 하나하나가 표현은 다르다고 하더라도 모두 원교의 의미를 지녔음을 말하고 있다. 이러한 천태대사의 관점은 법화의 개현에 바탕을 두고 있다. 개현에 의하여 무량한 것이 하나에 귀일하며, 모든 가르침이 원교에 귀일하기 때문이다.

다음으로 『법화문구(法華文句)』에서는 28품을 2문6단으로 나누기도 한다.[31] 제1 「서품」부터 제14 「안락행품」까지는 적문(跡門)이며, 제15 「종지용출품」에서 제28 「보현보살권발품」까지는 본문(本門)이다. 그리고 적문과 본문의 각각을 3분할 수 있다. 적문은 제1 「서품」이 서분에 해당하고, 제2 「방편품」에서 제9 「수학무학인기품」까지는 정분에 해당하고, 제10 「법사품」에서 제14 「안락행품」까지는 유통분에 해당한다. 본문은 제15 「종지용출품」의 시작부분인 "이시타방(爾時他方)"에서 중간부분인 "인시득문(因是得聞)"까지가 서분에 해당하고, 제15 「종지용출품」의 나머지 부분부터 제17 「분별공덕품」의 중간부분인 "이조무상심(以助無上心)"까지가 정분에 해당하고, 제17 「분별공덕품」의 나머지 부분부터 제28 「보현보살권발품」까지가 유통분에 해당한다.

---

31) 智顗, 『妙法蓮華經文句』(大正藏34, p.2上). "又一時分爲二, 從序至安樂行十四品, 約跡開權顯實, 從踊出訖經十四品, 約本開權顯實, 本跡各序正流通, 初品爲序, 方便訖授學無學人記品爲正, 法師訖安樂行爲流通, 踊出訖彌勒已問斯事, 佛今答之半品名序, 從佛告阿逸多下, 訖分別功德品偈, 名爲正, 此後盡經爲流通."

28품		2문	6단
제1「서품」		적문의 개현 [約跡開權顯實]	서분(序分)
제2「방편품」~ 제9「수학무학인기품」			정분(正分)
제10「법사품」~ 제14「안락행품」			유통분(流通分)
제15「종지용출품」	爾時他方~ 因是得聞	본문의 개현 [約本開權顯實]	서분(序分)
	爾時釋迦牟尼佛 ~而住不退地		정분(正分)
제16「여래수량품」			
제17「분별공덕품」	爾時大會~ 以助無上心		
	爾時佛告~ 經行及坐臥		
제18「수희공덕품」~ 제28「보현보살권발품」			유통분(流通分)

〈표〉『법화경(法華經)』 28품의 2문6단과 개현

적문과 본문에서 각각 개권현실(開權顯實)을 설하고 있다. 적문(跡門)의 대의(大意)는 개권현실(開權顯實)이다.[32] 여기서는 모든 근기의 중생들이 개현을 이해하도록 설하였다. 제15「종지용출품」부터 제28

---

32) 智顗, 『妙法蓮華經文句』(大正藏34, p.59上). "今謂跡門大意, 正是開三顯一, 前直法說上根卽悟解, 中下未悟更爲作譬, 譬於三一得曉了, 前法說中旣略廣開三顯一, 後譬說中亦應略廣許三賜一, 因緣中亦應引三入一."

「보현보살권발품」까지는 본문이다. 본문도 또한 개현이 주요 내용이다.[33] 여기서는 사문(師門)의 근적(近跡)을 열어서 불지(佛地)의 원본(遠本)을 드러냈다. 이것을 간단히 개근현원(開近顯遠) 또는 개적현본(開跡顯本)이라 한다. 중생들이 수적에 집착하여 본지를 알지 못하므로 부처님이 옛것을 불러서 지금 보여주며 가까운 것을 파하고 먼 것을 드러낸다.[34] 이러한 부처님의 개현에 의하여 가까운 것을 깨달아 먼 것을 통달하여 수적과 본지가 부사의한 하나임을 알게 된다.[35] 2문6단의 분문을 통해 『법화경(法華經)』의 중심내용이 개현임을 밝히고 있다.

『법화문구(法華文句)』에서는 2문6단의 분문을 바탕으로 『법화경(法華經)』의 문구 하나하나를 4종석으로 해석하고 있다. 세계실단(世界悉檀)·위인실단(爲人悉檀)·대치실단(對治悉檀)·제일의실단(第一義悉檀)의 인연석(因緣釋)을 통해 중생들이 실상(實相)으로 들어가야 함을 설한다. 장교(藏敎)·통교(通敎)·별교(別敎)·원교(圓敎)의 약교석(約敎釋)을 통해 모두 원교의 실상으로 귀일함을 밝힌다. 본적석(本迹釋)을 통해 적불과 본불이 부사의한 하나로 귀일함을 드러낸다. 관심석(觀心釋)을 통해 원교의 실상을 관하여 성불할 수 있게 한다. 이와 같이 4종석을 통해 모든 것이 원교에 귀일함을 밝히고 있으며, 특히 관심석을 통해 자기의 마음을 관하여 원교의 이익을 얻도록 하고 있다.

---

33) 智顗, 『妙法蓮華經文句』(大正藏34, p.124下). "此下是大段第二, 開師門之近跡, 顯佛地之遠本, 其文爲三, 一從此下, 至汝等自當因是得聞, 序段也. 二從爾時釋迦告彌勒下, 至分別功德品彌勒說十九行偈, 正說段也. 三從偈後下十一品半, 流通段."
34) 智顗, 『妙法蓮華經文句』(大正藏34, p.124下). "或者執跡, 而闇其本, 召昔示今, 破近顯遠, 故言從地踊出品."
35) 智顗, 『妙法蓮華經文句』(大正藏34, p.125中). "如來未說, 闇本而執跡, 佛若開顯, 悟近而達遠, 亦知不思議一也."

이와 같이 『법화문구(法華文句)』에서는 4종석을 통해 법화의 개현을 잘 드러내고 있다. 장교(藏敎)·통교(通敎)·별교(別敎)의 방편이 원교(圓敎)의 실상에 귀일한다고 하는 개현에 대하여 문구의 해석을 통해 드러냄으로써 모든 중생들이 삼승의 방편을 버리고 일불승에 올라 구경에는 성불하게 하였다.

2) 『법화현의(法華玄義)』의 오중현의(五重玄義)

『법화현의(法華玄義)』에서는 『묘법연화경(妙法蓮華經)』의 명칭을 해석하는 데에 5중현의로 하고 있다. 5중현의는 명(名)·체(體)·종(宗)·용(用)·교(敎)의 다섯 가지로 경전의 명칭을 풀이하는 것이다.[36] 이러한 5중현의는 통과 별이 있는데, 통은 모든 경전을 동일하게 5중으로 해석하는 것을 말하고, 별은 이러한 5중이 각각 다른 의미를 갖고 있는 것을 말한다. 통에 대하여 칠번공해(七番共解)[37]로 제1 표장(標章)·제2 인증(引證)·제3 생기(生起)·제4 개합(開合)·제5 요간(料簡)·제6 관심(觀心)·제7 회이(會異)의 일곱 가지로 설명하고, 별에 대하여 오중각설(五重各說)[38]로 제1장 석명(釋名), 제2장 변체(辨體), 제3장 명종(明

---

36) 智顗, 『妙法蓮華經玄義』(大正藏33, pp.681下-682上). "釋名第一, 辨體第二, 明宗第三, 論用第四, 判敎第五. 釋此五章有通有別, 通是同義別是異義, 如此五章遍解衆經故言同也. 釋名名異乃至判敎敎異, 故言別也. 例衆經之初皆安五事則同義也. 如是詮異, 我聞人異, 一時感應異, 佛住處所異, 若干人聽衆異 則別義也. 又通者共義, 別者各義, 如此通別專在一部, 通則七番共解, 別則五重各說, 例如利鈍須廣略二門也. 衆敎通別, 今所不論, 一經通別, 今當辨."
37) 智顗, 『妙法蓮華經玄義』(大正藏33, p.682上 이하). "就通作七番共解, 一標章, 二引證, 三生起, 四開合, 五料簡, 六觀心, 七會異." 이하 참조.
38) 智顗, 『妙法蓮華經玄義』(大正藏33, p.691上 이하). "第二別解五章, 初釋名." 이하 참조.

宗), 제4장 논용(論用), 제5장 판교(判敎)의 다섯 가지로 자세히 설명하고 있다.

『법화현의(法華玄義)』에서는 석명(釋名)에 대하여 다음과 같이 말하고 있다.

> 모두 보고 들어서 길을 찾고 멀리 가서 지극함에 이르기 때문에 이름을 써서 법을 부르고 중생들에게 베풀어 준다. 분별을 하면, 법은 다만 추와 묘가 있다. 격력삼제(隔歷三諦)이면 추법이고 원융삼제(圓融三諦)이면 묘법이다.[39]

이름을 써야 보고 들어서 찾을 수 있다. 이러한 의미에서 법에 이름을 붙이는데, 추법과 묘법으로 나눌 수 있다. 격력삼제(隔歷三諦)는 추법이고 원융삼제(圓融三諦)는 묘법이다. 따라서 묘법을 보고 들어서 찾아가야 한다.

변체(辨體)에 대하여 다음과 같이 말하고 있다.

> 선과 악의 범부, 성인, 보살, 불이 모두 법성을 벗어나지 않는다. 실상을 바로 가리켜 정체(正體)로 한다. … 이제 부처님께서 보신 것을 취하여 실상의 정체로 한다. … 이것은 또한 용수보살의 뜻과 같다. 『중론(中論)』에서 말하기를, "인연으로 생한 법이 즉공(卽空) 즉가(卽假) 즉중(卽中)"이라고 하였다.[40]

---

[39] 智顗, 『妙法蓮華經玄義』(大正藏33, p.682上). "俱得見聞, 尋途趣遠, 而至於極故, 以名名法, 施設衆生, 分別者, 但法有麤妙, 若隔歷三諦麤法也. 圓融三諦妙法也."

『법화경(法華經)』은 실상을 체로 한다. 이것이 부처님이 깨달은 것이다. 용수보살은 실상에 대하여 즉공(卽空) 즉가(卽假) 즉중(卽中)으로 설하였으며, 이것은 곧 삼제원융을 의미한다. 다시 말해 『법화경(法華經)』의 체는 실상으로 삼제원융이다.

명종(明宗)에 대하여 다음과 같이 말하고 있다.

> 종(宗)은 요(要)이다. 말하자면 불(佛)의 자행인과(自行因果)를 종으로 한다. … 먼저 이러한 실상을 닦는 행을 이름하여 불인(佛因)이라고 하며, 도량에서 얻은 것을 이름하여 불과(佛果)라고 한다. 다만 지혜로써 알 수 있을 뿐이며 말로써 모두 나타낼 수 없다. 이와 같은 인과를 간략히 들어서 종요라고 할 뿐이다.[41]

불이 되는 자행의 인과가 종이다. 실상을 닦는 행을 불인이라 하고 이를 통해 얻은 결과를 불과라고 한다. 삼제원융의 실상을 관하는 일심삼관을 닦는 것이 불인이고, 이를 통해 삼제원융의 실상을 깨닫는 것이 불과이다. 이러한 삼제원융의 실상은 말로 설할 수 없으며 일심삼지(一心三智)의 지혜로써 알 수 있다.

논용(論用)에 대하여 다음과 같이 설하고 있다.

---

40) 智顗, 『妙法蓮華經玄義』(大正藏33, p.682中-下). "善惡凡聖菩薩佛, 一切不出法性, 正指實相以爲正體也. … 今取佛所見, 爲實相正體也. … 此亦與龍樹意同. 中論云, 因緣所生法卽空卽假卽中."; 龍樹, 『中論』(高麗藏16, p.392中). "衆因緣生法, 我說卽是無, 亦爲是假名, 亦是中道義."
41) 智顗, 『妙法蓮華經玄義』(大正藏33, p.683上). "宗者要也. 所謂佛自行因果以爲宗也. … 初修此實相之行名爲佛因, 道場所得名爲佛果, 但可以智知不可以言具, 略擧如此因果, 以爲宗要耳."

용(用)은 역용(力用)이다. … 교화의 공능이 넓고 크며 이익이 넓고 깊다. 이러한 것이 이 경의 역용이다.[42]

중생을 교화하는 이타가 용(用)이다.[43] 스스로 일심삼관을 닦아서 모든 혹을 파하고 또한 중생들도 모든 혹을 파하도록 해서 그들을 이익되게 하는 것이 용이다.[44]

판교(判敎)에 대하여 다음과 같이 설하고 있다.

교(敎)는 성인이 아랫사람에게 이르는 말씀이다. 상(相)은 같음과 다름을 분별하는 것이다. … 이와 같이 분별할 수 있으며 『법화경(法華經)』이 다른 경전과 서로 다르다. … 마땅히 알라. 『법화경(法華經)』이 다른 모든 가르침과 다르다.[45]

교는 부처님이 중생들에게 가르치는 것이다. 『법화경(法華經)』과 다른 경전이 같은 것도 있고 다른 것도 있는데, 이를 밝히는 것이 교상(敎相)이다. 특히 다른 경전은 겸단대대(兼但對帶)로 방편을 써서 추하다고 하지만, 『법화경(法華經)』은 오로지 무상도만을 밝히므로 홀로 묘하다.[46]

---

42) 智顗, 『妙法蓮華經玄義』(大正藏33, p.683上-中). "用者, 力用也. … 化功廣大, 利潤弘深, 蓋茲經之力用也."
43) 智顗, 『妙法蓮華經玄義』(大正藏33, p.685上). "從體起用, 導利含識."
44) 智顗, 『妙法蓮華經玄義』(大正藏33, p.685上). "行自排惑, 亦利衆生, 是用也."
45) 智顗, 『妙法蓮華經玄義』(大正藏33, pp.683中-684上). "教者聖人被下之言也. 相者分別同異也. … 如此分別此經, 與衆經相異也. … 當知, 此經異諸教也."
46) 智顗, 『妙法蓮華經玄義』(大正藏33, p.682中). "此經無復兼但對帶, 專是正直無上之道, 故稱爲妙法也."

『법화경(法華經)』의 「방편품」에서는 모든 부처님이 세상에 출현하는 이유는 일대사인연(一大事因緣)으로 불지견(佛知見)의 개시오입(開示悟入)을 중생들이 얻게 하는 데에 있다고 설하고 있다. 『법화현의(法華玄義)』에서는 이러한 설법이 5중현의를 모두 밝히고 있다고 하였다. 일대사인연은 명을 밝히고 있으며, 불지견은 체를 밝히고 있으며, 개시오입은 종을 밝히고 있으며, 중생들이 얻게 함은 용을 밝히고 있으며, 이러한 것이 다른 경전과 다름은 교를 밝히고 있다.[47]

부처님이 중생과의 인연으로 법에 대해 이름을 붙여 설해주므로 일대사인연은 명을 밝힌 것이다. 부처님의 지견으로 알고 보는 것은 실상(實相)이며, 따라서 불지견은 체를 밝힌 것이다. 일심삼관으로 실상을 깨달아 가는 단계를 개시오입이라고 하며 이것은 종을 밝힌 것이다. 중생들이 실상을 깨달아 가게 하는 것은 용을 밝힌 것이다. 『법화경(法華經)』이 다른 경전과 다르게 삼승의 방편을 버리고 오로지 일불승을 드러내고 있는 것은 교를 밝힌 것이다.

『법화경(法華經)』을 통해 실상의 이름을 듣게 되고, 들어서 알게 되므로 실상의 체를 찾아서 드러내야 하며, 이를 위해서는 반드시 수행을 해서 불과를 얻어야 하며, 자기 스스로 무명혹을 없애야 할 뿐만 아니라 다른 모든 중생도 무명혹을 파하도록 이익을 주어야 하며, 이러한 것이 다른 경전과 다름을 분별해서 알아야 한다.[48] 이것이 5중

---

47) 智顗, 『妙法蓮華經玄義』(大正藏33, p.684中). "爲大事因緣故證名, 佛之知見證體, 開示悟入證宗, 爲令衆生證用, 此異餘經證教也."
48) 智顗, 『妙法蓮華經玄義』(大正藏33, p.685上). "初從經卷, 若善知識, 有所聞見, 卽聞名也. 聞故推理體顯, 顯體須行, 行卽因果宗也. 行自排惑, 亦利衆生, 是用也. 分別同異教相也."

현의를 통해 밝히고자 하는 것이다. 실상의 묘법에 대하여 알고 이것을 깨닫기 위해 자리이타의 보살도를 실천해서 성불해야 하는데, 다른 경전은 불융이 있어서 빠르게 가는 것이 아니지만, 법화교는 원융만이 있어서 곧바로 가는 것임을 분별해서 알아야 함을 밝히고 있다.

『법화현의(法華玄義)』에서는 이러한 5중현의의 해석을 통해 법화의 개현을 잘 드러내고 있다. 법화의 개현에 의하여 무량한 추가 하나의 묘에 귀일하며, 무량한 방편이 하나의 진실에 귀일한다. 4시교의 겸단대대(兼但對帶)의 추법이 법화교의 순일무잡의 묘법에 귀일한다. 이러한 개현에 대하여 경명(經名)의 해석을 통해 드러냄으로써 모든 중생들이 삼승의 방편을 버리고 일불승에 올라 구경에는 성불하게 하였다.

3) 『마하지관(摩訶止觀)』의 오략십광(五略十廣)

『마하지관(摩訶止觀)』에서는 원돈지관에 대하여 5략10광으로 서술하였다. 원돈지관에 대하여 대략적으로 말하면 발대심(發大心)·수대행(修大行)·감대과(感大果)·열대망(裂大網)·귀대처(歸大處)의 다섯 가지이다.[49] 또한 널리 펼쳐서 말하면 ① 대의(大意)·② 석명(釋名)·③ 체상(體相)·④ 섭법(攝法)·⑤ 편원(偏圓)·⑥ 방편(方便)·⑦ 정관(正觀)·⑧ 과보(果報)·⑨ 기교(起敎)·⑩ 지귀(旨歸)의 열 가지이다.[50] 이

---

49) 智顗, 『摩訶止觀』(大正藏46, p.4上). "今撮爲五, 謂發大心, 修大行, 感大果, 裂大網, 歸大處."
50) 智顗, 『摩訶止觀』(大正藏46, p.3中). "今當開章爲十, 一大意, 二釋名, 三體相, 四攝法, 五偏圓, 六方便, 七正觀, 八果報, 九起敎, 十旨歸."

것을 표로 간단히 나타내보면 다음과 같다.

오략(五略)		십광(十廣)
지관(止觀)	발대심(發大心)	① 대의(大意)
		② 석명(釋名)
		③ 체상(體相)
		④ 섭법(攝法)
		⑤ 편원(偏圓)
	수대행(修大行)	⑥ 방편(方便)
		⑦ 정관(正觀)
	감대과(感大果)	⑧ 과보(果報)
	열대망(裂大網)	⑨ 기교(起敎)
	귀대처(歸大處)	⑩ 지귀(旨歸)

〈표〉『마하지관(摩訶止觀)』의 서술

먼저 오략(五略) 가운데 발대심(發大心)은 상구보리와 하화중생의 마음을 일으키는 것이고, 행대행(行大行)은 발심을 하고 나서 수행을 하는 것으로 특히 상좌삼매(常坐三昧)·상행삼매(常行三昧)·반행반좌삼매(半行半坐三昧)·비행비좌삼매(非行非坐三昧)의 4종삼매를 행하는 것이며, 감대과(感大果)는 묘한 과보를 얻어 기쁨을 느끼는 것이고, 열대망(裂大網)은 결박에 묶인 중생들을 나오게 하는 것이며, 귀대처(歸大處)는 나와 모든 중생이 모두 활연대랑(豁然大朗)하고 무애자재(無礙自在)한 법계에 이르는 것이다.[51]

오략(五略)의 귀대처 또는 10광(十廣)의 지귀는 원돈지관의 궁극의 목표이다. 이러한 귀대처 또는 지귀는 상적(常寂)[52]하여 말할 길이 끊어지고 마음이 갈 곳이 멸한 자리이다. 이와 같으므로 이름을 붙여 표현할 수 없다. 그렇지만 억지로 이름을 붙여 실상(實相)[53]이라고 한다. 모든 중생이 이러한 실상으로 들어가야 한다. 나와 남이 실상을 성취하기 위해서는 가장 먼저 발심을 해야 한다. 사홍서원(四弘誓願)의 마음을 내어야 한다. 이것은 상구보리와 하화중생의 마음을 내는 것으로 발보리심이라고도 한다.

사홍서원을 하는 것도 장교(藏教)·통교(通教)·별교(別教)·원교(圓教)의 4교로 나누어 말할 수 있다.[54] 4교의 각각에서 발보리심을 하는

---

51) 智顗,『摩訶止觀』(大正藏46, p.4上). "云何發大心. 衆生昏倒不自覺知, 勸令醒悟上求下化. 云何行大行. 雖復發心望路不動永無達期, 勸牢强精進行四種三昧. 云何感大果. 雖不求梵天梵天自應, 稱揚妙報慰悅其心. 云何裂大網. 種種經論開人眼目, 而執此疑彼是一非諸, 聞雪謂冷乃至聞鶴謂動, 今融通經論解結出籠. 云何歸大處, 法無始終法無通塞, 若知法界法界無始終無通塞, 豁然大朗無礙自在, 生起五略顯於十廣."
52) 智顗,『摩訶止觀』(大正藏46, p.3中). "自他俱安, 同歸常寂."
53) 『마하지관』에서는 실상이 중도·실상·법신·비지비관(非止非觀)·일체종지(一切種智)·평등대혜(平等大慧)·반야바라밀·관(觀)·수능엄정(首楞嚴定)·대열반·부사의해탈·지(止) 등 여러 가지로 표현될 수 있음을 말하고 있다. 智顗,『摩訶止觀』(大正藏46, p.21中). "旨歸三德, 寂靜若此, 有何名字, 而可說示, 不知何以名之, 強名中道, 實相, 法身, 非止非觀等, 亦復強名, 一切種智, 平等大慧, 般若波羅蜜, 觀等, 亦復強名, 首楞嚴定, 大涅槃, 不可思議解脫, 止等. 當知, 種種相, 種種說, 種種神力, 一一皆入, 祕密藏中. 何等是旨歸. 旨歸何處, 誰是旨歸, 言語道斷, 心行處滅, 永寂如空, 是名旨歸."
54) 智顗,『摩訶止觀』(大正藏46, p.8上 이하). "夫心不孤生, 必託緣起, 意根是因, 法塵是緣, 所起之心, 是所生法." 이하 참조.

것이 각각 다르다. 『마하지관(摩訶止觀)』에서는 원교의 발보리심을 해야 함을 말하고 있다. 원교에서는 일념의 마음이 일어나면 그것이 곧 즉공(卽空) 즉가(卽假) 즉중(卽中)으로 삼제원융(三諦圓融)하다. 이러한 일념의 마음은 불가사의하다.[55] 마치 여의주와 같이 일념(一念)의 마음이 모든 것을 갖추고 있다.[56] 만일 그것이 없다고 하면 망어(妄語)이고, 있다고 하면 사견(邪見)으로서, 마음으로 알 수 있는 바가 아니며 말로써 분별할 수 있는 것이 아니다. 그런데 중생은 이러한 불가사의한 불박법(不縛法) 가운데 생각으로 속박을 만들고, 무탈법(無脫法) 가운데 해탈을 구하고 있다. 이러한 까닭에 자비를 일으켜 사홍서원을 세운다. 이것이 원교에서 말하는 진정한 발보리심이다. 이와 같은 사홍서원의 마음을 내어야 한다.

　원교의 발심을 하고 원교의 수행을 해야 한다. 원돈지관이 원교의 수행법이다. 『마하지관(摩訶止觀)』에서는 지관에 대하여 장교지관(藏敎止觀)·통교지관(通敎止觀)·별교지관(別敎止觀)·원교지관(圓敎止觀)의 네 가지로 나누고 모든 부처님이 원교지관 즉 원돈일실지관(圓頓一實止觀)을 위하여 장교지관·통교지관·별교지관의 세 가지 지관을 베풀

---

55) 智顗, 『摩訶止觀』(大正藏46, pp.8下-9上). "次根塵相對, 一念心起, 卽空卽假卽中者, 若根若塵, 並是法界, 並是畢竟空, 並是如來藏, 並是中道. 云何卽空. 並從緣生, 緣生卽無主, 無主卽空. 云何卽假. 無主而生, 卽是假. 云何卽中. 不出法性, 並皆卽中. 當知一念, 卽空卽假卽中, 並畢竟空, 並如來藏, 並實相, 非三而三, 三而不三, 非合非散, 而合而散, 非非合非非散, 不可一異而一異. 譬如明鏡, 明喻卽空, 像喻卽假, 鏡喻卽中, 不合不散, 合散宛然, 不一二三, 二三無妨, 此一念心, 不縱不橫, 不可思議, 非但己爾, 佛及衆生, 亦復如是."
56) 智顗, 『摩訶止觀』(大正藏46, p.9中). "但一念心, 普皆具足, 如如意珠, 非有寶非無寶. 若謂無者, 卽妄語, 若謂有者, 卽邪見. 不可以心知, 不可以言辯, 衆生於此不思議不縛法中, 而思想作縛, 於無脫法中, 而求於脫, 是故起大慈悲, 興四弘誓, 拔兩苦與兩樂, 故名非縛非脫發眞正菩提心."

려고 세상에 출현한 것[57]이라고 하였다. 『법화경(法華經)』은 삼권(三權)을 폐하고 일실(一實)을 흥하게 한다.[58] 이러한 개현(開顯)에 의해 결국 장교지관·통교지관·별교지관의 삼권지관이 폐하여지고 원돈일실지관이 흥하게 된다. 법화의 개현에 의하여 모든 지관은 원돈지관으로 귀일한다.

『마하지관(摩訶止觀)』에서는 제7장 「정관(正觀)」에서 원돈지관의 행법에 대하여 설하고 있다. 천태대사는 지관법으로서 십승관법(十乘觀法)을 조직하였다. 이것은 장교(藏敎)·통교(通敎)·별교(別敎)·원교(圓敎)에서 모두 사용한다. 그렇지만 법화의 개현에 의하여 원교의 십승관법에 귀일하게 된다. 그것은 ① 관불가사의경(觀不可思議境)·② 기자비심(起慈悲心)·③ 교안지관(巧安止觀)·④ 파법편(破法遍)·⑤ 식통색(識通塞)·⑥ 수도품(修道品)·⑦ 대치조개(對治助開)·⑧ 지차위(知次位)·⑨ 능안인(能安忍)·⑩ 무법애(無法愛)의 열 가지 법문이다.[59] 이러한 원교의 십승관법으로 실상을 깨닫는 수행을 한다.

원교의 십승관법으로 수행을 하면 반드시 과보를 얻게 된다. 중도의 실상으로 나아가야 승묘(勝妙)의 과보가 있다.[60] 수행으로 얻은 과보로 밝은 지혜를 얻게 되며 무량한 불법을 알게 된다. 이러한 지혜로 중생들의 근기에 따라 설법을 하여 교화를 한다.[61] 그리하여 나와

---

57) 智顗, 『摩訶止觀』(大正藏46, p.34上). "諸佛卽一大事出世, 元爲圓頓一實止觀, 而施三權止觀也."
58) 智顗, 『摩訶止觀』(大正藏46, p.34中). "法華廢三權興一實."
59) 智顗, 『摩訶止觀』(大正藏46, p.52中). "觀心具十法門, 一觀不可思議境, 二起慈悲心, 三巧安止觀, 四破法遍, 五識通塞, 六修道品, 七對治助開, 八知次位, 九能安忍, 十無法愛也."
60) 智顗, 『摩訶止觀』(大正藏46, p.20上). "第三爲明菩薩, 淸淨大果報故, 說是止觀者, 若行違中道, 卽有二邊果報, 若行順中道, 卽有勝妙果報." 이하 참조.

남이 모두 실상을 깨달아 초주(初住)의 계위[62]에 오르며 구경에는 묘각에 도달[63]한다. 원돈지관을 통해 나와 남이 궁극적으로 돌아가야 하는 귀대처(歸大處)[64] 또는 지귀(旨歸)는 억지로 이름을 붙여 중도(中道) 또는 실상(實相) 등으로 말할 수 있지만 본래 그것은 심행적멸(心行寂滅)하고 언어도단(言語道斷)하며 적연청정(寂然淸淨)한 것이다. 이러한 적멸의 이치를 통달하고 남도 통달하게 해서 모두가 지귀의 삼덕에 귀일해야 한다.

이와 같이 『마하지관(摩訶止觀)』에서는 원교의 발심을 하고 원교의 수행을 해서 원교의 진리를 깨달아 그 지혜로 중생들을 제도하여 모두가 원교의 실상에 귀일하는 원돈지관에 대하여 설하고 있다. 원돈지관에 대한 이러한 5략10광의 서술을 통해 법화의 개현을 극명하게 밝히고 있다. 법화의 개현에 의하여 장교지관·통교지관·별교지관의 삼권지관이 폐하여지고 원돈일실지관이 흥하게 된다. 모든 수행이 일불승의 원돈지관에 귀일한다. 따라서 모든 중생은 원돈지관을 실천해서 모두 실상에 귀일해야 한다. 이러한 개현에 대하여 5략10광의 서술을 통해 드러냄으로써 모든 중생이 발보리심하여 일불승의 수행을 해

---

61) 智顗, 『摩訶止觀』(大正藏46, p.20中), "第四爲通裂大網諸經論故, 說是止觀者, 若人善用止觀觀心, 則內慧明了, 通達漸頓諸教, 如破微塵, 出大千經卷, 恒沙佛法, 一心中曉, 若欲外益衆生, 逗機設教者, 隨人堪任, 稱彼而說, 乃至成佛, 化物之時, 或爲法王, 說頓漸法, 或爲菩薩, 或爲聲聞, 天魔人鬼, 十法界像對, 揚發起, 或爲佛所問, 而廣答頓漸, 或扣機問佛, 佛答頓漸法輪, 此義至第九重當廣說, 攝法中亦略示."
62) 智顗, 『摩訶止觀』(大正藏46, p.52中), "觀心具十法門, … 規矩初心, 將送行者到彼薩雲."; 湛然, 『止觀輔行傳弘決』(大正藏46, p.292上), "初住名爲薩雲."
63) 智顗, 『摩訶止觀』(大正藏46, p.100中), "故名大乘觀也. … 若入初住, 乃至十住, 得眞實乘. … 止於中央, 卽妙覺, 直至道場."
64) 智顗, 『摩訶止觀』(大正藏46, pp.20中 이하), "第五歸大處, 諸法畢竟空故, 說是止觀者." 이하 참조.

서 성불하게 하였다.

4. 결론

천태대사는 삼대부에서 법화의 개현을 밝혀 모든 중생들이 일불승을 타고 성불하도록 하였다. 개권현실(開權顯實)은 방편을 열어서 진실을 드러낸다는 의미다. 모든 부처님이 방편을 세우는 뜻이 세 가지인데, ① 실을 위하여 권을 베풀고, ② 권을 열어서 실을 드러내고, ③ 권을 폐하고 실을 세우기 위해서이다. 이와 같이 방편을 써서 진실을 드러낸다. 부처님이 여러 가지 방편을 쓰지만 결국 그것은 하나의 진실을 드러내기 위해서이다.

『법화현의(法華玄義)』에서는 세 시기로 변화하는 연화로 이러한 법화의 개현을 비유하고 있다. 화생(華生)하고 화개(華開)하며 화락(華落)하듯이 시권(施權)하고 개권(開權)하며 구경에는 폐권(廢權)한다. 연화가 나와서 피고 지면서 연실이 남듯이 방편의 사용으로 오로지 진실만이 남는다. 이와 같이 법화의 개현에 의하여 무량한 방편이 하나의 진실에 귀일한다. 그렇지만 방편과 진실이 다른 것이 아니다. 방편이 곧 진실인 하나이다.

『법화문구(法華文句)』에서는 『법화경(法華經)』의 문구를 4종석으로 풀이하고 있다. 법화의 개현에 의하여 장교(藏敎)・통교(通敎)・별교(別敎)의 방편이 원교(圓敎)의 실상에 귀일하며, 이러한 4종석이 모두 원교에 귀일하고 있다. 특히 4종석 가운데 관심석을 통해 자기의 마음을 관하여 원교의 이익을 얻도록 설하고 있다. 『법화현의(法華玄義)』에서는 명(名)·체(體)·종(宗)·용(用)·교(敎)의 5중현의로 경전의 명칭을 풀이하고 있다. 묘법에 대하여 듣고[名] 그것을 드러내며[體] 이를 위해 무명혹을 끊고[宗] 중생도 무명혹을 끊게 하며[用] 이러한 이익이 많으므로 다른 경과 차별[敎]이 있음을 밝혔다. 법화의 개현에 의하여 4시교의 겸단대대(兼但對帶)의 추법이 법화교의 순일무잡의 묘법에 귀일함을 밝혔다.

『마하지관(摩訶止觀)』에서는 원돈지관에 대하여 5략10광으로 서술하고 있다. 상구보리와 하화중생의 마음을 일으키는 사홍서원의 발심을 하고, 4종삼매의 수행을 하여 묘한 과보를 얻어 기쁨을 느끼고, 결박에 묶인 중생들을 나오게 하여 나와 모든 중생이 실상에 들어간다. 법화의 개현에 의하여 장교지관·통교지관·별교지관의 삼권지관이 폐하여지고 원돈일실지관이 흥하게 되며, 이러한 원돈지관으로 모든 중생들이 원교의 실상으로 귀일함을 밝혔다.

결론적으로 천태대사는 법화의 개현에 대하여 삼대부를 통해 체계적으로 밝히고 있으며 모든 중생들이 원교의 묘법을 이해하고 원교의 관법을 실천해서 원교의 실상에 귀일하게 하였다.

한국의 천태법화사상의 전개
─『법화경』의 요미료의(了未了義)에 대해서─

후쿠하라 류젠(福原隆善)

1. 서(序)

한반도에 『법화경』이 전래된 것은 명확하지 않지만, 중국의 천태 조사 지의선사(智顗禪師, 538~597)와 동문인 신라의 현광법사(玄光法師)가 대건(大建) 5년(573)에 남악(南岳)에서 혜사선사(慧思禪師)에게 『법화경안락행의(法華經安樂行義)』를 받아 귀국했으므로 이 무렵에는 『법화경』이 전해졌을 것으로 추측하고 있다. 그 후 『법화경』의 연구가 성행하였지만, 신라를 중심으로 한 시대의 수소(註疏)는 원효대사의 『법화종요(法華宗要)』가 현존할 뿐이다. 후에 고려의 제관법사(諦觀法師)는 중국에서 배워 『천태사교의(天台四敎儀)』를 저술하였으며, 의천법사(義天法師, 1055~1101)에 의해 천태종이 확립되어 한반도 각지에서 많은 『법화경』의 개판(開版)이 이루어졌다고 한다. 그 개판은 본문 이외에 주해를 가한 계환법사(戒環法師)의 주해만이 행해졌다고 한다.[1] 따라서 이 글에서는 신라시대 원효대사의 『법화종요』에 대해서, 특히 『법화경』과 『화엄경』의 전개 관계를 둘러싼 문제를 검토해 나가고자 한다. 원효대사는 『법화경』을 주축으로 교학을 전개하고 있는데, 『법화경』을 어떻게 위치짓고 있는가, 특히 『법화경』이 요의경(了義經)인가 미료의경(未了義經)인가를 중심으로 검토하고, 또한 후세에의 영향도 탐구하고자 한다.

2. 원효대사의 『법화종요(法華宗要)』

원효대사의 『법화종요』는 6문의 조직으로 해석하고 있다. 말하자면, ① 술대의(述大意), ② 변경종(辯經宗), ③ 명전용(明詮用), ④ 석제명(釋題名), ⑤ 현교섭(顯教攝), ⑥ 소문의(消文義)의 6문으로 이루어져 있다.[2] 제1 '술대의(述大意)'에서는, 『법화경』은 제불(諸佛)이 출세(出世)한 대의(大意)가 구도사생(九道四生)이 멸입(滅入)하는 일도(一道)의 홍문(弘門)임을 기술하고 있다. 제2 '변경종(辯經宗)'에서는, 이 경은 참으로 광대심심(廣大甚深)한 일승실상(一乘實相)을 소전(所詮)의 종(宗)으로 삼는다고 한다. 제3 '명전용(明詮用)'에서는 방편문을 열어[開] 진실상(眞實相)을 보인다[示]고 하고, 용(用)에 개(開)와 시(示)의 2종을 들며, 개(開)는 3승방편의 문을 열고 시(示)는 일승진실의 상(相)을 보인다고 하고 있다. 제4 '석제명(釋題名)'에서는 『묘법연화경(妙法法華經)』의 '묘법'에

---

1) 江田俊雄, 『朝鮮佛教史の研究』, p.375.
2) 大正藏34. p.870下.

교묘(巧妙), 승묘(勝妙), 미묘(微妙), 절묘(絶妙)의 4의(四義)가 있다고 하고, '법화'의 비유에 통(通)과 별(別)의 뜻이 있다고 한다. 제5 '현교섭(顯教攝)'에서는 『법화경』의 요의불료의에 대해 밝히고 있다. 제6 '소문의(消文義)'에 대해서는 기술하고 있지 않다.

경을 6의(六義)에 의해 해석하는 부분은 중국 길장대사(吉藏大師)의 『법화현론(法華玄論)』이나 기법사(基法師)의 『법화현찬(法華玄贊)』의 6의를 수용한 것일까? 후술하는 것처럼 길장대사의 『법화현론』 등의 영향을 강하게 받고 있는 것으로 생각되기 때문이다.

『法華玄論』	『法華宗要』	『法華玄贊』
弘經方法	述大意	叙經起之意
大意	辯經宗	明經之宗旨
釋名	明詮用	解經品得名
立宗	釋題名	顯經品廢立
決疑	顯教攝	彰品之次第
随文釋義	消文義	釋經之本文

원효대사의 『법화종요』의 제6 소문의(消文義)의 소(消)는 소석(消釋)의 뜻이라고 한다면 문의(文義)를 풀이한다는 뜻으로 하여 수문석의(随文釋義)에 해당한다.

3. 원효대사가 보는 『법화경』의 요의(了義) 미료의(未了義)

경전을 나눌 때에 불법의 도리가 직접적으로 분명하게 다 기술되어 있는 요의경(了義經)과, 중생의 이해에 따라 차례로 진실한 가르침으로 인도하는 미료의경(未了義經)의 가르침으로 분류한다. 당연히 미료의경보다 요의경이 뛰어나다고 한다. 그런데 『법화경』이 요의경인가 미료의경인가에 대해서는 옛날부터 논의가 있는데, 원효대사는 어떻게 판단하고 있는가에 대해 검토해보고자 한다.

원효대사가 보는 『법화경』의 요의·미료의 문제는 『법화종요』 6문 조직의 제5 현교섭에서 들고 있다. 원효대사는 이것에 대해 두 가지 설을 소개하고 있다.

첫 번째 의견은 다음과 같다.

> 어떤 이는 이 경을 불료의라고 하였다. 왜냐하면 부처님의 가르침은 크게 나누면 세 가지 법륜(法輪)이 있기 때문이다. 첫째는 유상법륜(有相法輪)으로 오직 성문승을 지향하는 이를 위하여 사제(四諦)의 모습에 의하여 법륜을 굴리기 때문이니, 『아함경』 등과 같다. 둘째는 무상법륜(無相法輪)으로 오직 보살승을 지향하는 이를 위하여 법의 공성(空性)에 의하여 법륜을 굴리기 때문이니, 『반야경』 등과 같다. 셋째는 무상무상법륜(無相無上法輪)으로 널리 삼승을 지향하는 이를 위하여 모든 법이 공하여 자성이 없는 성품에 의하여 법륜을 굴리되 위없고 용납함이 없기 때문이니, 『해심밀경』 등과 같은

것이다. 이 가운데 앞의 두 가지는 불료의이고, 세 번째의 법륜은 진실한 요의이니, 이 뜻은 저 논에서 갖추어서 자세하게 설하였다.

이 『법화경』은 두 번째[第二]에 포섭된다. 게송에 설하기를, "모든 법은 본래부터 항상 스스로 적멸한 모습이다. 불자가 도를 행하여 마치면 내세에 부처를 이룬다"고 하였기 때문이다. 이런 까닭에 마땅히 알아야 한다. 두 번째의 무상법륜에 포섭되는 것이며, 이미 두 번째에 속했다면 불료의이다.[3]

일대교(一代敎)를 삼법륜(三法輪)으로 나누어 사제(四諦)나 『아함경(阿含經)』이 설한 내용은 제1 유상법륜(有相法輪), 제2는 법성공(法性空)이나 『반야경(般若經)』이 설한 내용인 무상법륜(無相法輪), 제3은 제법공(諸法空)·무자성성(無自性性)이나 『해심밀경(解深密經)』이 설한 내용인 무상무상법륜(無相無上法輪)으로 하고 있으며, 이 『법화경』은 제2에 포섭되어 미료의의 가르침으로 위치짓고 있다. 요의경은 제3의 『해심밀경』 등으로 하고 있다.

이와 달리 두 번째 의견은 다음과 같다.

또 어떤 이는 말하기를 『법화경』은 구경의 요의라고 한다. 왜냐하면 여래의 일대에 설하신 교문을 간략하게 포섭하면 세 가지 법륜에시 빗이니

---

[3] 大正藏34, p.874中-下. "有說, 此經是不了義. 所以然者. 大分佛敎有三法輪. 一者有相法輪, 唯爲發趣聲聞乘者, 依四諦相轉法輪故, 如阿含經等. 二者無相法輪, 唯爲發趣菩薩乘者, 依法空性轉法輪故, 如般若經等. 三者無相無上法輪, 普爲發趣三乘者依諸法空, 無自性性而轉法輪無上無容故, 如解深密經等. 此中前二是不了義, 第三法輪是眞了義, 是義具如彼論廣說, 此法華經是第二攝. 如偈說言, 諸法從本來, 常自寂滅相, 佛子行道已, 來世得作佛, 故, 是故當知第二無相法輪所攝, 旣屬第二, 是不了義."

지 않기 때문이다. 무엇이 세 가지인가? 첫째는 근본법륜(根本法輪)이고, 둘째는 지말법륜(枝末法輪)이고, 셋째는 섭말귀본법륜(攝末歸本法輪)이다. 근본법륜이란 부처님이 처음 도를 이루시어 화엄의 회상에서 순전히 보살을 위하여 널리 일인일과(一因一果)의 법문을 여셨으니, 이것이 근본의 가르침이다. 다만 박복하고 둔한 근기의 무리들이 일인일과를 깊이 듣지 못하므로 일불승에서 분별하여 삼승(三)을 설하니, 이것이 지말의 가르침이다. 사십여 년을 삼승의 가르침을 설하여 그 마음을 단련시켜 이제 법화의 회상에 이르러 비로소 삼승을 회통하여 일승으로 돌아갈 수 있으니, 바로 섭말귀본교이다. 「신해품」에서 장자가 사자좌에 오르자 권속이 둘러싸고 보물을 나열한 것과 같으니, 곧 화엄근본교를 가리키는 것이다.

아들이라 부를 수 없으므로 은밀히 두 사람을 보내는데 진귀한 옷을 벗기고 해지고 더러운 옷을 입히니, 일승을 숨기고 삼승을 설하는 지말교라고 한다. 부유한 장자가 하열하고 유약한 것을 전부 알아 그 마음을 조복하여 큰 지혜를 가르치는 것과 같으니, 섭말귀본교라고 한다. 이 모든 문은 곳곳에 글이 있으니, 이 가운데 처음과 뒤의 두 가지 가르침은 같이 구경요의의 설임을 마땅히 알아야 한다.[4]

첫 번째 의견과 같이 삼법륜으로 나누어, 제1 근본법륜(根本法輪)은 부처님 성도직후에 설해진 『화엄경』의 가르침, 제2 지말법륜(枝末法輪)은 40여 년 동안에 삼승으로 설해진 가르침, 제3 섭말귀본법륜(攝末歸本法輪)은 많은 지말의 가르침을 모아서 근본으로 돌아가는 『법화경』

---

4) 大正藏34, pp.875下-876上. "惑有說者, 法花經是究竟了義. 所以然者. 如來一代所說教門, 略攝不出三種法輪, 何者爲三. 一者根本法輪, 二枝末法輪, 三者攝末歸本法輪. 根本法輪者,

의 가르침을 말한다. 이 가운데 제1 근본법륜과 제3 섭말귀본법륜의 가르침은 구경요의교(究竟了義敎)로 하고, 제2 지말법륜의 가르침은 방편미료의(方便未了義)의 가르침으로 하고 있다. 제3의 『법화경』은 첫 번째 의견은 미료의로 하고 있지만 두 번째 의견은 요의의 가르침으로 위치짓고 있다.

첫 번째 의견에 대해서는 법장의 『화엄오교장(華嚴五敎章)』에 현장(玄奘)의 교판이 소개되어 있는 것으로 하고, 『법화현찬(法華玄贊)』에는 제1 유종(有宗), 제2 공종(空宗), 제3 비공유종(非空有宗)으로 하고 있다. 그리고 『법화경』은 제2 공종으로 제1 유종과 함께 미료의로 하고, 제3 비공유종만이 요의교로 하는 설이 소개되어 있다. 그러나 『법화현찬』에는 1에 다설유종(多說有宗), 2에는 다설공종(多說空宗), 3에는 비공유종(非空有宗)의 3종을 제시하고, 『법화』는 『화엄』・『심밀(深密)』과 함께 비공유종의 요의경으로 분류되어 있다.[5] 또한 8종을 설한 가운데 제8 응리원실(應理圓實)에 『법화』・무착(無著)[6] 등이라는 것을 밝히고 있으므로 이 설은 해당하지 않는다. 이것에 대해서는 혜소(慧沼)의 『유식요의등(唯識了義燈)』에 『법화』를 제2교에 위치짓고 있음[7]을 보이고 있다.

또한 두 번째 의견에 대해서도 삼론교학의 대성사 길장의 『법화현론』이나 『법화유의(法華遊意)』에 근본법륜・지말법륜・섭말귀본법륜의 삼륜법(三輪法)에 의한 것임이 지적되고 있다.[8]

---

5) 大正藏34, p.657上. "一多說有宗, 諸阿含等小乘義是, 雖多說有亦不違空. 二多說空宗, 中百十二門般若等是, 雖多說空亦不違有. 三非空有宗, 華嚴深密法華等是."
6) 大正藏34, p.657中. "八應理圓實, 此法華等 無著等說."
7) 大正藏43, p.660下. "法華旣亦云破乘應第二時."

이들 두 가지의 설에 대해서 원효대사는 『법화종요』에서 다음과 같이 말한다.

> 만일 도리에 나아가 그 승부를 가린다면 저 스님의 뜻은 좁고 짧으니, 저기에서는 불도가 일체에 두루하지 못한다고 설하기 때문이며, 또 이승은 끝내 단멸한다고 설하기 때문이다. 두 번째 스님의 뜻은 너그럽고 다시 길어서 이전의 짧고 좁음을 돌이키니, 그 뜻을 알 수 있다. 이러한 즉 짧고 좁은 뜻으로써 너그럽고 긴 글을 회통시킨다면 글이 상해서 회통하기 어렵고, 너그럽고 긴 뜻으로 짧고 좁은 글을 용납한다면 글이 좁은 것은 뜻을 해침이 없어서 회통하기 쉽다. 이런 도리로 말미암아 뒤의 말이 뛰어난 것이다. 그러므로 이 『법화경』은 구경요의의 가르침임을 마땅히 알아야 한다. 이제 이 뜻에 의해 모든 글을 회통하여 모든 글들의 서로 어긋남을 다 잘 회통할 수 있다.[9]

첫 번째 설은 불승(佛乘)이 일체에 두루하지 않으므로 뜻은 협(狹)하고 단(短)이며, 두 번째는 실개성불(悉皆成佛)이라고 설하여 뜻은 관(寬)하고 장(長)이며, 또한 관장의 뜻을 이용하여 단협(短狹)의 뜻을 수용하고 있으므로 두 번째 설이 수승하다고 말하고, 『법화경』을 구경요의의 가르침으로 하고 있다. 이것은 『열반종요』에서 "그런데 천태지자스님은 선혜(善慧)에 모두 통달하여 온 세상에서 소중하게 여긴

---

8) 塩田義遜,「法華經學史の硏究」, p.334.
9) 大正藏34, p.875中-下. "若就道理判其勝負者, 彼師義狹而且短, 彼說佛□不遍一切故, 又說二□竟斷滅故. 第二師義寬而復長, 返前短狹其義可知斯則以短狹義會寬長文, 文傷□□會, 用寬長義容短狹文, 文狹則無傷義, 則易會, 由是道理後說爲勝. 是故當知此法花經乃是究竟了義之敎也. 今依是義以通諸文, 諸文相違皆得善通."

다"[10]고 하여 천태의 영향을 받았기 때문이 아닌가 하는 견해가 제시되어 있다.[11]

4. 계환법사의 『묘법연화경해(妙法蓮華經解)』

신라시대는 원효대사를 중심으로 『법화경』이 주류를 이루는 시대였다. 이윽고 선(禪)이 전해지고 교학적으로는 화엄의 가르침이, 실천적으로는 선이 행해지는 풍조가 강하게 되었다. 고려시대에 들어와 문종(文宗)의 아들인 의천법사(義天法師, 1054~1101)가 화엄과 천태를 배우고 특히 천태의 가르침을 현창(顯彰)했다. 중국 천태는 당시 의적법사(義寂法師)에 의해 부흥이 도모되었으며, 제자 제관법사(諦觀法師)가 이것을 도왔다. 제관법사는 입당하여 천태를 배우고, 『천태사교의(天台四敎儀)』를 지었다. 그 후 조선시대를 맞이하여 약 5백 년 동안은 불교배척의 시대가 되었다. 그 와중에도 불전이 간행되고 전법이 이루어져 명맥을 이어왔다. 간행된 불전 중에 『법화경』이 가장 많다는 것은 이미 소개되었는데, 거의가 계환법사(戒環法師, ?~1128 혹은 1129)의 『묘법연화경해(妙法蓮華經解)』라고 한다.[12] 이것은 계환법사가 신과 회엄이라는 한국불교의 특색을 담고 있기 때문이라고 한다.

계환법사의 『묘법연화경해』는 20권본과 7권본이 있는데 내용에 변화는 없다. 먼저 권두에 『법화경』에 대한 입장이 제시되어 있다.

---
10) 大正藏38, p.355下. "然天台智者, 禪惠俱通, 擧世所重."
11) 塩田義遜, 前揭書.
12) 江田俊雄, 前揭書.

그러나 묘법(妙法)이란 거침을 멀리하고 오묘함을 취하는 것이 아니라 거친 그 자리에서 오묘함을 드러낸다. 일승(一乘)이란 삼승과 떨어져서 일승을 설하는 것이 아니라 삼승을 모아서 일승으로 돌아간다. 거친 그 자리에서 오묘함을 드러내는 것은 연꽃이 더러운 그 자리에서도 청정한 것과 같고, 삼승을 모아서 일승으로 돌아가는 것은 연꽃이 꽃이 핀 상태에서 열매를 맺는 것과 같다. 법과 비유가 쌍으로 나타나고 이름과 실제가 함께 드러난다. 그러므로 묘법연화라고 부른다.[13]

『법화경』은 추(麤)를 폐(廢)하고 묘(妙)를 설하는 것이 아니라, 추에 즉(卽)하여 묘를 설하는 가르침이며, 실개성불(悉皆成佛)을 목표로 한다. 따라서 삼승을 벗어나 일승을 설하는 것이 아니라 삼승을 모아 일승을 설하는 것임을 보여, 역시 『법화경』과의 관계에 대해서도 배려하고 있다. 신라시대 이후 『법화경』을 중심으로 한 경전관이 일반적이며, 계환법사 자신도 "『법화경』은 삼승을 위해 대사(大事)를 바로 잡아 이끌고, 화엄의 실상과 시종(始終)을 이룬다"[14]고 하면서 『화엄경』과 모순이 없음을 염두에 두고 있다. 그리고 『법화경』과 『화엄경』과의 관계에 대해서 다음과 같이 설명한다.

일찍이 화엄과 법화는 모두 한 가지 가르침이라고 말해왔다. 무엇으로 그것을 밝히는가? 법왕께서 움직임에 따라 참됨을 나타내고 성스러운 징조

---

13) 卍續藏47, p.538上. "然所謂妙法非去麤而取妙, 蓋卽麤以顯妙也. 所謂一乘非離三而說一, 蓋會三而歸一也. 卽麤顯妙猶蓮之卽染而淨, 會三歸一猶蓮之自華而實. 法喩雙彰名實並顯. 故號妙法蓮華."
14) 卍續藏47, p.539上. "法華爲三乘檃括大事指南, 與華嚴實相終始."

를 보이시는 것은 오직 한 가지 일을 위해서여서 다른 승(乘)은 없다. 그러므로 먼저 화엄을 말씀하시어 특별히 돈법을 밝히시었다. 그러면서도 근기가 아둔하면 근본 마음과 부합하게 하여도 크나큰 미혹함에 두려워할 것을 아시고 임시로 편안한 방편을 베풀어 중생의 마음이 진실되고 순일해지면 보배로운 법을 다시 펼쳐보이셨다. 그러므로 두 경전은 하나는 시작이고 하나는 끝이어서 실상이 펼쳐지게 돕는다. 그러므로 지금 여기에서 화엄을 종취로 분과하고 해석한다.

어떤 이는 화엄은 순전히 실성(實性)만을 이야기하므로 큰 근기만 감당할 수 있고 법화는 방편을 통해 진실에 들어가므로 세 가지 근기가 모두 감당할 수 있어서 두 경전의 종취가 서로 다르다고 한다. 그런 예를 들어서 이런 해석을 한다면 종취를 전혀 모르는 것이고 「신해품」을 제대로 보지 못한 것이다. 그 아버지가 아들을 찾다가 찾지 못하고 중도에 어느 성에 머물러 큰 부자가 되었을 때 가난한 아들이 멀리서 보고 놀라 달아나는 것이 바로 처음 설하신 화엄을 비유한 것이다. 임종할 때 아들에게 재산을 맡기자 가난한 아들이 기뻐하며 대보배장을 얻는 것이 바로 최후에 설하신 법화를 비유한 것이다. 이것을 바꾸어 보면, 시작에는 두려워하다가 마지막에는 친근하게 다가간 것이 또 다른 아버지가 아니요, 가난해서 버린 것이나 도달해서 얻은 것이 또 다른 보배가 아니어서, 이미 다른 것이 없으니 어떻게 종취가 상응하지 않겠는가.

또한 더욱이 두 경전은 지혜로 본체를 세우고 수행으로 덕을 삼으며, 모든 법계의 진실된 근기에 방광하여 상서로움을 나타내고, 인과가 원융하여 수행과 증득의 지름길을 열어, 설법하는 모든 의미가 모두 같다. 두 경전의 모습과 종취 역시 성인의 설법이 처음과 끝이 일관함을 보는 데 충분하니

과연 한 가지 일뿐이며 다른 승(乘)은 없다는 종취를 따르더라도 다행히 큰 잘못은 없을 것이다.[15]

『법화경』과 『화엄경』의 종지가 같아, 두 경전은 한 경전이 시(始), 다른 한 경전이 종(終)으로서의 역할을 다하고, 여승(余乘)은 없으며 단지 일승(一乘)이 있음을 설하는 것이다.

5. 결(結)

신라시대를 시작으로 한국불교사에서 『법화경』을 중심으로 한 불교관이 지배적인데, 신라시대 『법화경』의 주소(註疏)로서 유일하게 현존하는 원효대사의 『법화종요』에는 천태의 영향이라고 생각되는 법화경관이 보이며, 고려시대에 들어와서도 차례로 천태교학을 배경으로 한 법화경관이 보인다고 생각한다. 그런 영향 아래에 있어서인지 계환법사의 『묘법연화경해』에도 『화엄경』과 『법화경』의 역할이 다른 점이 보이고, 두 경전이 함께 요의경으로서 위치를 확립해가게 된다.

---

15) 卍續藏47, p.539上-中. "嘗謂華嚴法華蓋一宗也. 何以明之. 夫法王應運出眞兆聖, 唯爲一事無有餘乘. 是以首唱華嚴特明頓法. 雖知根鈍且稱本懷, 及乎怖大昏惑, 乃權設方宜, 至於衆志眞純則還示實法. 然則二經一始一終實相資發. 故今宗華嚴而科釋也. 或謂華嚴純談實性, 獨被大機, 法華引權入實, 三根齊被, 二經旨趣迥不相及. 引彼釋此殆不知宗, 而愚竊觀信解品. 其父先來求子不得, 中止一城, 其家大富, 窮子遙見恐怖疾走, 正喻初說華嚴也. 臨終命子委付財物, 窮子歡喜得大寶藏, 正喻終說法華也. 述此觀之, 始而驚怖終而親附者無異父, 窮之所棄達之所獲者無異寶, 旣無以異何爲而不應宗之耶. 又況二經以智立體以行成德, 放光現瑞全法界之眞機, 融因會果開修證之捷逕, 凡所設法意緒並同. 二經相宗亦足見聖人說法始終一貫, 果唯一事無有餘乘, 旨趣稍馴幸無深誚也."

제2부

신라시대 법화사상과 신행

신라시대 『법화경』의 수용과 전개

박광연

1. 머리말

　『법화경』은 중국·일본 등 동아시아 불교사에서 그 파급력이 매우 컸던 경전이다. 중국에서는 축법호(竺法護)의 『정법화경(正法華經)』과 구마라집(鳩摩羅什)의 『묘법연화경(妙法蓮華經)』이 역출(譯出)된 이후 신앙 차원에서나 교학 연구 차원에서나 그 영향력이 매우 컸다. 남악혜사(南岳慧思)-천태지의(天台智顗)에 의해 『법화경』에 기반한 천태교학(天台敎學)이 정립되기에 이르러, 천태 승려들이 당송대(唐宋代)까지 『법화경』 연구를 주도하였다. 뿐만 아니라 자은(慈恩, 632~682)이 『묘법연화경현찬(妙法蓮華經玄贊)』을 저술한 이후에는 유식 승려들도 『법화경』 연구나 신앙에 적극적이었다. 한편 일본 문화에서 『법화경』이 차지하는 역할도 매우 커서 많은 연구가 진행되었다. 반면 한국의 경우를 살펴보면, 백제사에서 법화사상의 역할이 강조되고, 한참 시간을 건너 뛰어 고려 후기에 가서야 법화신앙이 활성화되는 것으로 논해지고 있다. 선학들에 의해 신라의 법화사상에 대한 많은 연구가 진행되었음에도 불구하고, 『화엄경』에 비하여 『법화경』과 관련한 불교 활동에 대해서는 그다지 주목하지 않고 있다.

원효(元曉)의 『법화종요(法花宗要)』, 의적(義寂)의 『법화경론술기(法華經論述記)』와 『법화경집험기(法華經集驗記)』, 관음신앙, 적산 법화원 등을 주제로 한 선행 연구를 통해 신라 사회에서의 『법화경』 유통 흔적을 볼 수 있고, 신라 사회 법화신앙의 존재에 대한 공감은 이루어졌지만, 신라 법화신앙의 전체 흐름이나 그것이 가지는 사회적 의미에 대한 규명은 부족하다. 무엇보다 『법화경』 관련 논서에 대한 분석이 필요하고, 법화교학이 신라 사상사에서 갖는 위상에 대해서도 신중한 해석이 요구된다. 이러한 문제의식을 가지고 『법화경』의 수용, 교학적 이해, 보급 양상을 간략히 정리하고, 그것이 가지는 역사적 의미를 생각해보았다.[1]

2. 『법화경』의 수용

『법화경(法華經)』이 신라에 전해진 것은 6세기 무렵으로 추정된다. 신라는 마립간기(麻立干期)를 지나 6세기 중고기(中古期)에 접어들면서 남북조(南北朝)와의 교류가 활발해졌고 이 과정에서 불교의 공식적인

---

[1] 이 글은 박광연, 『新羅 法華思想史 硏究』(서울: 혜안, 2013)를 본서의 취지에 맞춰 요약 정리한 것이다. 자세한 근거 자료 및 인용 문헌은 이 책을 참고바란다.

수용이 이루어졌다. 법흥왕(法興王)의 불교 공인 이후 사신(使臣)이나 구법승(求法僧)들에 의해 신라에는 많은 경전이 수입되었고, 이 과정에서 『법화경』도 자연스럽게 전래되었으리라 생각된다.

1) 관음신앙과 보현신앙의 등장

원광(圓光)이 귀국한 600년을 전후하여 신라는 사회 경제적으로 비약적인 발전을 도모하고 있었는데, 불교계도 아울러 성장하였다. 개인적인 구도열과 국가의 지원으로 구법승들이 증가하였을 뿐만 아니라, 대외교류나 정치에서 승려들이 주도적인 역할을 담당하였다. 원광이나 자장(慈藏)이 대표적이다. 당시 승려들은 새로운 문화 수용의 선구자이자 엘리트 지식인이었다.

이런 배경 속에서 『법화경』「관세음보살보문품(觀世音菩薩普門品)」에 의거한 관음신앙이 나타나는데, 자장의 아버지 김무림(金武林)이 아들 낳기를 바라며 관음보살상을 조성한 사실이 『삼국유사(三國遺事)』에 전한다. 자장의 출생연도를 감안할 때 7세기 초반에 관음보살에 대한 신앙행위가 신라에 있었음을 알 수 있다.

관음신앙과 더불어 『법화경』에 의거한 보현신앙(普賢信仰)의 사례도 있다. 낭지(朗智)는 영취산(靈鷲山)에 평생 은거하여 『법화경』을 독송하며 보현행(普賢行)을 닦으며 지냈다고 한다. 이처럼 신라 사회에서 『법화경』은 출가 수행 문화와도 관계를 가지며 수용되었다. 그밖에 천태지의의 문하에서 수학한 연광(緣光)이 도읍에서 활동하며 『법화경』 보급에 노력하였고, 출가하여 『법화경』 독송을 일삼았던 김과의(金果毅)의 아들 같은 인물도 나타났다.

2) 『법화경』의 교학적 이해

삼국 통일 이후 중대(中代)에 접어들면서 『법화경』에 대한 교학적 이해가 시도되었다. 신라에서 『법화경』에 학문적 관심을 표명한 최초의 승려는 원효(元曉, 617~686)이다. 원효는 『법화종요』를 비롯하여 『법화경』 관련 글을 여러 편 썼다. 원효 이후 7세기 중반에서 8세기 중반 사이에 유식 승려들이 『법화경』에 대한 새로운 논의들을 펼쳤다. 순경(順憬)의 『법화경요간(法華經料簡)』, 현일(玄一)의 『법화경소(法華經疏)』, 의적(義寂)의 『법화경론술기』(현존), 『법화경강목(法華經綱目)』, 『법화경요간(法華經料簡)』, 『법화경집험기』(현존), 원홍(圓弘)의 『법화경론자주(法華經論子注)』(현존), 도륜(道倫)의 『법화경소(法華經疏)』, 경흥(憬興)의 『법화경소(法華經疏)』, 태현(太賢)의 『법화경고적기(法華經古迹記)』 등이 확인된다. 현존하는 저술의 내용에 대해서는 3장에서 자세히 소개하도록 하겠다.

3) 법화영험담을 모은 『법화경집험기』

신앙의 측면에서 주목되는 저술은 의적의 『법화경집험기』이다. 『법화경집험기』는 당나라 도선(道宣)의 『집신주삼보감통록(集神州三寶感通錄)』, 도세(道世)의 『법원주림(法苑珠林)』 등 의적이 접할 수 있었던 책들에서 『법화경』 관련 영험담들을 모아 편찬한 책이다. 기존의 영험담을 수집한 것이지만 의적은 『법화경집험기』를 엮으면서 「독송(讀誦)」, 「전독(轉讀)」, 「서사(書寫)」, 「청문(聽聞)」의 편목을 새롭게 설정하였다. 「청문」편을 설정한 것에서 글자를 읽을 줄 모르는 일반 민들에게도 『법화경』 공덕을 말해주고자 했던 의적의 배려를 엿볼 수 있다. 『법화경집험기』의 목차는 이후 『법화전기(法華傳記)』(당 승상[僧祥])나 『대일본법화경험기(大日本法華經驗記)』(일본 진원[鎭源])를 편찬할 때 본보기가 되었다.

『법화경집험기』에서 의적은 관음신앙이나 보현신앙 관련 사례는 싣지 않고 『법화경』에 의거한 신앙 사례만을 제시하였다. 그리고 법화신앙이 쉽다는 것을 강조하였는데, 「별서(別序)」에서 "『법화경』 한 품의 제목만 들어도 오래 살 수 있고 어려움에서 벗어날 수 있으며 『법화경』을 쓰기 위해 한 획만 찍어도 그 공덕이 크다."고 한 데에서 단적으로 알 수 있다. 의적은 『법화경』 공덕을 쌓는 것이 바로 선근을 쌓는 것이라고 생각하였던 것이다.

4) 천태 승려들의 귀국과 영향

신라에서 활동한 천태 승려로는 좌계현랑(左溪玄朗, 673~754)의 문하에서 천태교학을 수학하고 성덕왕 29년(730)에 귀국한 법융(法融), 이응(理應), 영순(英純)을 대표적으로 꼽을 수 있다. 이들의 구체적인 활동상은 알 수 없지만, 이화(李華)의 「고좌계대사비명(故左谿大師碑銘)」, 조설지(晁說之)의 『인왕호국반야경소(仁王護國般若經疏)』 서문, 민인균(閔仁鈞)의 「만덕산백련사주요세증시원묘국사교서·관고(萬德山白蓮社主了

世贈諡圓妙國師敎書·官誥)」가 이들의 존재나 위상을 증명해주고 있다.[2]
지관(止觀)의 실천을 중시한 좌계현랑은 수행에 엄격하였고, 제자들을 가르치는 데 적극적이었다고 한다. 그러므로 법융, 이응, 영순의 귀국으로, 수행을 강조하는 천태교학이 신라에 본격적으로 수용되었을 것이다. 천태교학에서의 지관(止觀)은 단순한 관법이 아니라 신앙의례와 밀접한 관련이 있다. 그러므로 신라의 불교의례 체계가 갖추어지는 데 미친 영향도 적지 않았을 것이다. 고려 초 제관(諦觀)처럼 천태학에 조예가 깊은 승려가 등장한 배경에는, 이들 세 승려 이래로 신라에 전해오던 천태학 전통이 있었음을 간과할 수 없다.

5) 관음신앙의 대중화

중대(7세기 중반~765년)에 접어들면서 관음신앙에 구도적(求道的) 성격과 극락왕생(極樂往生) 보조라는 성격 등이 더해지지만 중고기부터 비롯되었던 현세구복(現世求福)의 목적에서 관음보살을 찾는 것이 가장 보편적이었다. 7세기 초반부터 관음보살상이 만들어진 것으로 보이는데, 현존하는 관음보살상은 대부분 정확한 연대를 알 수 없다. 『삼국유사(三國遺事)』에서는 민장사(敏藏寺) 관음보살상과 중생사(衆生

---

[2] 요세(1163~1245)가 입적한 뒤 원묘국사(圓妙國師)로 추증하는 교서 「만덕산백련사주증시원묘국사교서·관고(萬德山白蓮社主了世贈諡圓妙國師敎書·官誥)」에서 천태종의 국내 계보를 전하면서 신라 승려 영순(英純)을 언급한 것은 의미가 크다고 생각한다. 의천의 『대각국사문집』과 「선봉사대각국사비」에서는 원효와 제관(諦觀)을, 최자가 쓴 「만덕산백련사원묘국사비명병서(萬德山白蓮社圓妙國師碑銘幷書)」에서는 현광(玄光), 의통(義通), 제관(諦觀), 덕선(德善), 지종(智宗), 의천(義天)을 거론하고 있는 것과는 차별된다.

寺) 관음보살상이 중대에 조성되었다고 하고, 그림으로는 경덕왕대의 솔거(率居)가 그린 분황사(芬皇寺)의 관음보살도가 유명하였다고 한다. 지배층과 승려들의 불상 불화의 조성뿐만 아니라 일반 민들의 신앙 행위도 차츰 나타난다. 가난한 여인 보개(寶開)가 민장사 관음보살을 찾아가 뱃길 떠난 아들의 무사귀환을 빌고, 희명(希明)이라는 여인이 다섯 살 난 아이의 눈을 뜨게 해달라고 분황사 관음보살을 찾아간 사례들이 이를 말해준다. 보개나 희명의 사례가 모두 경덕왕대(景德王代, 742~765)인 것으로 보아 늦어도 8세기 중반이 되면 관음신앙이 신라사회 전 계층의 신앙으로 자리하게 되었던 것이 아닐까 싶다.

6) '『법화경』 신앙'의 보급

하대(765~936)에 들어서면서 다양한 형태의 법화신앙이 나타났다. 우선 많은 『법화경』 독송 사례를 확인할 수 있다. 『법화경』 신앙의 기본은 『법화경』의 수지(受持) 독송(讀誦)이지만, 『법화경』 독송을 통해 추구한 바는 조금씩 달랐던 것 같다. 오대산에서는 『법화경』 독송을 통해 아미타불이 계신 극락으로의 왕생을 기원하였고, 영취산의 연회(緣會)는 『법화경』을 독송하며 보현관행(普賢觀行)을 닦았다. 직산(赤山) 법화원(法花院)의 사례를 통해, 정기적인 『법화경』 강경법회를 개최한 사원도 있었음을 알 수 있다. 뿐만 아니라 승려들이 민가(民家)를 돌아다니며 『법화경』을 독송하면서 교화활동을 펼치기도 하였다. 예를 들어 석초(釋超)는 이웃집에서 어떤 승려가 『법화경』 「묘장엄왕품(妙莊嚴王品)」을 독송하는 것을 듣고 출가하였다고 하고, 균여

(均如)의 누이 수명(秀明)은 탁발승의 『법화경』 독송을 듣고 믿음이 생겼다고 한다. 『법화경』을 돌에 베껴 써서 새긴 창림사(昌林寺)의 '법화경 석경(石經)'이나 백성산사(百城山寺) 묘길상탑(妙吉祥塔)에 봉안한 목록 가운데 『법화경』이 들어간 점 등에서 '『법화경』 신앙'의 모습을 확인할 수 있다.

이와 같이 사원에서의 강경법회나 탁발승의 『법화경』 독송으로 신라인들은 점차 『법화경』이 지닌 함의를 이해하게 되고, 출가를 하기도 하고, 믿음이 생기기도 하였다. 강경법회나 탁발승의 교화활동은 특정 계층이나 승려만을 대상으로 한 것이 아니라 전 계층의 적극적인 참여를 유도하였을 것이다.

3. 『법화경』의 교학적 해석

신라에는 천태지의처럼 『법화경』을 최고의 경전으로 내세우며 교학체계를 정립한 인물은 없었지만, 『법화경』의 종지를 해석하거나 『법화경』을 주석하거나 세친(世親)의 『법화경론(法華經論)』을 주석하면서 『법화경』에 대한 논의를 펼친 이들은 많았다. 현재 저술이 남아 있는 원효의 『법화종요』와 의적의 『법화경론술기』, 그리고 경흥(憬興)의 다른 저술들을 통해 신라 법화교학의 전반적인 성격을 파악할 수 있다.

1) 원효 · 의적 · 경흥의 일승 개념

원효 · 의적 · 경흥의 『법화경』 일승(一乘)에 대한 이해와 이들이 『법화경』에서 강조하는 점을 간단히 표로 정리하면 다음과 같다.

	一乘	강조점
元曉	理 : 法界, 法身, 如來藏 敎 : 모든 불법 因 : 佛性, 善根 果 : 本有果, 始起果	佛性, 善根, 一乘果의 교화
義寂	種子, 行, 增長力, 令解, 淸淨國土, 說, 敎化衆生, 成大菩提, 涅槃, 勝妙力의 十種無上	8地 이상 획득이 一乘의 상태 多聞薰習에 의한 善根 축적
憬興	부처의 지혜(無分別智, 後得智)	淨土因(止觀) 닦아 淨土果 획득 淨土果의 모습(부처의 지혜, 부처의 自利利他의 德, 부처의 無量한 수명, 他受用土의 불국토)을 『법화경』으로 설명

먼저 원효는 이(理) · 교(敎) · 인(因) · 과(果)의 측면에서 일승을 고찰하였다. 일체 모든 중생에게 불성(佛性)이 있고, 불성이 있기에 선근(善根)이 있고, 선근이 있기에 상주과(常住果)를 받고, 미래의 부처(당과(當果))가 다시 선근을 낳게 도와주고 교화함이 일승이라고 보았다. '일승과(一乘果)의 교화'를 강조하여 미래세의 부처가 현재 선심(善心)을 쌓

도록 도와주거나 당과(當果)의 보불(報佛)이 응화신(應化身)으로 나타나 직접 중생을 교화한다고 하였다. 미래세의 부처가 스스로의 수행에 의해 이루어지므로 자력인 동시에 타력의 측면이 섞여 있다. 한 마디로 원효는 자력과 타력의 병행에 의한 구원 혹은 깨달음을 말하고 있는 것 같다. 한편 '일승과의 교화'라는 측면은 의상(義相) 및 의상계 문도들의 '자미래불환화자현재(自未來佛還化自現在, 미래의 부처로부터 자기 자신의 현재를 교화한다)' 논의와도 연결되고 있는데, 이는 원효와 의상의 사상 교섭을 보여준다.

다음 의적은 원효처럼 일승이 무엇인가를 직접적으로 드러내고 있지는 않다. 이는 원효의 저술은 『법화경』의 종요(宗要)를 쓴 것이고 의적의 저술은 세친의 『법화경론』에 대한 강의안이라는 점에서 오는 차이일 것이다. 다만 의적의 논의를 따라가다 보면 결국 의적도 일승(一乘)이 무엇인가에 대한 견해를 펼치고 있음을 알 수 있다. 의적은 『법화경론』「비유품(譬喩品)」에서 설명하는 십종무상(十種無上), 즉 종자(種子), 행(行), 증장력(增長力), 영해(令解), 청정국토(淸淨國土), 설(說), 교화중생(敎化衆生), 성대보리(成大菩提), 열반(涅槃), 승묘력(勝妙力)에서의 위 없음(無上)이 일승이라고 보았다.

일승에 도달하는 방법으로는 두 가지를 제시하였다. 첫 번째는 선근(善根)을 쌓는 것으로, 『법화경』 설법을 다문훈습(多聞薰習)함으로써 선근이 쌓인다고 하였다. 『법화경』 설법을 들음으로써 천제(闡提)도 외도(外道)도 성문(聲聞)도 연각(緣覺)도 불신(不信), 아견(我見), 외고(畏苦), 자애(自愛)의 장애를 없애는 변화가 일어날 수 있고, 궁극에는 깨달음의 경지에 들 수 있다고 하였다. 이는 『법화경』만 들어도 깨달을 수 있다는 의미로도 해석된다.

일승에 도달하는 두 번째 방법은 지관(止觀) 수행이다. 의적은 일승(一乘) 삼승(三乘)에 대한 논의를 수행계위와 연결시켜 해석함으로써 삼승과 다른 일승의 상태는 8지(地)의 획득으로 가능하다고 보았다. 8지의 보살은 위없는 종자(種子)나 증장력(增長力)을 가지고 국토를 청정하게 하며, 중생을 교화하며, 큰 깨달음을 이루는 등의 상태가 된다는 것이다. 8지의 획득 방법에 대해서는 구체적으로 말하고 있지 않지만, 의적은 출가 제자들을 대상으로 지관의 노력을 강조하였을 것임에 틀림없다.

마지막으로 경흥(憬興)은 『법화경』을 인용하여 보살은 삼승(三乘)을 이끌어 일승으로 가야 한다고 말하고 있다. 일승이란 바로 부처의 지혜이고, 부처의 지혜란 다름 아닌 자리이타(自利利他)의 실천이라고 하였다. 또한 무량한 수명을 가진 부처가 계신 정토가 바로 타수용토(他受用土)임을 『법화경』을 통해 알 수 있다고 하였다. 한 마디로 경흥은 『법화경』을 정토과(淨土果)의 경지가 묘사되어 있는 경전으로 이해하였던 것 같다. 정불국토(淨佛國土)의 보살행 실천으로 구현해야 할 세계가 『법화경』에 묘사된 세계라는 것이다. 경흥에게서는 원효나 의적처럼 일승이 무엇인가에 대한 논의라든지 신근을 쌓는 방법 등에 대한 논의는 보이지 않는다. 이는 분석한 논서인 『무량수경연의술문찬(無量壽經連義述文贊)』과 『삼미륵경소(三彌勒經疏)』가 『법화경』 주석서가 아니므로 불가피한 결과이다. 하지만 경흥이 지관 수행을 통한 불국토의 성취를 강조하고 일승을 지혜라고 본 것은 의적의 일승 개념과도 통하는 면이 있다. 의적이 말한 십종무상(十種無上)에는 영해무상

(令解無上)과 청정국토무상(淸淨國土無上)이 포함되고, 이를 획득하기 위해 수행을 요구하고 있기 때문이다.

2) 원효와 의적의 일승관 비교

원효와 의적의 해석을 비교해보면, 둘 다 『법화경』의 일승이 무엇인가를 정의하고 있지만 그 해석 방식에 크게 두 가지의 차이점이 보인다.

첫째, 원효는 논의의 바탕에 불성(佛性)을 두고 있다. 누구나 불성이 있고, 불성이 있기에 선근이 있고, 선근이 있기에 '일승과(一乘果)의 교화'가 있다고 하여 논의의 기본 전제에 누구에게나 불성이 있다는 믿음이 있다. 반면 의적은 불성에 대해서는 전혀 말하지 않았다. 의적은 선근(善根)의 축적만을 강조할 뿐이다. 의적이 불성을 말하지 않은 것은 다문훈습(多聞薰習)과 지관(止觀) 수행에 의한 식(識)의 전의(轉依)를 강조하는 유식학(唯識學)의 사고 기제를 가지고 있었기 때문이 아닌가 한다.

둘째, 원효가 말하는 '일승과의 교화'에는 자력과 타력이 공존되어 있다. 이는 원효의 정토사상에서 정토인(淨土因)으로서의 자력수행과 더불어 아미타불의 구원이라는 타력을 말하는 것과 같은 맥락에서 이해할 수 있다. 그런데 의적은 일승을 오로지 자력에 의해 획득해야 하는 것으로 묘사하고 있다. 의적이 선근을 쌓기 위해 『법화경』 설법을 들을 것을 요구한 데 비하여 원효는 과거에 부처가 계신 곳에서 선근을 쌓았기 때문에 지금 끊어져 있더라도 부처가 될 수 있다고 하였다. 원효가 현재의 노력과 더불어 타력의 측면도 말하는 데 비하여 의적은 오로지 자력만을 강조하였다. 그렇다고 의적이 무리한 노력을 요구한 것은 아니다.『법화경집험기』에서 의적은『법화경』의 제목만 들어도 그 공덕이 크다고 하면서 법화신앙이 어렵지 않음을 강조하였다.

3)『법화경』해석 태도의 독창성

원효·의적·경흥의『법화경』이해는 선행 해석에 얽매이지 않는 독창성과 다채로움을 지니고 있다. 선행 해석에 얽매이지 않았다는 것은, 선행 해석을 몰랐다는 것이 아니라 그들의 비판에 몰두하지 않았다는 의미이다. 원효의 경우, 길장(吉藏, 549-623) 등 이전 시기에 행해진 법화교학의 전개에 대해 숙지하고 있었다.『법화종요』에는 삼승일승의 권실(權實) 문제, 삼거(三車) 사거(四車) 문제, 요의설(了義說) 불료의설(不了義說) 문제 등에 대한 원효의 의견이 나오는데, 서로 다른 견해를 화회(和會)시키는 데 주력하고 있을 뿐이다. 원효가『법화종요』를 저술한 의도는 일승이 무엇인가 하는 자신의 문제의식을 해결하는 데 있었지 선행 연구를 비판하는 데 있지 않았던 것 같다. 이와 같은 태도는 의적도 마찬가지였다.

의적은 자은의『묘법연화경현찬』을 알았고, 많이 인용하였다. 자은이『묘법연화경현찬』에서 강조한 것은 오성각별(五性各別)의 논리였으며, 기존의 이승(二乘)은 방편(方便)이고 일승(一乘)은 진실(眞實)이라는 입장을 부정하였다. 즉 자은은 일승의 가르침이 오히려 방편에 불과하다고 하면서 『법화경』을 통해 삼승의 관계를 새롭게 규명하고 이로써 유식학파가 주장하던 삼승설(三乘說)을 논증한다. 하지만 의적은 수행과 관련된 자신의 논지를 보강할 필요에서 규기의 견해를 인용하고 있을 뿐, 방편·진실의 문제라든지 삼거·사거의 문제 등 이론적 논쟁에 대한 언급은 하지 않았다. 신라의 승려들은 논쟁보다는 『법화경』을 통해 궁극의 진리가 무엇인지를 찾아내고자 노력하였다. 때문에 일승에 대한 정의나 강조점이 서로 달랐던 것이라 생각한다.

4) '일승' 논의의 사회적 의미

원효나 의적이 선행 『법화경』 해석에 매이지 않고 독자적인 견해를 펼칠 수 있었던 것은 어쩌면 신라라는 공간이었기 때문에 가능한 일이었을지도 모른다. 원효나 의적이 활동하였던 7세기 중후반에서 8세기 초의 신라는 수많은 전쟁을 거쳐 삼국 통일의 위업을 달성하였다. 이 시기 신라는 한편으로는 전쟁의 상흔에 시달렸지만, 다른 한편으로는 힘차게 약진하고 있었다. 문무왕(文武王, 재위 661~681)·신문왕(神文王, 재위 681~692)은 강력한 왕권을 행사하며 넓어진 영토를 효율적으로 관리하기 위해 행정체계도 정비해나갔다. 백제와 고구려의 유민들을 통해 그들의 앞선 기술이 유입되었고, 당(唐)의 문물도 더욱 적극적으로 수용함으로써 새로운 문화가 꽃피고 있었다. 이러한 분위기에 맞물려 신라 불교계에서도 불교 교학에 대한 연구가 활발하게 이루어졌다. 중고기의 '전륜성왕설(轉輪聖王說)' '진종설(眞種說)' 등 이데올로기적 성격에서 탈피하여 불교에 대한 지적인 탐구가 진지하게 진행되었다. 현장(玄奘)에 의해 새롭게 번역된 경전과 논서들이 전해지고, 이를 접한 구법승들이 귀국하면서 이러한 분위기는 한층 고취되었을 것이다. 이 과정에서 나온 '일승(一乘)'에 대한 논의는 '불교를 통해 무엇을 할 수 있는가'라는 신라 지식인의 질문에 대한 나름의 답이었을 것이다. 『법화경』일승에 대한 논의를 통해 단순히 『법화경』종지를 설명한 것이 아니라 대승불교의 가르침이 무엇인가를 말해주고자 했던 것이다.

5) 청정국토 성취의 사회적 의미

의적이나 경흥이 '지관 수행을 통한 청정국토'의 성취를 강조한 사실이 지니는 의미에 대해서도 생각해볼 필요가 있다. 고대 한국인들은 인간의 현세에서의 삶에 더 많은 관심을 가지고 있었고, 현실적 행복을 얻기 위해 끊임없이 인간의 생활을 좌우하는 초월적 존재들과 접촉하려 하였다. 중고기(中古期)의 미륵신앙이나 칠처가람설(七處伽藍說) 등에서도 이러한 모습을 볼 수 있다. 즉 신라 중고기에는 미륵하생신앙이 유행하였는데, 신라인들은 용화회(龍華會)를 사후(死後)가 아닌 현세에서 맞이할 수 있는 이상세계라고 생각하였다고 한다. 또한 신라가 일찍부터 불국(佛國)과 인연 있는 나라라고 인식하는 불국토사상이 성립하였다.

통일 이후 중대 초기 불교사상도 내세보다는 현실을 강조하는 경향이 있었다. 신라 땅에 아미타불과 제불보살이 상주한다거나 신라 땅에서 아미타불과 미륵이 성불하였다는 인식도 있었다. 화엄사상을 정립한 의상도 자신의 마음을 깨끗하게 정화하여 완전하게 하는 데에서 나아가 적극적으로 사회정화에 매진하여 얻는 즐거움이 바로 극락정토라 여기고 이러한 생각을 부석사(浮石寺)에 담았다고 한다. 이는 의적·경흥·현일 등의 유식 승려들이 강조한 정불국토(淨佛國土)와 사상사적 맥락을 같이 한다. 수행을 통해 국토를 청정하게 할 수 있다는 것이다. 지관 수행을 통해 번뇌를 떨치고 무분별지(無分別智)·후득지(後得智)를 획득한 상태가 바로『법화경』에 묘사된 무량한 수명의 부처가 함께 하는 불국토라는 것이다.

이와 같이 중대 초 유식 승려들은『법화경』을 정토교학과 관련시켜 이해함으로써 신라불국토설을 강화시켰다. 통일신라, 그중에서도 중대는 불교미술의 전성기라 평가된다. 예술작품이 그 시대 인간의 사고 깊이를 드러내는 것이라고 한다면, 중대 불교 미술은 신라 땅을 불국토로 만들고자 했던 많은 지성들의 발현이었다. 경흥은 신라의 국로(國老)로서 전후(戰後)의 신라사회를 안정시키고자 노력하였을 텐데, 왕실을 오가며 행했던 그의 설법에서 불국토 구현을 강조하였을 법도 하다. 경흥에게, 그리고 당시 지성인들에게『법화경』은 구현해야 할 불국토의 모델로서 중요하게 자리매김하고 있었으리라 생각된다.

4.『법화경』이해의 역사적 의미

신라 사회에 유행하였던 다른 불교사상 및 신앙과의 비교를 통해

『법화경』의 수용과 보급이 지니는 역사적 의미를 생각해보도록 하겠다.

1) 가장 먼저 수용된 불교 신앙

신라인들은 아주 오래전부터 초월적 존재를 모시고 그들의 힘에 의지하며 현세에서의 삶을 누렸다. 그 초월적 존재들을 역사서는 천신(天神), 산신(山神), 수신(水神), 용신(龍神), 일월신(日月神) 등 신(神)이라는 용어로 표현하고 있다. 『삼국유사』에 나오는 선도산 안흥사의 벽화 내용을 보면, 보살(菩薩), 53불(佛), 성중(聖衆), 천신(天神), 산신(山神) 등이 본존(本尊)의 설법을 듣고 본존을 보호하는 존재로서 자리하고 있다. 이는 전통적 신 관념 속에 새로 부처라는 존재가 포함되고, 나아가 점차 기존의 천신과 산신을 대신하여 부처가 최고의 신앙대상이 되었음을 보여준다.

초기 대승불교에서 불보살은 자아(自我)의 존재론적 각성을 일깨워주는 존재들이지 소원을 비는 대상이 아니었다고 한다. 하지만 불교의 수용 초창기의 신라인들은 불보살을 기존의 신들과 크게 다르지 않다고 느꼈던 것 같은데, 이를 잘 보여주는 것이 바로 현세구복적 성격의 관음신앙이다. 『법화경』「관세음보살보문품」에 의거한 관음신앙이 신라인들에게는 인간의 현세적 욕망에 충실한 샤마니즘의 모습과 그렇게 다르지 않게 받아들여졌을 수도 있다. 이것이 어쩌면 관음신앙이 신라사회에서 가장 일찍, 그리고 가장 보편적으로 받아들여진 이유일 것이다.

아들 낳기를 바라며 관음보살상을 조성한 김무림의 모습에서 중고기 지배층의 일상 속에서의 불교 의미를 생각해보게 된다. 김무림이 어떤 경로로 관음보살에 대해 알게 되었는지는 정확히 알 수 없으나, 승려들의 교학적 이해에 앞서 신앙행위가 먼저 이루었다는 점이 흥미롭다.[3] 오늘날까지도 불교신앙의 저변을 형성하고 있는 관음신앙은 8세기 중엽이 되면 신라 모든 계층의 귀의를 받게 되고, 특히 하층민이 현실의 어려움을 호소할 수 있는 대상으로서 사랑을 받았다.

2) 존격(尊格)에서 경전으로

중대에 접어들면서 신라 불교계는 원효와 의상을 비롯한 학문승들이 증가하면서 불교 교학에 대한 이해가 깊어졌고, 아미타신앙·미륵신앙·약사신앙·지장신앙 등의 다양한 성격의 신앙행위가 나타났다. 이러한 다른 불교신앙과 비교하였을 때 법화신앙의 가장 큰 특징은 『법화경』이라는 경전을 중심으로 전개되었다는 점이다. 아미타신앙·미륵신앙·약사신앙·지장신앙 등도 소의경전(所依經典)이 있긴 하지만, 경전보다는 존격(尊格)에 대한 신앙이 우선이다. 아미타불, 미륵불, 약사불, 지장보살이 지닌 힘에 의지하는 것이다. 이는 물론 관음신앙도 마찬가지이긴 하지만, 『법화경집험기(法華經集驗記)』를 통해 볼 때 중대 이후로는 『법화경』 공덕을 강조하는 분위기가 성립하였

---

3) 중국에서도 『법화경』에 대한 교학적 논의가 전개되기에 앞서 관음신앙이 널리 유포되었고, 담란(曇鸞)·도작(道綽)·선도(善導) 등에 의해 정토교학이 정립되기 이전인 5세기 말부터 서방정토신앙이 유행하였다. 侯旭東, 2001, 「五·六世紀北方民衆佛教信仰」, 『中國佛教學術論典 45』, 法藏文庫, pp.218-213.

던 것 같다. 시간이 흐를수록 '『법화경』 신앙'이라 명명할 수 있을 정도로 『법화경』의 수지독송 사례가 증가하였다.

3) 천태 화엄 유식, 전공에 상관 없이

『법화경』을 교화의 방편으로 적극 활용한 승려들 가운데 대표적으로 원효와 의적을 꼽았지만, 물론 이들만 있었던 것은 아니다. 신라의 법화신앙이 가지는 특징 가운데 하나가 승려들이 전공에 상관 없이 『법화경』을 독송하고 교화의 방편으로 활용하였다는 점이다. 신라 불교계의 주축을 이루었던 것은 화엄 승려와 유식 승려들이고, 이들은 『삼국유사』 「현유가해화엄(賢瑜伽海華嚴)」에서 볼 수 있듯이, 왕실을 사이에 두고 대결 구도를 이루었다고 한다. 중시한 경전도 달라 화엄 승려들은 『화엄경(華嚴經)』을, 유식 승려들은 『금광명경(金光明經)』을 강조하였다. 그런데 『법화경』에 대한 태도는 그다지 차이가 없었던 것 같다.

유식 승려들은 『법화경』 관련 저술을 쓰고 영험담을 편찬하는 등 적극적으로 법화신앙의 고취에 노력하였다. 화엄 승려들도 『법화경』의 일승적(一乘的) 측면을 인정하였을 뿐만 아니라 법신사리(法身舍利)나 포교용으로 『법화경』을 이용하였다. 또한 앞에서 말했듯이 좌계현랑(左溪玄郎)의 제자 법융(法融)·이응(理應)·영순(英純)의 귀국 이후 천태 승려들의 활동도 이어졌을텐데, 천태 승려들이 『법화경』을 중시한 것은 당연하다. 이처럼 신라에서는 어느 특정 교단만이 『법화경』을 강조하지 않았고, 『법화경』 해석을 둘러싼 대립은 없었던 것 같다.

이는 중국이나 일본의 경우와는 그 양상을 달리한다. 주지하듯이, 중국에서는 천태종이『법화경』연구와 법화신앙을 선점하였다. 그런데 현장(玄奘)의 제자 자은이『묘법연화경현찬』을 저술한 이후에는 법상종에서도『법화경』을 강조하였다. 당(唐) 덕종(德宗) 정원(貞元) 연간 (785~804)에 법상종의 대가였던 청소(淸素)가 안국사(安國寺)를 중심으로 활동하면서 그곳에서 법화도량(法華道場)을 개최하였는데, 이에 대해 천태종의 형계담연(荊溪湛然, 711~782)은 그의 저술『법화문구기(法華文句記)』에서 강력하게 비판하였다.『묘법연화경현찬』에 의거한 자은파의『법화경』해석이 불교계에 미치는 영향력이 커진 데 대한 위기감에서 담연은『묘법연화경현찬』의 학설을 조목조목 논한 것이다. 이후 법상종과 천태종의『법화경』해석 논쟁이 계속되었고, 이러한 상황이 일본에서도 재현되었는데 한국에서는 이런 모습을 찾아볼 수 없다.

5. 맺음말

지금까지의 개략적인 설명을 통해, 신라시대에도『법화경』에 대한 연구와 법화신앙이 활발하게 있었음을 알 수 있다. 하지만 관련 자료가 많지 않아 보다 풍성한 정보를 알 수가 없는 것도 사실이다. 최근 신라 승려 원홍(圓弘)의『법화경론자주(法華經論子注)』라는 문헌이 현존한다는 사실이 학계에 소개되었는데,[4] 이와 같이 새로운 문헌과

---

4) 金天鶴, 2012,「金澤文庫所藏圓弘の『妙法蓮華經論子注』について」,『印度學佛敎學研究』60-2. ; 김천학, 2014,「원홍은 신라 승려인가? :『법화경론자주』의 인용문헌

자료의 발굴이 절실하다. 고려시대에 접어들면서 천태학을 비롯하여 『법화경』 이해가 보다 깊어졌다. 앞으로 신라 법화사상에 대한 이해를 바탕으로, 고려시대의 법화사상에 대한 체계적인 연구가 필요하다.

을 중심으로」, 『동아시아불교문화』 17.

제3부

고려 조선시대 천태종의 동향

대각국사 의천의 천태종 개창과 계승

박용진

1. 머리말

한국불교사에서 대각국사 의천(1055~1101)은 11~12세기 한문불교 문화권의 국제적 교류와 관련하여 일찍부터 주목되었고 그의 화엄·천태사상에 대해서는 상당한 연구가 이루어졌다.[1] 특히 의천의 천태종 개창, 화엄사상, 교장(敎藏)의 간행 등에 대해서 다수의 연구 업적이 축적되었다. 그럼에도 의천의 불교사상이나 교학을 연구할 때 저술이 없다는 사실은 그의 사상을 천착할 수 없게 하였고 여전히 피상적인 분석의 한계를 가진다.

국내에서의 의천 연구는 김상기와 조명기에 의해 시작되었다.[2] 의

---

1) 최근의 의천 관련 연구 현황은 다음에 자세히 정리되어 있다. 김상현, 「대각국사 의천 관계 참고문헌」, 『天台學硏究』 4, 2003, pp.240-249. ; 한국유학생 인도학불교학연구회 엮음, 『일본의 한국불교 연구동향』, 장경각, 2001. ; 박용진, 『의천 : 그의 생애와 사상』, 혜안, 2011.
2) 일제강점기에 국내 연구는 자료의 집록을 중심으로 하였다. 권상노, 이능화에 의해 자료가 집록되었으나 구체적인 논평은 없다. 이능화는 『朝鮮佛敎通史』의 「大覺求法

천의 사상에 대하여는 의천 관련 자료를 집록(集錄)하고, 천태사상에 대하여 기존의 연구성과와 함께 살펴보고 있으나 간략하게 언급하는 데 그쳤다.[3] 이 시기 의천에 대한 연구는 주로 천태종의 개창이나 교장의 간행 문제에 집중되었고, 의천 불교사상의 중심이라 할 화엄사상과 천태사상에 관한 본격적인 연구는 이루어지지 못하였다.

본격적인 의천사상의 연구는 1970년대 이후 연구자의 증가와 연구방법론의 다양한 전개 이후에나 가능하였다. 국사학자로서는 김두진·김철준·최병헌·허흥식 등이 송과의 불교 교류, 송의 화엄·천태교학과의 관련성, 고려불교 사상사 내에서의 의천의 위치를 지적하였다.[4] 불교학자인 이영자·이재창·이봉춘 등이 각각 의천의 천태회통사상·천태종 개창 등에 대하여 연구하였으며, 철학계의 길희성·박종홍·이병욱 등은 의천의 중국 불교계와의 교류에 주목하여 징관·종밀 등의 철학과 비교 연구하였다.[5]

조명기는 의천의 천태종 개창은 교관병수로써 교학 통일을 실천하

始興台敎」 항목에서 천태종과 관련하여 고려후기까지의 자료를 수록하였다.
3) 金庠基,「大覺國師義天에 對하여」,『國史上의 諸問題』3, 國史編纂委員會, 1959. ;『東方史論叢』, 서울대출판부, 1984, 개정판. ; 趙明基,「大覺國師의 天台의 思想과 續藏의 業績」,『白性郁博士頌壽記念 佛敎學論文集』, 1959(『高麗 大覺國師와 天台思想』, 東國文化社, 1964, 재수록).
4) 김두진,『고려전기 교종과 선종의 교섭사상사연구』, 일조각, 2006. ; 金哲俊,「高麗初의 天台學 硏究 : 諦觀과 義通」,『東西文化』2, 啓明大 東西文化硏究所, 1968. ; 崔柄憲,「天台宗의 成立」,『한국사 6 : 고려 귀족사회의 문화』, 국사편찬위원회, 1975. ;「義天과 宋의 天台宗」,『伽山李智冠스님 華甲紀念論叢』, 1992. ;「高麗 佛敎界에서의 元曉 理解 : 義天과 一然을 中心으로」,『元曉硏究論叢』, 국토통일원, 1987. ; 許興植,「義天의 思想과 試鍊」,『精神文化硏究』54, 1994. ;「高麗前期 佛敎界와 天台宗의 形成過程」,『韓國學報』11, 一志社, 1978.
5) 박종홍,『한국사상사』, 서문당, 1999, 개정판. ; 吉熙星,「高麗 佛敎의 創造的 綜合 : 義天과 知訥」,『韓國思想史大系』3, 1991. ; 이병욱,「義天의 天台思想 受容의 두 단계」,『普照思想』11, 普照思想硏究會, 1998.

여 신사상・신종파를 성립한 것으로 보았다.[6] 최병헌은 의천이 교관병수(敎觀並修)를 주장하여 천태종을 개창하고, 그것을 통해 선종을 포섭하며, 또한 성종(性宗)과 상종(相宗)을 겸수하여 화엄종의 입장에서 법상종을 포섭하였음을 주장하였다.[7] 한편 허흥식은 화엄학의 원융(圓融)을 최종적인 목표로 하고 선종에 대하여는 천태학의 지관(止觀)으로 대신하려 한 것으로 보았다.[8]

의천의 천태사상과 송대 천태종의 산가(山家)・산외파(山外派) 사상과의 교류나 관련성에 대해서는 일찍이 주목되었다.[9] 송대 천태교학에 대하여 산가(山家)・사외파(山外派)・후산외파(後山外派)・잡전파(雜傳派) 등의 분류는 지반(志磐)의 『불조통기』 단계에서 이루어진 것으로 의천 당대의 이해와는 다소 거리가 있다. 최근 고려시대 천태종의 전개 및 종파인식 등에 대해 다양하게 검토된 바 있다.[10]

---

6) 趙明基, 「大覺國師의 天台의 思想과 續藏의 業績」.; 洪庭植, 「高麗 天台宗 開立과 義天」, 『韓國佛敎思想史: 崇山朴吉眞博士 華甲紀念』, 1975.
7) 崔柄憲, 「高麗 佛敎界에서의 元曉 理解: 義天과 一然을 中心으로」, 『元曉硏究論叢』, 국토통일원, 1987. 화엄종의 모순을 극복하기 위해 교관병수를 주장하였고 이것이 천태종 개창의 불교사상적 배경으로 보는 견해가 있다(金相鉉, 「의천의 천태종 개창 과정과 그 배경」, 『천태학연구』 2, 천태불교문화연구원, 2000).
8) 허흥식, 「의천의 사상과 시련」, 『정신문화연구』 17, 1994.
9) 高橋亨, 「大覺國師義天の高麗佛敎に對する經綸について」, 『朝鮮學報』 10, 1956에서 사상적으로 산외파에 속하나 산가파 종간(從諫)에게서 선수받은 모순에 대해 지적하였다. 崔柄憲은 「義天과 宋의 天台宗」, 『伽山李智冠스님 華甲紀念論叢』, 1992.; 「大覺國師 義天의 天台宗 創立과 宋의 天台宗」, 『인문논총』 제47집, 서울대 인문학연구원, 2002 등에서 산외파의 교학에 공감하였고 산가파 천태교학은 표면적으로 전수를 표방한 것으로 보았다. 이는 『교장총록』에 수록된 송대 천태교학 관련 저술을 검토한 것으로 사상적 차이를 분석한 것은 아니다.
10) 박윤진, 「고려 천태종의 종파 문제: 조선초 천태종의 선종 귀속의 역사적 배경」, 『한국사학보』 40, 2010.; 박광연, 「高麗前期 佛敎敎團의 전개 양상」, 『한국중세사연구』 34, 2012.; 황인규, 「고려후기 백련사결사의 계승과 전개: 백련사결사의 전개 再試攷」, 『佛敎硏究』 38, 韓國佛敎硏究院, 2013.; 강호선, 「無畏國統 丁午와 원 간섭기 백련결사의 전개」, 『진단학보』 120, 2014.

본고는 이상의 제설에 주의하면서 의천의 천태종 개창과 계승을 검토코자 한다. 의천이 천태종을 개창하기 위해 수용한 송 천태종의 교류 내용을 이해한 위에 고려에서의 천태종 개창에 대해 살펴보려 한다. 한 종파의 개창은 교단, 교의, 의례의 기초 위에 성립하므로 순차적으로 검토하고자 한다. 의천계 천태종의 계승은 개창 당시 문도와 사자전승(師資傳承)된 인물을 중심으로 살펴보며, 이들의 천태종 9조 및 천태 6산 인식도 함께 고찰한다. 이를 통하여 고려시대 천태불교사에 대해 계기적으로 이해할 수 있기를 기대한다.

2. 의천의 송 천태종 교류

대각국사 의천(1055~1101)은 고려 제12대 국왕 문종과 문벌귀족 이자연의 장녀 인예태후 이씨의 넷째아들로 태어났다. 의천은 문종 19년(1065) 5월 14일 영통사 난원(999~1066)의 문하로 출가하여 화엄교학을 배우고 강의하였다. 의천의 출가 이후 입송 구법 이전인 1067년부터 1085년까지 교장 결집과 강론 등 수학에 힘썼고, 화엄교학을 중심으로 유교나 도교에 걸쳐 수학하였다. 1085년 제자인 수개, 양변 등과 함께 입송(入宋)한 의천은 1085년 5월 21일 변경에 들어가 송의 황제 철종(哲宗)을 만나고, 화엄종 승려인 유성법사·진수정원(晋水淨源), 천태종의 중립(中立)·법린(法隣) 등 다양한 종파의 승려를 역방하였다. 의천이 송에서 폭넓게 사상을 교류하면서 국제적 안목을 성립시킨 시기였다. 의천은 1086년 5월 29일 14개월 여의 입송 구법을 마치고 교장 3천여 권을 수집해 귀국하여, 홍왕사에 교장도감을 두고 송·요·일본 등지에서 구득한 제종 교장을 간행하는 사업에 주력하였다.

의천은 입송 구법시 화엄과 천태 교관(敎觀)에 깊은 관심을 가졌고, 송나라에서 현수 교관과 천태 교관을 전법하였다. 그는 귀국 직전 방문한 천태지자 대사의 탑에서 "천태와 현수 교관은 대동(大同)"함을 언급하였다. 그것은 화엄종과 천태종의 교관이 상통될 수 있는 근거를 확보하는 한편, 입송 이전부터 가지고 있던 의문점을 해결한 셈이다. 의천은 송나라 체재시 범진(梵臻)계 종간(從諫)과 교류하였다. 또한 광지상현(廣智尙賢)의 문도와도 교류하였다. 상현(尙賢)의 법손이 명지중립(明智中立)이며 중립의 제자가 혜조법린(慧照法隣)이다. 의천은 범진계의 종간에게서 법을 받고 중립과 교류하였다.[11] 의천이 송에 머무를 때 지자대사탑에서 천태종을 선양할 것을 발원하였는데, 명지중립은 양걸(楊傑)과 함께 이러한 내용을 비문으로 남겼다. 의천이 계승한 송나라 천태교학의 전법 계보와 내용을 확인하기로 한다.

의천은 송나라에서 천태종 산가파(山家派)의 남병범진(南屛梵臻)과 광지상현(廣智尙賢) 계통의 제사(諸師)들과 긴밀하게 교류하였으며, 특히 남병계 자변종간(慈辯從諫, ?~1108)에게 법을 받았다. 종간의 전기와 교학은 잘 나타나지 않는다. 이에 대해서는 다음의 자료를 참고하기로 한다.

---

11) 志磐, 『佛祖統紀』 권14, 「中立傳」(大正藏49, p.220). "元祐初, 高麗僧義天, 遠來問道, 甫濟岸遇. 師升堂歎曰, 果有人焉, 遂以師禮見, 傾所學折其鋒, 竟不可得."; 또한 「法隣傳」(大正藏49, p.225). "高麗義天, 至首入南湖, 師明智而友慧照, 講跋所受敎乘歸國, 師援筆立成, 有古史風, 義天嘉歎不已."

원풍(元豊) 3년(1081)에 변재(辯才)가 남병(南屛)을 주장하였는데 연로하였기 때문에 종간(從諫)이 뛰어났으므로 다음 해 후임자로 자대(自代)하였다. 기우(祇祐) 5년(1090)에 상축(上竺)이 공석이 됨에 변재가 군수 포종맹(浦宗孟)에게 이르길, "영감승적(靈感勝跡)은 종간이 아니면 감당할 수 없습니다."라고 하니 포종맹이 따랐다. 재차 상주하여 자변(慈辯)의 호를 내렸다. 의천 승통이 고려로부터 와서 심법(心法)을 구하였다. 포종맹이 종간으로 황제의 명에 응하게 하였다. 의천은 법을 흠모하여 중국에 체류하였는데 고려 조정에서 그 국모가 걱정함에 귀국을 재촉하였다. 종간이 의천을 회유하였다.[12]

종간은 남병범진의 문하이고 원정은 준식계로 1080년 경을 전후하여 원정(1011~1092)이 남병을 관장하였는데 나이가 들어 물러가면서 당시 군수였던 포종맹에게 종간을 추천하여 자대(自代)하였다. 종간은 국명에 의해 의천에게 천태교관을 전한 천태 학장이었다.

종간은 지관의 본의를 선적으로 파악하고 선장(禪匠)과 교류하였다. 종간은 남병 이래 서로 전했다고 하는 '통상삼관(通常三觀)'을 제옥(齊玉)에게만 구전했다고 한다. 다른 문인으로 택경(擇卿, ?~1108)은 종간에게 지례(知禮)의 교학을 배운 후 이에 만족하지 않고 다시 천태교관의 선적 실증에 뜻을 두었으며, 30세 이후에는 오로지 책을 폐하고 '선좌공부(禪坐工夫)'에 주력하였다.[13] 의천은 종간에게 수법하면서 천

---

12) 志磐, 『佛祖統紀』권13(大正藏49, p.218). "三年 辯才主南屛 自以年老屈師首衆 嗣歲擧以自代 祇祐五年 上竺虛席 辯才囑郡守浦宗孟曰 靈感勝跡 非從諫不足當 郡用其說 復爲奏賜慈辯之號 義天僧統自高麗來心法 郡以師應命 義天慕法留滯中國 朝廷以其國母思憶促其歸 師諭之."
13) 『佛祖統紀』권46, 『佛祖歷代通載』, 『釋門正統』권5.

태종과 선종과의 교류 관계에도 주목하였을 법하다. 종간의 문도들이 천태교관의 선적 실증을 구하고 선좌공부에 주력한 모습은 종간의 사상 경향이 선종과 무관한 것은 아니었음을 알 수 있다.

 의천은 항주 용정(龍井)에 있던 원정을 만나 천태교학을 담론하였다.[14] 의천과 원정이 교류한 내용은 분명치 않지만 천태교학을 위주로 정토신앙까지 언급하였을 것으로 판단된다. 원정은 처음에 보운의통계(寶雲義通系) 자운준식(慈雲遵式, 964~1032)에게서 천태교학을 배웠으며 준식의 사후 명지조소(明智祖韶)에게 나아갔다.[15] 준식은 지례와 함께 천태종 산가파의 중심인물로 그의 사상 경향은 천태교학 이외에 대미타참의(大彌陀懺儀)·소미타참의(小彌陀懺儀)·왕생정토참원의(往生淨土懺願儀) 등 참의(懺儀)와 정토신앙에 주목하였다. 원정과 종간은 동일한 천태종 산가파였지만 양사(兩師)의 사상 경향은 다소 차이가 있는 듯하다. 원정은 준식계로 정토신앙을 강조하였고, 종간은 지례계로 선적 실천을 강조하였다. 의천은 천태종 산가파 사명지례계 상현(尙賢)과 범진의 법계와 교류하는 한편 준식계 원정과도 교류한 셈이다.

 의천은 귀국 후 천태교학을 크게 일으키고자 하여 국왕 선종과 모후 인예태후(仁睿太后)의 후원 하에 천태종 사찰을 창건하였을 뿐만

---

14) 의천, 「留題三角山息庵」, 『대각국사외집』 권19(韓佛全4, p.562), "予於元豊元祐之間 訪道江南 曾到餘杭龍井寺 與辨才大師淨公 終日攀高論 蓋天台宗 彼有訥庵 與此略同 不覺思舊也." 항주 용정사에서 변재대사(辨才大師) 원정(元淨)과 토론하였는데 대부분이 천태종이었다고 하였다.
15) 志磐, 『佛祖統紀』 권11, 「諸師列傳」(大正藏49, p.209), "天竺式法師法嗣 (二世) 妙果文昌法師 明智祖韶法師 (三世) 妙果天授法師 (嗣昌師) 海月慧辯法師 (嗣明智五人) 淨慧思義法師 辯才元淨法師." 원정(元淨)은 준식(遵式)의 사법제자(嗣法弟子)인 명지조운(明智祖韶)에게 수학하였다.

아니라, 종간의 저술을 받들고 그의 상을 세워 천태종의 초조로 삼았다.[16] 이후에도 의천은 종간과 법린(法隣) 등 송의 천태종 승려들과 서신을 통하여 지속적으로 교류하였는데, 의천은 천태지의를 종조로 하는 천태종 정통 산가파 종간의 천태교관을 중시하여, 그것으로써 고려 천태종의 교상을 수립하였다.

의천은 광지상현계(廣智尙賢系) 처원(處元, 1030~1105?)과 종의(從義, 1042~1092)의 학설이 대립되던 시기에 입송하였는데, 의천이 송에서 교류한 천태종의 인물로 광지상현계 중립(中立)과 교류하고 그의 문하인 법린과 도우(道友)가 되었다. 이들 역시 남병계와 같은 사상 경향을 가진 것으로 추정된다. 중립과 법린은 천태종 산가파 신지감문(神智鑑文)의 법사(法嗣)로 광지의 3세와 4세에 해당하며, 의천이 천태탑에서 천태교관의 선양을 서원할 때 함께 있었다. 명지중립(明智中立, ?~1115)은 만년에 광지상현과 신지감문에게 배우고 처원과 함께 광지상현계의 학장이 되었다. 의천이 중립과 교학을 토론하였지만 승사수업(承嗣受業)한 것은 아니었으며,[17] 그와 교류하면서 종본(宗本)보다 해행(解行)이 뛰어난 것으로 존숭하였다. 그의 문인 조설지(晁說之)는 비명에서

---

16) 志磐, 『佛祖統紀』 권14, 「僧統義天」(大正藏49, p.223). "及見天竺慈辯 請問天台教觀之道 後遊佛隴智者塔 爲之誓曰 己傳慈辯教觀 歸國敷揚 願賜冥護 見靈藝大智爲說戒法 請傳所著文 旣還國 乃建刹號天台 奉慈辯所傳教文 立其像爲初祖."; 『佛祖統紀』 권13, 「慈辯從諫」(續藏經75, p.462).

17) 志磐, 『佛祖統紀』 권14, 「法師中立傳」(大正藏49, p.220). "元祐初 高麗僧統義天遠來問道 甫濟岸遇師升堂 歎曰 果有人焉 遂以師禮見 傾所學折其鋒竟不可得." 『釋氏稽古略』에는 "初抵鄞師事明智中立而友法鄰 請跋教乘 (草庵教苑遺事) 入天台山拜智者塔 渡浙造杭州上竺 以弟子禮事慈辯從諫 受天台教觀." 중립을 스승으로 하고 법린을 법우로 하고 천태지자탑의 참배를 우선한 것으로 하였다. 종간에게서 교관을 들은 이후에 천태지자탑으로 나아갔다. 『불조통기』의 내용이 보다 정확한 것으로 판단된다.

운문종의 종본이 명지중립을 위대한 철장(哲匠)으로 소개하였음을 특기하였다.[18] 중립은 단순히 지례교학의 조술자(祖述者)가 아닌 『부사의경(不思議經)』에 대해서 '선적 실천'쪽으로 수학하였지만 그의 천태교학은 분명치 않다.

의천의 입송 구법시 송나라는 선종의 시대로서 많은 선문 종장이 배출되었다. 당시 중국에서는 선종의 영향력이 확대되었고, 천태종은 선종에 대해서 종래의 대립적 태도를 유지하기보다는 화해와 융회적 태도로 전환하였다. 임제의현 문하에 양기방회 · 황룡혜남이 배출되었고, 운문종에서는 설두중현의 문하에 천의의회 · 종본이 염불을 함께 수행하는 선풍을 진작시키고 있었다. 천태종 광지상현계는 선종 설두중현은 물론 남병병진계와도 교류하여 서로 사상적 공통성이 있었을 법하다. 설두중현이 광지상현과 교류하면서 회현에 대하여 그 강설의 뛰어난 점을 찬탄하였고, 남병범진 역시 천축사에서 『법화경』강연을 요청하였던 일로 보아 상호 교류하였음을 알려준다.[19] 그러나 여전히 선종에 대한 예로부터의 비판적 태도를 유지하였으며, 천태종 내부에서는 신지종의(神智從義)와 초당처원(草堂處元)이 격렬히 논쟁하였다.[20] 이처럼 천태학파는 선종에 대해 비판적 입장을 유지하고 특히 그 교외별전을 논란한 점에서는 이전보다 강한 논조였다.[21]

---

18) 志磐, 『佛祖統紀』권46(大正藏49, p.221). 종본(宗本)은 송의 철종(哲宗)과 신종(神宗)의 귀의를 받을 정도로 뛰어났는데, 『釋門正統』에는 의천과 종본의 대화를 인용하였다.
19) 『釋門正統』권6(續藏經75, p.331).
20) 『교장총록』에는 처원(處元)의 저술은 없고 종의(從義)의 『사교의주보해(四敎儀註補解)』가 있다.
21) 安藤後雄, 『天台思想史』, 法藏館, 1959, p.132에서 당시 선종을 비판한 이유는 선의

천태종 광지상현계는 운문종과 교류하였기 때문에 의천은 이들의 사상 경향에도 유념하였을 것이다.

한편 의천의 『대각국사외집』에는 송의 천태종 승려인 인악(仁岳)이나 가구(可久)와의 교류를 알려주는 편지가 실려 있다.[22] 인악(?~1064)은 지례의 문인으로 산가파에 속하였으나 뒤에 대립하면서 후산외파로 분류되었다. 『불조통기』에는 인악과 종의에 대하여 "이설을 세운 것이 인악과 종의만큼 심한 자가 없었다."라고 하여 정통 산가에 대립되는 인물로 폄하하였다.[23] 의천은 인악과 그의 제자 가구와 서신을 교류한 것으로 나타나지만, 실제 교류 여부와 가구의 천태교학은 잘 나타나지 않는다. 의천은 인악의 저술을 『교장총록』에 수록하였다. 그 가운데 『십불이문문심해(十不二門文心解)』·『논삼천서(論三千書)』·『의학잡편(義學雜編)』 등은 지례의 교학을 비판한 것으로 후산외의 교학을 형성시켰다. 인악의 천태교학은 가구 이후 잘 전승되지 못하였고 오히려 상현의 문하에서 수용되어[24] 계충(繼忠, ?~1082)에 의해 관심이 표명되었다. 계충의 제자인 처원과 종의가 산가파와 후산외파로 나누어 논쟁하였지만 종의는 산가파로부터 논파된 바 있다.

실천에 관심을 가진 천태학도가 종세를 회복하고 그 활로를 선적 실천에서 구하려 하였기 때문으로 보았다.
22) 可久, 「大宋沙門可久書」 『대각국사외집』 권8(韓佛全4, p.583).
23) 志磐, 『佛祖統紀』 卷46(大正藏49, p.241상).
24) 상현(尙賢)의 법류(法流)인 처원(處元)과 종의(從義)가 산가파(山家派)와 후산외파(後山外派)로 나뉘어 논쟁하였지만 이들의 사승(師僧)인 계충(繼忠)도 인악(仁岳)에 관심을 가져 『사명인악이설총서(四明仁岳異說叢書)』, 『사명인악왕복서(四明仁岳往復書)』를 지었다. 이로 보면 계충의 문하인 처원과 종의가 인악의 교학을 이해하였을 것으로 판단된다.

3. 의천의 천태종 개창

1) 천태종 개창 시기

의천의 천태종 개창은 일찍이 시도되어, 화엄종을 중심으로 천태종을 개창하려 하였지만 좌절되었고, 1094년 2월에는 홍원사로 옮겨 주지가 되었다가 곧 해인사로 이거하였다. 인주 이씨인 이자의와 홍왕사 지소의 세력에 밀려 해인사에 퇴거하였던 의천은 숙종의 즉위 이후 숙종 1년(1096) 개경의 홍왕사로 돌아와 주지가 되어 강학하였다. 이듬해 숙종 2년(1097) 5월에는 국청사가 완공되자 천태종을 개창하였고, 홍왕사 주지를 겸하였다. 이 시기 의천의 불교계에서의 역할은 화엄종과 천태종의 병립을 통한 불교계 재편이었다.[25] 의천은 숙종 5년(1100)에 국청사에서 천태교학을 강하고, 숙종 6년(1101) 2월에는 천태종 승과 대선을 실시해서 40명을 선발하는 등 천태종세를 진작하였다.

의천의 천태종 개창을 살펴보면 고려초에 제관(諦觀)과 지종(智宗)이 천태사상 경향을 가졌지만 천태종의 개립(開立)이나 사승(師承) 관계는 잘 나타나지 않는다. 제관은 오월(吳越)로 들어가 『천태사교의』를 저술하고 교학활동을 전개하였지만 귀국하지 못하였다. 지종 역시 천태사상을 접하였지만 10여 년 동안 귀국하지 못하였고, 귀국 후에는 법안종을 중심으로 활동하였다. 그렇지만 의천 당시에 제관·의

---
25) 박용진, 『의천 : 그의 생애와 사상』, 혜안, 2011, pp.88-91.

통·지종 등의 천태사상이 전승되어 일정한 영향을 주었을 개연성은 있으나, 종파로 성립되지 않았다. 이와 관련하여 의천이 천태종문을 수립한 시기 등에 대해 다음의 표를 통하여 비교하여 보기로 한다.

〈표1〉 의천의 천태종 개창 시기 비교

구 분	찬자	작성 시기	개창 시기 자료	韓國金石全文
義天 靈通寺碑	김부식	1125~1138	丁丑夏五月 住持國淸寺 初講天台敎	p.579
義天 僊鳳寺碑	임존	1131~1137	還本國 首唱眞宗	p.600
義天 墓誌	박호	1101	昔者, 大后以盛域, 本無天台性宗, 啓願創立國淸寺, 將欲興行其法, 始拓其址, 而今上告成, 丁丑歲五月, 詔國師兼持	p.532
圓應國師學一碑	윤언이	1147 추정	元祐元年 丙寅回 尊崇智者 別立宗家 于時蒙林納子傾屬 台宗者十六七	p.661
妙應大禪師 敎雄 墓誌	미상	1142	會大覺國師肇立台宗募集達 摩九山門高行釋流方且弘揚 敎觀開一佛乘最上法門	p.635
圓覺國師德素碑	한문준	1180	(결락)議天台者 以大覺爲始祖	p.847

위의 〈표 1〉 의천의 천태종 개창 시기 비교 자료를 살펴보면, 의천 당대와 관련된 자료에는 대부분 천태종의 개창을 인정하고 있다. 특

히 1101년에 박호가 지은 의천의 묘지명에는 천태성종(天台性宗)의 용어를 사용하고 있고, 국청사 창립을 통하여 천태종을 열기를 기원하였음을 알 수 있다. 1147년 경 지어진 선종 승려인 학일의 비문에도 의천이 천태종을 개창함에 따라 선종에서 천태종으로 경속(傾屬)되어 가는 현실을 우려하기도 하였다. 또한 의천의 천태종 문도인 교웅 묘지(墓誌)에는 "대각국사조립태종(大覺國師肇立台宗)"이라 하여 의천이 천태종을 처음 세웠음을 분명히 하였다. 더 나아가 1180년 세워진 덕소(德素)의 비에도 당시 천태종을 논하는 경우 대각국사를 시조로 여겼음이 기록되어 있다. 이상 12세기의 자료에 따르면 의천의 입적 이후부터 그의 전법 계통에 속하는 덕소에 이르기까지 의천이 천태종을 개창한 사실을 널리 인식하고 있었음을 알 수 있다.

천태종의 개창은 불교계의 재편과 의천의 천태종 문도 형성 등과 관련이 있다.[26] 천태종의 인적 구성은 선종 승려를 모집하여 이루어졌기 때문에, 원응국사(圓應國師) 학일(學一)의 비문에는 그 재편에 따른 선종계의 위기감을 잘 반영하고 있다. 또한 "원우(元祐) 원년(元年) 병인회(丙寅回) 존숭지자(尊崇智者) 별립종가(別立宗家)"라고 하여 의천이 1086년 송에서 돌아와 천태종을 개창한 것으로 서술하고 있다. 귀국 후 의천은 선종(宣宗)의 불교정책에 짝하여 흥왕사의 주시로시 회

---

26) 천태종 개창에 대한 기존의 견해는 ① 숙종 2년(1097) 국청사 낙성 : 김두진, 김상영, 김상현, 이봉춘, 최병헌, 홍정식, 다카하시 도루(高橋亨). ② 숙종 6년(1101) 천태종선 시행 : 이영자, 누카리야 가이텐(忽滑谷快天). ③ 의천 사후설(1101년 이후) : 입적과 함께 추종 선승들이 천태종을 형성(허흥식, 『고려불교사연구』, 1986, 276쪽). 한편 조명기와 김영수는 천태종선 시행을 개창으로 보았지만, 연호의 오독으로 각각 1099년과 1109년으로 보았다. 이는 1101년을 주장한 견해로 볼 수 있다. 승과의 시행은 국가의 종파 공인이라는 성격을 지적하였다(김영태, 이봉춘).

엄교학을 천양하는 활동을 전개하였다. 아울러 『원종문류』와 『신편제종교장총록』을 편찬하는 한편 『대선왕제종교장조인소(代宣王諸宗教藏彫印疏)』를 올리고 산일된 제종 교장을 조인(雕印)하였다.[27] 이로 보면 의천이 귀국 후 바로 천태종을 개창한 것으로 보기는 어렵다. 다만 의천은 일찍이 천태교학에 대하여 관심을 가졌으며 천태종 개창 시도는 선종대에 이미 시작된 것으로 이해된다. 의천은 귀국 후 화엄종 위주의 교학을 폈지만 천태교학을 배제한 것은 아니었다. 그것은 의천이 『교장총록』을 편찬하면서 화엄과 천태 장소를 다수 수록한 점 등에서 알 수 있다.[28]

의천이 귀국 후 천태교관을 선양하는 모습은 국청사 시창과 천태종 예참법의 설행으로 나타났다. 선종 6년(1089)에는 국청사의 공역(工役)을 시작하고,[29] 선종 9년(1092)에는 의천의 모후인 인예태후가 천태종 예참법을 견불사(見佛寺)에서 설행하는 등 천태종을 개창하려는 시도가 있었다. 그러나 의천은 선종 11년(1094) 5월 선종의 사망을 전후로 하여 해인사에 은거하는데, 이는 화엄종을 위주로 천태교관을 선양하려는 노력이 좌절되었음을 의미한다.[30] 의천은 해인사 퇴거 2년여 만에 숙종 1년(1096) 개경의 흥왕사로 다시 돌아와 주지가 되어 강학하였다. 숙종 2년(1097) 5월에는 국청사가 완공되었고 흥왕사 및 국

---

27) 의천, 「代宣王諸宗教藏彫印疏」 『대각국사문집』 권15(韓佛全4, p.553). 인예태후(仁睿太后)의 장수를 기원한 것으로 보아 1092년 이전으로 판단된다.
28) 박용진, 「의천의 新編諸宗教藏總錄 編纂과 華嚴 및 天台章疏」, 『중앙사론』 22, 2005, pp.19-27.
29) 『高麗史』 권10, 선종 9년 6월.
30) 박용진, 『의천 : 그의 생애와 사상』, 혜안, 2011, pp.74-87.

청사 주지를 겸하면서 천태교관을 강의하였다.[31] 이러한 모습은 의천의 천태종이 국청사를 중심으로 교단을 구성하고 교학면·의식면·신앙면에서 체계를 갖춘 것으로 볼 수 있다.[32]

2) 천태종 교단과 교전(敎典)·의례

(1) 국청사 창건과 배경

의천은 숙종의 불교계 재편 의도에 부응하여 1097년 5월 국청사 주지가 되어 천태교학을 강설하며 천태종을 개창하였다. 이는 의천이 입송 구법 이후 꾸준히 천태종 개창을 위해 노력한 결과였다. 천태종이 종파로 성립된 시점은 의천이 국청사를 중심으로 천태교관을 선양한 1097년이다. 천태사상의 기본서인 묘현(妙玄), 즉 『법화현의』 등 천태종 관련 강경(講經)을 국청사에서 설행하였고[33] 1101년에 시행된 천태종 대선은 고려 불교계에서 천태종의 본격적인 활동으로 판단된다. 이러한 의천 천태종의 교단 활동의 기반이 된 국청사의 창건과

---

31) 金富軾, 「開城靈通寺大覺國師碑」(『韓國金石全文』中世上., p.579).
32) 종파의 성립은 특정 사상이 교학면·의식면·신앙면에서 체계를 갖추고 이를 구현할 수 있는 매체, 즉 사원을 중심으로 조직적 체계적으로 행해지는 단계라고 할 수 있다(蔡尙植, 「고려시대 불교의 전개와 성격」, 『한국사』 5, 한길사, 1993). 또한 종파의 성립 요건을 감안하면, 천태종선의 실시는 천태종의 발전과는 관련이 있어도 종파 성립의 필수조건은 아니며, 국청사의 낙성으로 종파 성립의 조건을 갖춘 것으로 본다(金相鉉, 「의천의 천태종 개창과정과 그 배경」, 『天台學硏究』 2, 2000, p.288). 한편 종파가 형성되기 위해서는 인적·사상적·현실적 경제기반의 3요소를 제시하였다(허흥식, 「천태종의 형성과정과 소속사원」, 『고려불교사연구』, 일조각, 1986, p.277).
33) 의천, 「新創國淸寺啓講辭」, 『대각국사문집』 권3(韓佛全4, p.532).

그 배경을 살펴보기로 한다.

국청사의 사명(寺名)은 그 유래가 분명치 않지만, 의천이 방문했던 송나라의 천태산 국청사의 창건에서 그 상관성을 유추할 수 있다.[34] 국청사는 진대(陳代)에 지자(智者)와 진왕(晉王) 광(廣)의 법연(法緣)이 있었고, 당시 지자는 뒤에 지을 사원의 경계를 표시하고, 사원의 양식과 작사도(作寺圖)를 그려 전하였다.[35] 진왕은 지자의 유지에 따라 사원을 창건토록 하였고, 수 문제 인수(仁壽) 원년(601)에 완성되어 천태사라 하였다. 뒤에 수나라 대업(大業) 원년(605)에는 양제(煬帝)의 조칙으로 국청사로 사명되었다. 그 연기를 살펴보면 사명(寺名)을 지을 때 지조(智璪)의 상주에 따랐는데, 진대(陳代)에 정광선사(定光禪師)가 입적한 뒤에 지자의 꿈에 나와, "네가 절을 지으려 하나 아직 그 때가 아니다. 만약 삼국이 하나가 되면 응당 큰 세력을 가진 사람이 절을 지을 것이다. 절이 이루어지면 나라가 곧 태평하리니 국청사라 이름하라."고 하였다. 이에 수 양제가 이는 선사의 영서(靈瑞)라 하고는 곧 국청사로 명하고 사액(賜額)하였다.[36] 이 창건 연기는 수나라의 삼국통일과 수 황제의 업적을 내세웠지만, 국청사라는 사원의 창건을 통하여 혼란한 정국의 안정과 치란을 강조한 셈이다.

고려의 국청사 사호(寺號)의 유래는 고려사에 "신유(辛酉) 왕태후(王

---

34) 金煐泰, 「天台山과 韓國의 天台宗 : 國淸寺 新祖師堂 建立 落成紀念 特輯」, 大韓佛敎天台宗總本山 求仁寺, 1995.
35) 灌頂, 『隋天台智者大師別傳』(大正藏50, p.191a).
36) 灌頂, 『國淸百錄』卷3(大正藏46, p.816a). "智璪啓云 昔陳世有定光禪師 德行難測 遷神已後 智者夢見其靈云 今欲造寺未是其時 若三國爲一家 有大力勢人當爲禪師起寺 寺若成國卽淸 必呼爲國淸寺 伏聞勅旨欲立寺名 不敢默然 謹以啓聞 謹啓通事舍人李大方奏聞 勅云 此是我先師之靈瑞 卽用卽用."; 灌頂, 『隋天台智者大師別傳』(大正藏50, p.191a). ; 志磐, 『佛祖統紀』39(大正藏49, p.359b).

太后) 시창국청사(始創國淸寺)"라 하여 선종 6년(1089)에 의천의 모후인 인예태후에 의해 국청사가 시창되었음을 기록한 것에서 구할 수 있다. 실제는 「선봉사비문」에 실린 "태후께서 옛날에 큰 서원을 생각해 가람을 일으켜 천태종의 가르침을 크게 선양하고자 하셨다. 그 절의 명칭을 국청사라 정했으나 큰 서원을 이루지 못하고 돌아가셨다. 숙종이 이어서 사원의 창건을 도모하셔서 공사를 마치자 국사를 불러 주지를 겸하게 하였다."[37]는 기록에서 찾을 수 있다. 또한 묘지명에 "석자(昔者) 대후이성역(大后以盛域) 본무천태성종(本無天台性宗) 계원창립국청사(啓願創立國淸寺) 장욕흥행기법(將欲興行其法) 시척기지(始拓基址) 이금상고성(而今上告成)"이라 하였고, 「영통사비」에는 "인예태후(仁睿太后) 문이열지(聞而悅之) 경시차사(經始此寺) 숙조계지(肅祖繼之) 이필궐공(以畢厥功)"이라 하여 모두 인예태후의 발원에 의한 것으로 기록하였다. 이와 관련하여 「선봉사비」에는 "숙종이 잠저에 계실 적에 일찍이 하루는 함께 태후를 뵈었는데 우연히 말이 그것에 미쳐 '천태삼관은 최상의 진승인데 이 땅에는 종문이 아직 서지 않았으니 참으로 애석합니다. 신이 행하려는 의지를 가지고 있습니다.'"[38]라고 하여, 의천이 천태종을 개창하려는 의지를 밝힌 바 있다. 이는 숙종과 인예태후의 발원과 지원에 의해 가능한 것이었으며, 사호(寺號)는 입송 구법을 통한 의천의 국청사에 대한 지식 등을 바탕으로 결정되었을 듯하다.

---

37) 林存, 「僊鳳寺大覺國師碑」(『韓國金石全文』 中世上, p.598). "太后尋舊大願 欲起伽藍 引揚宗敎 其號曰國淸 大願未集 僊駕上天 肅祖繼而經營 功旣畢 詔師兼住."
38) 林存, 「僊鳳寺大覺國師碑」(『韓國金石全文』 中世上, p.595). "肅祖在蕃邸 嘗一日同謁太后 偶語及之日 天台三觀最上眞乘 此土宗門未立 眞可惜也 臣竊有志焉 太后深垂隨喜 肅祖亦願爲外護."

한편 고려 후대의 기록에서도 국청사의 사호와 관련된 이념은 계승되었으나 차이를 보이고 있다. 다음의 자료는 1315년 민지(閔漬)가 찬술한 「국청사금당주불석가여래사리영이기(國淸寺金堂主佛釋迦如來舍利靈異記)」이며, 국청사라는 사원을 중심으로 천태교관의 홍양(弘揚)이라는 측면에서 살펴볼 수 있다.

수나라의 지혜있는 신하 주홍정(周弘正)이란 자가 문제에게 권하기를, "들으니, 세 가지를 모아 하나로 귀일시키는 법문이 있는데, 이름이 묘법화(妙法華)라고 하니, 만일 이 법을 천태산 아래 국청사에서 넓힌다면 천하가 하나가 될 것입니다."하자, 문제가 그 말대로 하였는데, 과연 통일이 되었다. … 일심삼관선법(一心三觀禪法)과 성군께서 삼한(三韓)을 합하여 한 나라로 이룬 것과 풍토가 서로 합치되니, 만일 이 법을 구하여 세상에 널리 행하도록 한다면 뒤를 잇는 용손(龍孫)의 수명이 연장될 것이고, 왕업도 끊어지지 않아서 항상 한 집안이 될 것입니다." 하였다. 그때에는 미처 구하여 그 계획을 후사(後嗣)에 끼치지 못하였으나, 선종(宣宗) 때에 이르러 왕의 아우 대각국사가 당나라에 들어가 구해 와서 비로소 천태 육산(六山)을 세우고, 이어 땅을 송산(松山) 서남쪽 기슭에 정하여 절을 짓고 역시 국청이라 이름하였으니, 육산의 근본이 되었다. … 또 모임이 있기 3일 전에 천기가 변하여 눈이 녹아 비가 되어 먼지를 깨끗이 씻었고, 도량을 연 3일 동안에도 하늘이 개고 따뜻하였으며, 모임을 파하던 날 저녁에는 비가 세차게 내렸으니 이것 또한 기이한 일이었다. … 옛날 불롱(佛隴)의 신승(神僧)이 말한 "절이 만일 이루어지면 나라가 곧 맑아진다."는 징험 또한 서서도 기다릴 수 있는 것이다.[39]

위의 기록은 국청사 금당에 모신 석가여래사리의 영이함을 기록하는 가운데, 국청사의 창건과 관련된 여러 효용을 제시하였다. 이를 요약하면, 첫째는 삼국통일에 기여, 둘째는 국왕의 수명 연장과 왕업의 영속, 셋째는 천기(天氣)의 순조(順調)로 구분된다. 14세기 천태종 국청사를 통해 강조되는 내용은 국가 통일과 국왕 축수의 기능은 유사하나, 천기 순조의 이적(異蹟)에는 차이가 있다. 이는 '국즉청(國卽淸)'의 해석이 수대 국청사 건립 단계와 달리 적용된 셈이다. 고려 중기 의천의 국청사 창건의 경우 숙종의 정권 창출은 인주 이씨 문벌귀족을 누르고 왕권을 강화한 것과 관련이 있는 것으로 추정된다. 고려 전기 숙종은 1095년 왕위에 오르면서 국청사를 완공하고 천태종을 개창하여 국가 안온이나 태평을 바라는 이념을 담았지만, 고려후기 원 간섭기에는 국청사에서 설행된 불사를 통하여 이적을 강조하는 시대적 차이를 나타내는 점이 특징적이다.

(2) 천태종 소의교전과 의례

① 천태종 소의교전
의천의 천태종 개창과 함께 활용된 소의경진과 장소(章疏)를 살펴

---

39) 閔漬,「國淸寺金堂主佛釋迦如來舍利靈異記」(『東文選』 권68). "隋有智臣周弘正者 勸文帝曰 聞有會三■歸一法門名妙法華 若弘此法於天台山下國淸寺 則天下爲一矣. … 一心三觀禪法與聖君合三韓成一國 風土相合 若求是法流行 則後嗣龍孫 壽命延長 王業不絶 常爲一家矣. 于時未暇求得 貽謀後嗣 至宣廟朝 王弟大覺國師 入唐求來 ■始立天台六山. … 又會前三日 天氣亦變 融雪爲雨 洗淸塵穢 道場三日 天日晴暖 會罷之夕 雨似傾盆 亦一奇事也噫 此一段因緣. … 昔佛魋神僧所謂■寺若成國卽淸之驗 亦可立而待也. 國統欲以是事 合前功以遐傳 又復命予 卽書其事之首尾 以續前記焉."

보기로 한다. 천태종의 대표적 소의경전은 『묘법연화경』이지만, 『열반경』과 『반야경』 등 특정의 경전에 한정되지 않으며, 또한 천태종 제 조사가 찬술한 장소(章疏)가 활용되었다. 고려 천태종 개창시 활용된 경전과 장소를 살펴 고려의 천태종 개창과 교학의 전개를 계기적으로 이해하고자 한다. 우선 의천의 「선봉사비」에는 천태종의 기본전적과 교의를 알려주는 다음의 기록이 참고된다.

> 『법화경』에 이르기를, "일월등명불이 세상에 출현하여 4제 12인연 6바라밀을 설하시었다. 부처가 사리불에 고하기를, '여래는 단지 일불승만을 쓰기 때문에 중생을 위해 설법할 때 다른 이승이나 삼승은 없다.'라고 하였다." … 그 관법이 이미 『영락경』에 공·가명·중도제일의제로 갖추어졌으며, 보처대사가 부처님으로부터 친히 계승하였다. 여래가 입멸한 후 5백여년이 되자 이단이 함께 일어나므로 용수보살이 『지도론(智度論)』을 지어 중도를 발명하였다. 그러므로 형계담연이 말하기를, "하물며 다시 삼관이 본 종의 영락이며, 일가의 교문은 멀리 불경으로부터 받았으니, 『법화경』을 종골(宗骨)로 삼고 『지도론』을 지남으로 삼는다."라고 하였다. 용수로부터 형계담연에 이르기까지 세계가 9조를 거쳐, 그 가르침이 중국에 크게 유행하였다.[40]

천태종의 교학은 일승의(一乘義), 공(空)·가(假)·중도(中道)의 삼관

---

40) 林存, 「僊鳳寺大覺國師碑」(『韓國金石全文』中世上, pp.597-598). "法華經云 … 會之圓妙一法 其觀已備於纓洛 空假名及中道第一義諦 補處大士 金口親承 荊谿云 況復三觀本宗纓絡 一家教門遠稟佛經 以法華爲宗骨 以智論爲指南."

법을 기본으로 하며, 『묘법연화경』과 『영락경』, 용수의 『지도론(智度論)』 등이 소의경전이 된다. 위에서 제시된 천태종의 교문은 『법화경』을 종골(宗骨)로 삼고 『지도론』을 지남으로 하는데, 이는 담연의 『지관의례(止觀義例)』의 내용을 절요(節要)한 것이다.[41] 본래 천태종은 지의의 『법화현의』, 『법화문구』, 『마하지관』을 근본 전적으로 하여 '천태 삼대부(三大部)'라 하며, 기타 『관음현의』, 『관음의소』, 『금광명현의』, 『금광명문구』, 『관경소』의 오소부(五小部) 등이 활용된다. 위의 담연은 『지관의례』에서 "천태종은 『법화』를 종골로 하고 『대지도론』을 지남으로 하며 『대품반야』를 관법으로 하고 『열반경』을 부소로 삼으니, 제경을 해석하여 믿음을 더하고 제론을 해석하여 조성하니, 일심(一心)을 날줄로 하고 제법을 씨줄로 하여 부질(部帙)을 이루니 다른 것과 같지 않다."라고 하였다. 즉 경전으로는 『법화경』, 『대지도론』, 『대품반야경』, 『열반경』 등이 근본이 되는데, 이러한 경전은 의천 당대에 『초조대장경』 등에 입장(入藏)되어 유통되었다.

한편 경전의 주석서인 장소(章疏)는 '천태 삼대부'를 포함하여 다수 전래되었으며, 의천의 『교장총록』에 수록된 『법화경』 장소는 61종 236권, 『대열반경』 장소는 30종 207권, 천태 관련 장소가 41종 등이다.[42] 의천의 『신편제종교장총록』은 내제(內題)에 『해동유본현행록(海東有本現行錄)』이라 되어 있어, 수록된 장소는 간사본의 형태로 고려에

---

41) 『止觀義例』(大正藏46, p.452). "況復三觀本宗縈絡 補處大士金口親承 故知一家敎門 遠稟佛經 復與大士宛如符契 況所用義旨以法華爲宗骨 以智論爲指南 以大經爲扶疏 以大品爲觀法 引諸經以增信 引諸論以助成 觀心爲經 諸法爲緯 織成部帙 不與他同."
42) 의천, 『新編諸宗敎藏總錄』

모두 전존되어 있었다. 의천은 홍왕사에 교장도감을 두고 장소를 간행하였는데, 원간본의 번각(翻刻)·중각(重刻)·후각본(後刻本)으로 『묘법연화경찬술(妙法蓮華經讚述)』, 『정명경집해궐중소(淨名經集解關中疏)』, 『대반열반경소(大般涅槃經疏)』, 『묘법연화경관세음보살보문품삼현찬과문(妙法蓮華經觀世音菩薩普門品三玄贊科文)』, 『법화현론(法華玄論)』, 『대반열반경의기원지초(大般涅槃經義記圓旨鈔)』, 『금광명경문구소(金光明經文句疏)』, 『법화문구기(法華文句記)』, 『금강비현성록(金剛錍顯性錄)』 등이 송광사에 현전한다. 또한 광교원판(廣敎院版)으로 『법화경현찬회고통금신초(法華經玄贊會古通今新抄)』, 『인왕호국반야경소법형초(仁王護國般若經疏法衡抄)』 등이 천태 장소로 분류된다. 이들은 모두 1102년 이전에 간행된 것으로 천태종의 교전으로 활용되었을 법하다.

　의천의 『대각국사문집』에는 송나라 불교계와 천태 장소의 교류 자료가 다수 수록되어 있다. 의천과 송나라 승려 정원(淨源)이 교류한 천태 관련 장소는 『신주법화경(新主法華經)』, 『전주인왕호국반야경(箋注仁王護國般若經)』, 『천친론(天親論)』, 지자와 자은의 『법화경』 주석, 승예법사 주본(注本) 7권 등과 함께 신라의 원효, 경흥, 현일(玄一), 신웅(信雄), 태현 등의 장소가 있었다.[43] 특히 송 천태종 승려 변진(辯眞)과의 교류 가운데 수록된 천태 장소는 주참(注懺), 천태교도(天台敎圖), 백산개주도자(白傘盖呪圖子), 집해법화문자(集解法華文字), 법참문자(法懺文字) 등으로 장소류 외에 '법참(法懺), 주참(注懺)'이라 하여 참법류가 있어 주목된다.[44] 이상의 의천의 문집과 외집에 수록된 천태 장소류는 대부분 『교

---

43) 의천, 「上淨源法師書」, 『大覺國師文集』 권10(韓佛全4, p.543).
44) 의천, 『大覺國師外集』 권5(韓佛全4, p.574).

장총록』에 수록되어 있어, 당시 고려 국내와 송 불교계와의 교류 가운데 적극 수용하였음을 알 수 있다. 다만, 고려의 불교계가 이러한 장소를 교학적으로 어떻게 활용하였는지 분명하지 않지만, 의천의 천태종 개창과 함께 종파의 기본 전적으로 활용되었을 법하다.

의천은 1097년 5월 국청사 주지가 되어 천태교학을 선양하였는데, 천태사상의 기본서인 『묘법연화경』이나 묘현(妙玄), 즉 『법화현의』 등 천태종 관련 강경(講經)을 국청사에서 설행하였다. 또한 『열반경』에 대하여는 남본 『열반경』 30권을 방언으로 번역하였고, 『법화경』에 대하여는 국청사에서 『천태묘현』을 강의하고 『법화현의』 10권을 번역하는 등 『화엄』·『열반』·『법화경』 관련 3백여 권의 경전을 번역하였다. 다음의 시문은 의천이 강설한 천태종의 소의 전적을 알 수 있는 자료이며, 의천이 어떠한 천태교학을 중시하였는지 살펴볼 수 있다.

〈유제삼각산식암(留題三角山息庵)〉[45]
講徹香林訪息庵　　향림(香林)에서 강철(講徹)하고 식암(息庵)을 찾으니
(香林講天台十不二門) (향림에서 천태『십불이문』을 강하다.)
崎嶇松逕撥煙嵐　　울퉁불퉁 솔밭길 아지랑이 피네.
當年龍井攀高論　　그때 용정(龍井)에서 고론을 펼쳤더니
見景思人恨不堪　　경치 보고 사람들을 생각하니 정한(情恨)을 참을 수 없네.

---

45) 의천, 「留題三角山息庵」, 『대각국사외집』 권19(韓佛全4, p.562). "予於元豊元祐之間 訪道江南 曾到餘(杭)龍井寺 與辨才大師淨公 終日攀高論 蓋天台宗 彼有訥庵與此 略同不覺思舊也." 항주 용정사에서 변재대사 원정과 토론하였는데, 그 대부분이 천태종에 관한 것이라고 하였다.

의천은 삼각산 향림사에서 천태『십불이문』을 강설하였다.『십불이문』은 천태종의 10종 불이법문으로써 관심의 대강을 제시한 것이다. 담연은 지의의『법화현의』에서 설한 십묘(十妙)에 의거하여 실천의 해석을 부여하였다. 곧『법화현의』는 주로 천태의 교의를,『마하지관』은 주로 관법의 실천을 서술하였지만,『십불이문』은『법화현의』에 대해 실천적으로 해석한 것이다.[46] 따라서 의천이 형계담연의『십불이문』을 강설한 점은 천태종 정통 산가파를 따르면서 천태교관을 강조한 것으로 이해된다. 의천은『법화현의』를 강경(講經)하였을 뿐만 아니라 번역하였다. 다음이 이를 알려준다.

〈경진유월사일 국청사 강철천태묘현지후언지시도(庚辰六月四日 國淸寺 講徹天台妙玄之後言志示徒)〉

스물 두해 동안 부지런히 강경(講經)하여

『화엄』『열반』『법화현의』등을 번역했네.

오랫동안 노심초사 법등(法燈) 전할 힘 없음이 부끄러우니

다만 18현의 진용(眞容) 모실 법화 결사처를 생각하네.[47]

---

46) 謙田茂雄 等,『大藏經全解說大辭典』, 雄山閣出版, 2001, p.565.
47) 의천,「庚辰六月四日國淸寺講徹天台妙玄之後言志示徒」,『대각국사문집』권20(韓佛全4, p.566). "二紀孜孜務講宣 (予自二十三歲 始講貞元新譯花嚴經幷疏共五十卷 其年徹軸自後講演未嘗有廢) 錦鱗三百貫花詮 (所有講演諸 部三百餘卷而花嚴三本 共一百八十卷 雖有古人相承之說 吾幷不用 但依本疏鱗譯方言 其南本涅槃三十六卷等亦爾 妙玄十卷等諸部 古無傳授者 不揆膚受 輒譯方言 亦有十餘部高僧傳云 鱗也者 如錦綺但花有左右耳 故云錦鱗) 憔勞愧乏傳燈力 (予有心勞之病 近日漸增 看讀經書 每覺心痛 學業荒廢) 祇合匡廬種社蓮 (仁睿太后 昔曾發愿 結社之事 所有宋本名畵廬山十八賢眞容 落在院門未有安置堂閣 予欲伏此勝緣 修西方之業用 薦冥遊云爾)."

의천은 숙종 5년(1100) 6월 4일 국청사에서 천태묘현 즉 법화 3대부의 하나인 『법화현의』를 강설하고 시를 지었다. 『법화현의』는 천태지의가 강술하고, 관정(灌頂)이 필기한 것으로 송 천성(天聖) 2년(1024)에 준식(遵式)의 주청으로 입장되었다.[48] 이 책은 『묘법연화경』의 경의 제목을 상세히 설명하였고, 아울러 『법화경』의 깊은 의취(義趣)를 설명한 것이다.[49] 이 시기에 의천은 숙종의 후원으로 국청사를 낙성하고 천태종을 통한 불교계의 재편을 시도하였다. 그는 『법화현의』를 강설하여 『법화경』의 이해를 제고하는 한편, 『법화현의』의 주석서인 『법화현의석첨(法華玄義釋籤)』의 10묘를 해석하는 단에 10종의 불이문을 세워서 천태의 교관의 대강을 서술한 『십불이문』을 통하여 천태교학을 강설하였다.[50] 요약건대, 의천은 천태종 개창과 관련하여 소의 전적과 장소는 『법화경』, 『열반경』, 『지도론』, 『인왕경』, 『유마경』 등 다양하였고, 장소류는 『십불이문』, 『법화현의』 등을 강설하였음을 알 수 있다.

한편 고려전기 간사본의 형태로 유통된 대안(大安) 5년(1089) 해인사 중각(重刻)의 『천태사교의』가 주목된다. 제관의 『천태사교의』는 천태 입문서로 기능하였지만, 고려에 전래된 시기는 분명하지 않다. 송대의 정원(淨源)은 "귀국의 제관상인이 『천태사교의』를 저록하여 중국에

---

48) 志磐, 『佛祖統紀』 권10, 「法師遵式」 (大正藏49, p.208). "師爲著金光明護國道爲靜上之 因奏天台敎文乞入大藏 事未行而公薨 天聖元年 (仁宗) 內臣楊懷古降香入山 敬師道德復爲奏之 明年始得旨入藏."
49) 鎌田茂雄 等, 『大藏經全解說大辭典』, 雄山閣出版, 2001, p.565. ; 이병욱, 「'십불이문'에 나타난 담연의 사상」, 『불교학연구』 12, 2005.
50) 의천, 「送悟禪師請老歸山」, 『대각국사문집』 권20(韓佛全4, p.566). "佛隴高文墜地久 祖師遺寄待君行 功成信不居京輦 好向林泉學靜明 (靜明止觀之謂也)."

유전하여 천태지자의 법손들이 행사의 준칙과 정확한 지도로 삼았습니다."⁵¹⁾라고 하여, 의천과 정원이 제관의 『천태사교의』에 대한 기본 정보를 공유하였음을 알 수 있다.

② 천태종 의례

의천이 천태종을 개창하고 설행한 의례는 강경(講經)과 천태종 예참법이 알려져 있지만 그 내용은 분명치 않다. 강경은 불교의례 가운데 경전을 강설하는 의례를 말한다.⁵²⁾ 의천문집 소재 강경 대상의 경전으로서는 국청사를 신창하고 강경할 때에는 『묘법연화경』을 강설한 것으로 보인다.⁵³⁾ 국청사를 신창하고 천태 관련의 경전을 강경하는 것은 고려 천태종 개립이라는 중요한 의미를 내포하고 있다. 이 외에 의천이 강경한 자료로는 『화엄경』, 『원각경』, 『유교경(遺敎經)』, 『우란분경(盂蘭盆經)』 등이 있었다. 의천은 다른 경전에 대하여도 강경을 주관하였을 것으로 판단되며, 특히 앞에서 열거한 경전들은 즐겨 강경의 대상으로 하였던 것 같다.

예참은 예찬(禮讚)이라고도 하며 예경의 형태와 참회의 행법이 하나로 어우러진 내적 수행법으로⁵⁴⁾ 혹은 육시예찬(六時禮讚)이라고도 한다. 즉 일몰, 초야, 중야, 후야, 신조(晨朝) 및 일중(日中)의 6시에 각

---

51) 淨源, 『대각국사외집』 권2. "大宋國 兩浙傳賢首祖敎 老僧 淨源書 白高麗國僧統法子."
52) 경전을 타인을 위하여 설하면 무량한 공덕과 이익이 생긴다고 하는 믿음에서 강경(講經)신앙이 발생하였고 그러한 신앙에서 종교의례로서의 정형화된 강경법회가 생겼다.
53) 義天, 「新創國淸寺啓講辭」, 『대각국사문집』 권3(韓佛全4, p.530).
54) 正覺, 「불교 제의례의 설행 절차와 방법」, 『불교 전통 의례와 그 연극 연희화의 방안 연구』, 엠애드, 1999, p.341.

기 찬문을 읊어 예배하는 불교의례를 말한다. 한편, 고려후기 요세가 오랜 기간에 걸쳐 법화참을 수행했다는 그 '법화참'은 혜사를 계승한 지의가 더욱 체계화시켜 찬술한 『법화삼매참의』에 의거한 참법이다.[55]

의천의 천태종 개창 시점인 1097년보다 앞선 시기에 설행된 선종 9년(1092)의 천태종 예참법은 문종비이자 의천의 모후인 인예태후가 자주 건불사에서 1만 일을 기약하는 결사에서 행해졌다. 그 수행방법은 천태종 예참법이었는데[56] 이는 의천의 천태종 개창과 관련하여 특기할 만하다. 백주 견불사에서 행한 법화도량에서는 '예참'이 강조되었으며, 의천은 모후의 뜻을 계승하여 조사당을 세우고, 혜원 등 18인의 진용을 모시는 인연으로 서방극락에 왕생하기를 기원하였다.[57] 위의 자료를 제외하면 의천의 비문이나 문집 등 자료에는 서방정토를 희구하거나 염불의 모습은 잘 찾아지지 않는다.

의천의 천태종에서 "염불구왕서방(念佛求往西方)"은 배제되지 않았을 것으로 추정되는데, 다소 후대의 자료이지만 지반(志磐)의 『불조통기』의 「승통의천」 조에 다음과 같은 기록이 있다.

자방(子昉)스님이 변조(辨祖)에게 말하였다. "시서(智炬)스님이 『보림전』을

---

55) 李永子, 「天因의 法華懺法의 전개」, p.254. ; 金英美, 「高麗前期의 아미타신앙과 天台宗 禮懺法」, 『사학연구』 55.56, 1998. 참법은 잘못을 뉘우쳐 해탈을 구하는 수행법의 하나로, 우리나라에서는 불보살의 명호를 부르거나 경전을 독송하면서 모든 죄업이 소멸되고 마음이 맑아지기를 원하는 법화삼매참법, 미타참법 등이 있다.
56) 『高麗史』 권10, 선종(宣宗) 9년 6월
57) 김영미, 「高麗前期의 아미타신앙과 天台宗 禮懺法」, 1998, p.95.

지어 백 가지로 속이는 말을 했다. 달마스님이 짚신을 이고 서쪽으로 돌아 갔다느니 눈밭에 서서 팔을 잘랐다느니 하는 일들이다. 이런 것은 남산(율종 도선스님)의 『속고승전』과 많은 부분에서 같지 않다." 세간에서는 또 "『단경』이 성품을 이야기하는 것은 우리 종과 다르지 않으나 염불하여 서방에 왕생함을 구하는 것에서 낮게 보고 배척해야 할 점이 있다."고 한다. 의천 스님이 요나라에서 두 책을 태운 일을 말한 것도 이것때문이다.[58]

요(遼)나라 도종(道宗)이 선종 관련 서적인 『육조단경』과 『보림전』을 불태운 사실을 언급하였다. 이는 의천이 요와 인식을 함께한 부분으로 선종이 천태종의 "염불구왕서방"을 폄하하여 배척하였기 때문에 두 책을 불태운 것이라 하였다. 즉 의천의 천태종에서 "염불구왕서방"은 배제되지 않은 듯하다.

의천은 입송 구법시 교류한 계율종 원소(元炤)와 귀국 후에도 서신을 왕래하였는데, 그 가운데 자민삼장(慈愍三藏)의 『정토집(淨土集)』, 『신산정니계본(新刪定尼戒本)』, 『대부율승(大部律乘)』, 『자지기(資持起)』, 『수원왕생집(隨願往生集)』, 『대무량수경(大無壽量經)』, 『소미타경(小彌陀經)』, 『십육관경(十六觀經)』, 『칭찬정토경(稱讚淨土經)』 등 정토와 계율 전적이 언급되었다.[59] 특히 자민삼장의 『정토집』은 간행되어 국내외에 전해져 활용된 바 있다. 그러나 의천의 비문이나 주요 강경 자료 등에는 "서방극락왕생"이라는 상투적 문구는 잘 찾아지지 않는다. 후

---

58) 『佛祖統紀』권14(大正藏49, p.224a). "昉師辨祖謂 智炬撰寶林傳詭說百端 如達磨隻履西歸立雪斷臂等 事與南山續高僧傳多不同(云云) 世又謂壇經談性不異吾宗 而於念佛求往西方 有以貶斥 義天言遼國焚棄二書者 蓋以此也."
59) 의천, 「答大宋元炤律師書」, 『대각국사문집』권11(韓佛全4, p.546).

대 백련사계의 요세, 천인 등은 참회와 서방정토를 강조한 점이 의천계 천태종과의 차이를 보인다. 당시 송에서는 천태종과 선종이 유행하면서 정토신앙과 습합되어 나타나는데, 의천계 천태종이나 후대의 백련사계 천태종에서 수용되는 양상은 보다 추구할 필요가 있다.

4. 의천계 천태종의 계승

1) 의천의 천태종 문도

의천의 천태종 개창과 관련하여 인적 구성, 즉 천태교관을 선양할 문하의 양성을 위한 다양한 시도가 있었다. 다음 자료의 검토를 통하여 살펴보기로 한다.

> ① 대각국사가 왕궁에서 탄생하여 불롱(佛隴)의 법들을 전해받고 본국에 돌아와서 처음으로 진종(眞宗)을 창설하니, 그 덕은 외롭지 않아 이웃이 있고 구슬은 스스로 이르렀다. 그러므로 거돈사(居頓寺)·신□사(神□寺)·영암사(靈岩寺)·고달사(高達寺)·지곡사(智谷寺) 5법권(法眷) 명공(名公) 학도(學徒)들이 명령을 받아 모였고, 그 외에도 대각국사의 문하에 바로 투신한 여러 산문의 명공 학도 300여 명이었다. 앞의 5문학도와 함께 1,000여 명이었다. … 이에 함께 도를 넓힐 수 있는 자를 모집하였는데, 덕린(德麟)·익종(翼宗)·경란(景蘭)·연묘(連妙) 등이 각기 그 무리를 거느리고 들어와 제자가 되었다.[60]

② 대각국사가 송나라에 유학하여 화엄 교의와 아울러 천태교관을 배우고 철종(哲宗) 원우(元祐) 원년(1086) 병인에 귀국하여 지자를 존숭하는 별도의 종가(宗家)를 세웠다. 이때에 선종 승려 가운데 천태종으로 옮긴 자가 10 중 6~7명이나 되었다.[61]

위의 자료 ①에 따르면 의천이 천태종을 개창하고 학도를 모집하자 덕린(德麟), 익종(翼宗), 경란(景蘭), 연묘(連妙) 등이 각기 그 문하 제자 300여 명과 함께 투신하였고, 5법권의 명공 학도는 700여 명으로 모두 1,000여 명이 참여하였다. 즉, 의천의 천태종 개창시 인적 구성은 첫째, 선종 제산의 명공 학도로 개별 문도를 이끌고 의천의 문하에 든 덕린·익종·경란·연묘 등 직투문도(直投門徒)가 있다.[62] 그 가운데 익종의 문도가 가장 번성하여 의천 사후「선봉사비」의 건립을 주도하면서 의천계 천태종을 계승하였다. 당시 의천의 법자(法子)인 덕린은 왕명을 받아「선봉사비문」을 서(書)하였으며, 교웅은 인종대에 대선사(大禪師)가 되어 활동하였다. 그는 쌍봉사의 선사 익종의 제자였는데, 대각국사가 천태종을 창립하고, 달마의 구산문 중에서 수행

---

60) 林存,「南嵩山寺天台始祖碑陰記」. "大覺國師 誕跡王宮 傳燈佛隴言還本國 首唱眞宗 德不孤而有隣 珠無莅而自至 故居頓神口靈巖高達智谷 五法眷 名公學徒 因命會合 其外 直投大覺門下 諸山名公學徒 三百餘人 與前五門學徒 無慮一千人 … 其求法初還所上表云 … 於是 募可與弘道者 德麟 翼宗 景蘭 連妙 各率其徒 齒於弟子."
61) 尹彥頤,「淸道雲門寺 圓應國師碑」(『韓國金石全文』中世上, p.661), "大覺國師西游於宋 傳華嚴義 兼學天台敎觀 以哲宗 元祐元年 丙寅回尊崇智者 別立宗家 于時蒙林納子 傾屬台宗者十六七."
62) 林存,「僊鳳寺大覺國師碑銘」(『韓國金石全文』中世上, p.598), "於是 募可與弘道者 德麟翼宗景蘭連妙 各率其徒 齒於弟子."

이 높은 승려들을 모집할 때 스승인 익종을 따라 문하가 되었다.[63]

한편 의천은 천태교학에 대한 기본 이해를 가진 선종 산문 승려를 기반으로 천태종을 개창하려 하였는데 이들이 오문학도(五門學徒)이다. 이들 오문학도는 "인명회합(因命會合)"하였다는 기록으로 보아 국왕의 명에 의해 천태종에 소속되었음을 알 수 있다. 오문학도는 거돈사·신□사·영암사·고달사·지곡사 등 5산문 출신이었으며 그 가운데 거돈사·영암사·지곡사는 현종 초기까지 법안종 소속 사원이었다. 거돈사·영암사·지곡사의 지종(智宗)·영준(英俊)·석초(釋超) 등은 모두 고려초 법안종 계통의 승려로 천태사상에 대해 이해하고 있었다.[64]

거돈사의 지종은[65] 광종 21년(961)에 국청사의 정광대사(淨光大師)에게 나아가 『대정혜론(大定慧論)』을 배우고 천태교를 전수받았다. 또한 968년에 승통 찬녕(贊寧)과 천태현재(天台縣宰) 임식(任埴) 등의 요청으로 그곳 전교원(傳敎院)에서 『대정혜론』과 『법화경』을 강론하였다.[66] 이로 보아 지종의 천태교학은 높은 수준이었으며, 거돈사 지종

---

[63] 박용진, 『의천 : 그의 생애와 사상』, 혜안, 2011 참고. 『한국금석전문』에 실린 「선봉사비명」에 의하였다. 한편 선봉사비와 『대각국사문집』을 비교하여 그 상위점을 논한 논고도 주목된다(쳐기표, 「僊鳳寺 大覺國師碑의 의문점」, 『불교학리뷰』 3, 금강대 불교문화연구소, 2008).

[64] 김두진, 「고려전기 법화사상의 변화」, 『한국사상과 문화』 21, 2003. ; 김두진, 「고려 광종대 법안종의 등장과 그 성격」, 『한국사학』 4, 1983, pp.28-33.

[65] 김두진, 「고려 광종대 법안종의 등장과 그 성격」, pp.28-33. ; 김용선, 「高麗前期의 법안종과 智宗」, 『江原佛敎史硏究』 1996. ; 허흥식, 「천태종의 형성과정과 소속사원」, 1986, pp.266-269. ; 이영자, 「대각국사 의천 이후의 국청사와 法眷考」, 『천태학연구』 4, 2003, pp.106-109.

[66] 崔冲, 「居頓寺圓空大師勝妙塔碑」(『韓國金石全文』中世上, 464쪽), "峻豊二年 漸大抵國淸寺 膜拜淨光大師 光亦開連榻摩開昇堂思欲伯階普書附於王生重耳 經傳於尹令尋 以大定慧論 天台敎授師 師是驛是訓 如切如磋邪……開寶元年歲秒 僧統知內道場功德事贊寧 天台縣宰 任埴 等 聞師……於傳敎院 講大定慧論幷法華經".

계통의 승려들은 천태교학에 대한 이해를 갖추었을 법하다.[67] 영암사의 적연영준(寂然英俊, 930~1014)은 도봉산 영국사의 혜거국사(慧炬國師)를 사사(師事)한 다음, 영명연수에게 유학하여 법안종풍의 영향을 깊이 받았으며, 이 시기에 천태교학에 대한 지식을 쌓았을 것으로 추정된다.[68] 영준은 광종 23년(972)에 군신의 경앙을 받으면서 귀국하였고 경종, 성종, 현종대에 국왕의 우대를 받았다.

지곡사의 진관석초(眞觀釋超)는[69] 918년 영암산 여흥선원의 법원대사에게 출가하였으며, 928년 법천사의 현권율사에게서 구족계를 받았다. 940년 남중국의 전당 지역으로 유학하여 용책(龍冊) 문하에서 수학하면서 성상융회의 사상체계를 익혔다.[70] 특히 946년 귀국 후 지곡사나 구산선사에 머물면서 이러한 사상체계를 유지하였을 것이다. 한편 진관석초는 어려서 화택의 비유나 『법화경』「묘장엄품」의 독송을 즐겨 들어 출가를 결심하는 내용은[71] 법화사상에 일찍부터 접하였음을 알 수 있게 한다. 이후 그의 사상 경향에서 천태사상의 발현은 볼 수 없지만 천태사상의 기본적인 이해를 가졌음은 추찰된다.

고달사는 봉림산문에 소속되었고, 태조 왕건과 결합한 중진찬유(證眞璨幽)가 주석한 절이다. 물론 찬유는 중국 투자대동(投子大同)의 문하

---

67) 김두진, 「고려 광종대 법안종의 등장과 그 성격」, 1983, p.29.
68) 金猛, 「靈巖寺寂然國師碑」(『韓國金石全文』中世上, pp.456~460).
69) 許興植, 「지곡사 진관선사비」, 『고려불교사연구』, 일조각, 1986, pp.598-610. ; 김두진, 「고려 광종대 법안종의 등장과 그 성격」, 1983, p.37.
70) 김두진, 「고려 광종대 법안종의 등장과 그 성격」, 1983, pp.36~38. ; 박용진, 「의천 集釋苑詞林의 편찬과 그 의의」, 『한국중세사연구』 19, 2005.
71) 『釋苑詞林』 권191(韓佛全4, p.649). "四歲 不臭五辛 雖跧火宅之中 遽拔塵籠之外 儀容漸異 去住不同 ⋯ 俄白北堂日 適以戲至隣家 聞彼上人誦妙莊嚴王品 王許二子 出家 因從一念."

에 유학하면서 천태사상을 접하였다.[72] 광종 22년(971)에 고달원(高達院), 도봉원(道峰院), 희양원(曦陽院)이 법안종의 기준에 따라 삼부동문(三不動門)으로 설정되었다. 앞서 거돈사 지종은 광종 4년 희양산문 형초(逈超)와의 기록이 보인다.[73]

신□사가 어느 계통의 절이었는지는 잘 알 수 없다. 선봉사의 위치가 경상북도 남숭산이기 때문에 황해도 해주의 북숭산 신광사(神光寺)로 추정되기도 한다. 오문학도의 사상 경향은 신□사를 제외하더라도 천태사상의 기본적인 이해를 가졌다.

이상에서 살펴본 의천의 오문학도는 법안종의 3문과 기타 2문으로 구성되었다. 3부동문은 법안종을 기준으로 설정되었기 때문에 고달사 찬유의 사상 경향도 법안종풍에 근접한 것으로 이해된다.[74] 법안종 사상은 성상융회사상과 선종사상과의 융합으로, 교종 내의 교파를 통합하였을 뿐 아니라 그것과 선종의 융합을 의도한 것이었다.[75] 또한 이들은 천태교학을 수학하고 이해하였다. 결국 의천의 오문학도는 천태교학에 대한 기본 이해를 가졌으며 교선일치적 사상 체계를 가진 법안종 계통이었음을 알 수 있다. 의천은 천태종 개창시 천태사상과 친연성이 있는 법안종계 선종 승려의 참여를 통하여 불교계를 재편하였다. 그러나 오문학도의 인물 가운데 의천의 천태종을 계승하

---

72) 金廷彦, 「驪州高達寺 元宗大師慧眞塔碑」. "大師將辭投子和尙 因謂曰 莫遠去 莫近去 大師答云 雖非遠近 要且不停留 和尙曰 旣驗心傳 何須目語 尒後旁求勝友 歷謁高師 或索隱於天台."
73) 崔冲, 「居頓寺圓空大師勝妙塔碑」(『韓國金石全文』 中世上, pp.462-463). 또한 김두진, 「고려 광종대 법안종의 등장과 그 성격」, 1983, p.25. ; 김두진, 「曦陽山門의 성립과 宗系의 변화」, 『청계사학』 18, 2003.
74) 오법문(五法門)은 법안종에 접근하였다고 본다(허흥식, 『고려불교사연구』, 1986, p.272).
75) 김두진, 「고려 광종대 법안종의 등장과 그 성격」, 1983, pp.34-35.

인물은 잘 찾아지지 않는다. 특히 「선봉사비명」은 직투문도에 의해 건립되었기 때문에 오문학도는 기록되지 않았다.

2) 의천의 천태종 전법

(1) 익종(翼宗)과 교웅(敎雄)

의천의 천태종 문도는 「선봉사비음」에는 덕린·익종·경란·연묘를 의천 법자로 하여 개별 문도를 기술하였는데, 익종을 예로 들면 그의 문생인 순선(順善)·교웅(敎雄)이 있고, 다시 순선과 교웅의 문생을 열거하는 방식으로 기술되어 있다. 그 가운데 익종의 문하가 순선과 교웅 등으로 이어졌고 이들에 의해 선봉사비가 건립되었다.[76]

선봉사비에 보이는 '의천-익종-교웅' 등으로 전법 계승되는 계보는 천태종 익종계로 분류된다. 익종은 의천이 천태종 개창시 문하에 바로 들어가 전법제자가 되었다. 의천이 옛 산으로 돌아가는 익종대사를 보내며 쓴 시 한 수가 『대각국사문집』에 남아 있다.[77] 이 시에는 "만나면 반드시 뜻을 함께하여 유풍(遺風)을 떨치세"라고 하여 천태종의 종세가 오히려 실추된 느낌을 준다. 이 자료 이외에 익종에

---

76) 「선봉사비명」은 덕린(德麟)이 1132년 이후 삼중대사로서 '천수사(天壽寺) 의학(義學), 월남사(月南寺) 주지(住持)'의 승직을 띠고 비문과 전액(篆額)을 썼다. 그러나 선봉사비 건립 발의는 순선(順善), 교웅(敎雄), 유청(流淸)이 하였는데, 유청은 바로 연묘(連妙)의 문도였다. 비명과 비음(碑陰)의 제작 시기는 서로 달라, 비명 부분은 1132~1135년 사이에 쓰였고 비음기(碑陰記)는 교웅이 대선사가 된 해인 1135년 이후에 쓰였다.
77) 의천, 「送翼宗大師歸故山」, 『대각국사문집』 권19(韓佛全4, p.562). "莫敎靈性久沈空 末世無如護法功 台嶺宗門天未喪 會須同志振遺風."

대한 기록은 잘 찾아지지 않는다. 다음은 익종의 전법 제자인 교웅에 대한 기록으로, 사승관계와 천태종 사상의 경향을 알려 준다.

> 찬선사(贊禪師)가 사망하자 쌍봉사(雙峯寺)의 선사 익종을 스승으로 하였다. 대각국사가 천태종을 창립함에, 선종의 구산문의 고승을 모집하여 바야흐로 교관을 널리 선양하고 일불승의 최상 법문을 열려고 하였다. 익종선사가 기꺼이 그 가르침을 듣고 드디어 나아가 배우게 되자 스님도 또한 따라갔다. 스스로 그때라고 여겼다. 이에 지자대사가 설한 오시팔교와 삼제삼관의 뜻을 배워서 굳게 그 가르침에서 떠나지 아니하니, 명성을 크게 떨쳤다.[78]

교웅은 9세에 선종계 인물로 추정되는 석찬선사(釋贊禪師)에게 출가하였는데 그의 행적은 상세하지 않다. 교웅은 석찬선사가 사망하자 쌍봉사의 익종에게 나아가 배웠는데, 의천이 천태종을 개창함에 익종을 따라 함께 문도가 되었다. 익종과 교웅은 선종 승려로서 천태종의 개창에 참여하였는데, 의천에게 천태교관, 즉 오시팔교와 삼제삼관을 배웠으며 일불승의 최상 법문으로 천태종을 인식하였다. 그 후 교웅의 천태교학은 익진(益進)하여 1101년 천태종 대선을 통하여 승계를 받고 국청사의 복강사(覆講師)가 되어 경론을 강론하였다.[79]

---

78) 「妙應大禪師墓誌銘」. "贊禪師沒謁雙峯寺禪師翼宗爲師會大覺國師肇立台宗募集達摩九山門高行釋流方且弘揚敎觀開一佛乘最上法門 宗禪師樂聞其敎 遂就學焉 師亦隨之 自以爲其時 於是學智者大師所說五時八敎 三諦三觀之旨 固已不離其傳 名聲大振."
79) 「妙應大禪師墓誌銘」. "乾統九年 國家始闢台宗大選 使國師主盟別白善否升黜之祥 而師褒然爲擧首答在上上品授大德 五年授大師赴太選弁師 又在上品詔爲國淸寺覆

교웅의 스승인 익종은 의천 사후 4~5년이 지나 입적하였는데 이때 익종 문하의 제자들이 일신상의 이익을 따라 이탈하였다. 이때 교웅은 의천계 천태종을 떠나지 않았으며, 이 일로 홍주 백암사로 좌천되어 7년여 은거하였고,[80] 화엄종 승려 징엄(澄儼)의 추천에 의해 1115년 이후 개경으로 돌아올 수 있었다. 교웅이 은거한 시기의 주요 활동에서 그의 사상 경향은 물론 교학 경향도 함께 살펴볼 수 있다. 다음을 참고해 보기로 하자.

> 단지 종지를 발휘하였을 뿐 아니라, 화엄과 유가의 성상(性相)의 이치와 도리를 탐구하였고, 유가와 묵가·노장·의복(醫卜)·음양설에 이르기까지 그 근원을 연구하고 그 유파를 섭렵하였다. 하루는 가야사에 들렀다가 『유가론』 100권이 고장(古藏) 가운데 버려져 있는 것을 보고, 굽어보고 우러러 보며 탄식하면서 짊어지고 돌아와 읽기를 더욱 부지런히 하였으니, 선사의 마음 씀씀이를 알 수 있다.[81]

교웅은 은거시 천태 종지를 발휘하였을 뿐 아니라, 화엄과 유가, 곧 성상(性相)의 이치를 탐구하였고, 유가와 묵가·노장·의복(醫卜)·음양설에 이르기까지 그 근원을 연구하고 유파를 섭렵하였다. 교웅은 천태 종지를 발휘하면서 화엄과 유식을 유념하였음을 주목하여야

講師 發明經論 傳法學徒 數年于玆 天台宗旨鬱而復發 窒而復通 旡何."

80) 「妙應大禪師墓誌銘」. "宗禪師入寂 門弟以身徇利 皆紛竟適他 唯師守正 不爲執遷 時有一宗長 以師傑然獨立 不禮於其門爲疾 將害之而未果 適乘執事 貶住洪州白嵓寺."

81) 「妙應大禪師墓誌銘」, "非但發揮宗旨 旁探華嚴瑜伽性相言諦 以至儒墨老莊醫卜陰陽之說 無不窮其源而涉其流 一日往遊伽耶寺 見瑜伽論百卷 廢古藏中 俛仰嘆息負而還歸 讀之尤謹 師之用心而后可知已."

한다. 그는 천태종의 입장에서 화엄학과 유식학을 배워 교학을 보강하려 하였다. 이러한 입장은 의천의 교학관과 비슷하다. 의천이 그의 교관겸수 사상을 형성하는 데에는 화엄학과 유식학 그리고 『기신론』 등이 교학적 배경이 되었다.

예종 초 불교계는 선종의 재흥이 주목된다.[82] 당시 선종에는 담진(曇眞)과 학일(學一) 그리고 탄연(坦然)이 주목되며 이 시기 담진은 왕사가 되었고,[83] 예종 9년에는 담진이 국사, 낙진(樂眞)이 왕사가 되었다.[84] 1110년에 예종의 아들 지인(之印)이 선종으로 출가하여 담진의 제자가 된 점[85] 등은 당시의 불교계 동향을 짐작하게 한다. 이로 보면 숙종 사후 예종 초 불교계는 급속히 재편되어 선종이 재흥됨에 따라 기존 천태종단은 위축되었을 법하다. 이러한 불교계의 상황에 따라 천태종단도 재편되어 교웅은 예종 초 홍주 백암사로 은거한 것이다.[86]

교웅은 1115년 의천계 화엄종의 징엄에 의해 추천되어 개경으로 돌아와 천태교학을 홍양(弘揚)하고 국가 불교의례를 주관하는 등 활발한 활동을 전개하였다.[87] 교웅은 예종 14년(1119)에 삼승사로 옮겨 주

---

82) 김상영, 「高麗中期의 禪僧 慧照國師와 修禪社」, 『李箕永博士古稀紀念論叢』, 1983, p.369. ; 「고려 예종대 선종의 復興과 불교계의 변화」, 『정계사학』 5, 1988, pp.51-61.
83) 『高麗史』 권12, 睿宗 2년 정월.
84) 『高麗史』 권12, 睿宗 9년 3월.
85) 「智勒寺廣智大禪師墓誌銘」(『韓國金石全文』 中世上, p.762).
86) 교웅이 은거하는 1105년 이후 예종 초기의 정치계와 불교계의 재편이 주목된다. 1115년 화엄종 징엄(澄儼)에 의해 돌아올 수 있었는데 이때는 선종의 담진이 1116년 분요(紛擾)에 염증을 느껴 개경을 떠났다. 당시의 혼란스러움은 정치권과 연결된 교종계와 선종계의 주도권과 관련이 있을 것으로 추측된다.
87) 「妙應大禪師墓誌銘」. "天慶五年中 圓明國師聞之謂 師之德行 可以範儀於當世 以薦帝左右 睿考於是 授三重大師 仍轉華藏寺 是歲大旱 於長齡殿 說法會以祈雨 命

지가 되었으며, 1120년 선사에 제수되었고, 인종 13년(1135) 국청사로 옮겨 대선사가 되었다. 그는 1142년 입적하였는데 묘지명에 따르면 문인으로는 선사(禪師)가 4명, 삼중대사(三重大師)가 9명, 중대사(重大師), 대덕(大德), 도관(都官), 입선학도(入選學徒) 등을 포함하여 모두 134명이 있었다. 교웅 등이 선봉사비를 세운 시기는 1137년이었으며 비음기에 수록된 교웅의 문생 13명은 중대사 경인(景仁)·중제(衆濟)·덕소(德素)·원백(元白)·대사(大師) 지성(知性)·해원(解圓) 숙명(淑明)·대덕(大德) 공변(工辯)·덕숭(德嵩)·덕성(德成)·사중(師中)·진탑(眞塔)·현묵(賢黙) 등이다. 이들 가운데 중대사 덕소는 교웅의 제자로 뒤에 천태종풍을 선양하였다.

(2) 원각국사 덕소

덕소(德素, 1107~1174)의 법맥은 '의천—익종—교웅—덕소'로 이어졌다. 그는 의천계 천태종을 전법한 교웅의 제자로 문도는 1,200여 명을 헤아린다. 덕소는 9세에 교웅의 문하에 들었다. 교웅은 덕소에 대하여 "오종(吾宗)을 일으킬 자는 반드시 이 사미이다"라고 하여 높이 평가하였으며, 일찍이 인종도 덕소가 대법사의 자질이 있음을 지적하였다. 덕소는 25세인 인종 10년(1132)에 국청사에서 천태교학을 수학하였기 때문에 그 해 10월 국청사를 찾은 인종을 만날 수 있었을 것으로 추정된다.[88] 인종대에 천태종은 왕권과 밀접히 연관되었는데, 의

吾師 與大禪師嗣宣爲主伴 演揚蓮花六比權實之源 渙然氷釋未始有畛域 睿考聽而悅之."

천계 화엄종과 천태종 문도가 재기용되어 왕권 강화에 조력하고 인종의 불교계 재편에 부응하였다.[88] 그는 의종 8년(1153)에 선사(禪師)가 되었고, 1164년에는 문명궁에서 설경법회를 주관하였고, 의종대 말 대선사(大禪師)에 제수되었다.

덕소가 1143년 은거하면서 천태교학을 폈지만 1153년 선사에 제수되어 개경으로 돌아와 불교의례를 주관하기 이전까지의 사적은 상세하지 않다. 덕소는 인종 21년(1143) 산수를 유력하다가 울주 영취산에 머물렀는데 이때 사방의 학자들이 모여 법을 청하는 모습은 울주 영취산을 중심으로 법화도량을 개설하고 천태종의 교학을 편 것으로 보인다. 울주 영취산은 신라 이래 법화신앙의 중심지로 신라 문무왕대 낭지(朗智), 원효(元曉), 지통(智通) 등과 연고되었다. 일연의 『삼국유사』에 『영취사기』가 전해진 당시까지 그곳이 법화신앙의 중심지였음을 전하고 있다. 다만 낭지의 법화신앙 내에는 화엄사상이 자리하였다. 그가 거주한 영취산이 제10법운지라고 한 점이 이를 알려준다.[90] 낭지의 법화신앙의 전통은 지통을 통하여 의상계 화엄종으로 전하여졌겠지만[91] 덕소가 거주하던 당시의 영취산이 의상계 화엄종과 어떻게 연고되었는지는 분명치 않다. 다만 덕소가 울주 영취산에 머물면서 천태도량을 개설하고 천태교관을 홍양(弘揚)하는 데는, 이렇듯 법

---

88) 『高麗史』 권16, 仁宗 10년 10월, 12년 10월, 14년 10월(天壽寺), 16년 10월, 20년 10월(天壽寺), 인종은 국청사에 행행(行幸)하였다.
89) 박용진, 「대각국사 의천 연구」, 2004, pp.17-27.
90) 『三國遺事』 권5, 「朗智乘雲普賢樹」. "靈鷲寺記云 朗智嘗云 此庵址 乃迦葉佛時寺基也 堀地得燈缸二隔 元聖王代 有大德緣會來居山中 撰師之傳 行于世 按華嚴經第十名法雲地 今師之馭雲 蓋佛屈三指 元曉分百身之類也歟 讚曰 想料藏百歲間 高名曾未落人 不禁山鳥閑饒舌 雲馭無端洩往還."
91) 김두진, 「고려전기 법화사상의 변화」, 2003, pp.246-247.

화신앙과 화엄사상이 결합한 전통을 계승한 것과 관련이 있을 법하다. 대선사가 되는 1170년 전후에 일시 활동이 나타나지 않아 무신의 난으로 혼란하였기 때문에 은거한 것으로 추정된다. 1170년 왕사에 책봉되었고 그 해 11월에는 백고좌회, 금광명경법회 등 국가 불교의례를 주관하는 등 재차 불교계에서 활발하게 활동하였다.[92] 따라서 무신집권기를 전후한 시기 덕소는 천태종 대선사로서 국가 불교의례를 주관하면서 국왕 또는 무신집권자들과 연결된 모습을 보이던 중 1174년 입적한 것으로 추측된다.

덕소 이후 의천계 천태종의 계승은 분명치 않다. 덕소의 「원각국사비음문도직명(圓覺國師碑陰門徒職名)」에 따르면 그의 문하에 선사 1명, 삼중대사 5명, 중대사 16명, 입선학도 100여 명, 불은사, 국청사, 천수사의 문도를 포함하여 1,200여 명이 있었다. 뒤에 덕소를 이어 천태 종풍을 진작한 사자전승 관계는 잘 나타나지 않는다. 이로 보면 무신집권기를 전후하여 덕소로 인해 일시 천태종의 종세가 진작되었으나 곧 침체하였음을 알 수 있다. 또한 고려후기 백련사 결사를 주도하며 천태종을 일으킨 요세(1163~1245)의 비명에는 의천과 지종 등이 기록되었지만 그 법계가 기록되지 않아 사자상승 관계를 밝힐 수 없다.[93] 요컨대 요세의 천태사상은 의천 천태사상과 법통으로 연결되는지 분명하지 않지만 의천의 문도 가운데 법안종 출신 오문학도의

---

92) 「圓覺國師碑銘」(『韓國金石全文』中世下, p.849). "政之八年 癸酉 以師爲禪師 乙亥春 賜磨衲衣 甲申夏久旱 毅廟設說經會于文明宮 詔師爲主 展講之初 時雨沛然 田野 … 甲寅 (결락) 等 備禮封崇 十一月甲戌 大會道俗君臣 陳師禮起 此日設百座會 至行香時 上先就師之 便恭致禮而後 上殿 後於壽昌宮 和平殿 設金經會 請師."
93) 崔滋,「萬德山白蓮社圓妙國師碑銘幷序」(『동문선』권117). "本朝有玄光義通諦觀德善智宗義天之徒 航海問道 得天台三觀之旨 流傳此土 奉福我國家 其來尙矣."

사상 경향과 유사한 면을 가졌다. 의천의 「선봉사비명」은 직투문도가 중심이 되어 작성하였기 때문에 오문학도의 기록은 배제되었다. 고려 후기 천태종 백련사의 요세는 의천의 천태종을 들었지만, 법통의 계승을 표방하지는 않았다. 이는 천태종이 후대에 분리되면서 그 사이의 사상 경향을 달리하였을 법하다.

3) 천태종 9조와 천태 6산 인식

고려 천태종의 단초는 제관과 지종에게서 찾지만 그 종파를 세우는 학자가 끊어진 지 오래라고 한 것은 의천 당대에 천태종이 제대로 전승되지 못했음을 알려준다. 의천은 1101년 홍원사에 9조당을 만들고 화엄 9조를 배정하였다.[94] 이로 미루어 천태종 교단의 국정사에서도 조사 설정의 시도를 배제할 수 없다.

> 자변대사(慈辯大師) 종간(從諫)이 시 한 수를 지어 향로 및 여의주 등과 함께 증정하였다. 국사가 본국에 있을 때 이미 자변대사의 고명(高名)을 들은 지 오래되었다. 그리하여 항주에 이르러서는 특히 자변에게 천태종의 경론 강설을 청하여 매번 주객원외랑(主客員外郞)인 양걸(楊傑)과 또한 모두 제자들과 함께 청강하였으므로, 이제 부촉하는 시를 지어주었던 것이다. … 다음에 국사는 천태산에 이르러 지자대사의 부도를 참배하고 발원문을 지어

---

94) 金富軾,「開城靈通寺大覺國師碑」(李智冠,『校勘譯註 歷代高僧碑文』, 高麗篇 3, 伽山佛教文化研究院, 1996, p.123). "辛巳春二月 上 以洪圓寺九祖堂成 請師熏修而落之 前世爲祖譜不一 今以 馬鳴 龍樹 天親 佛陀 光統 帝心 雲華 賢首 淸涼 爲九祖 師所定也."

탑전에서 서원하였다. … 용수로부터 형계담연에 이르기까지 세계가 9조를 거쳐, 그 가르침이 중국에 크게 유행하였다. 적막하게도 4백 여 년 동안 이 땅에 천태종의 교문을 세우지 못한 것은 무엇때문인가. … 국사가 송에서 귀국한 뒤에야 모든 종파의 교리가 각각 정법을 얻었다. 하물며 천태 일종이 비록 제관과 지종의 무리에서 비롯되었지만, 이 땅에 그 종파를 세우는 학자가 끊어진 지 오래되었다.[95]

천축 자변을 만나 천태교관의 도를 청문하였다. 뒤에 불롱에 들러 지자 탑에 참례하고 맹세하기를 "이미 자변의 교관을 전해받았습니다. 귀국하여 널리 펴고자 하오니 원컨대 가호를 내려주시기 바랍니다."라고 하였다. 영지대지를 만나서 계법을 들었으며, 저술을 전할 것을 청하였다. 이윽고 귀국하여서는 사찰을 세워 천태라 하였다. 자변이 전한 교문을 받들고, 그의 상을 세워 초조로 하였다.[96]

의천의 「선봉사비」에는 용수로부터 담연에 이르기까지 천태교관이 중국에서 크게 유행하였지만, 고려에서 천태종이 교단으로 성립하지 못한 이유는 바로 의천의 '대임지재(大任之才)'가 출현해야 하였음

---

95) 林存, 「僊鳳寺大覺國師碑」(『韓國金石全文』中世上, p.331). "慈辯大師 從諫 著詩一首 贈手爐如意 師在本國 聲開慈辯高誼之日久矣 旣至杭 持請慈辯 講天台一宗終論 每與主客及諸弟子聽受 故今有是付囑 … 次詣天台山 謁智者大師浮圖 述發願文 誓於塔前 … 法華經云 … 會之圓妙一法 其觀已備於纓洛 空假名及中道第一義諦 補處大士 金口親承 荊谿云 況復三觀本宗纓絡 一家敎門遠稟佛經 以法華爲宗骨 以智論爲指南 … 國師自宋返國 然後諸宗之敎 各得其正 況天台一宗 雖或濫觴於諦觀智宗輩 而此土立其宗學者久絶."
96) 志磐, 『佛祖統紀』권14, 「僧統義天傳」(大正藏49, p.223쪽). "及見天竺慈辯 請問天台敎觀之道 後遊佛隴智者塔 爲之誓曰 己傳慈辯敎觀 歸國敷揚 願賜冥護 見靈藝大智爲說戒法 請傳所著文 旣還國 乃建刹號天台 奉慈辯所傳敎文 立其像爲初祖."; 『佛祖統紀』권13, 「從諫」. "旣歸乃建刹立像尊爲始祖."

을 강조하였다. 실제 의천의 「선봉사비」에는 의천의 천태교학은 종간으로부터 법을 받았음을 제시하였는데, 이는 중국 천태종의 산가파의 정통을 계승하여 천태종을 개창한 사실을 강조한 것이다. 의천의 직접적인 인식으로 보기 어렵지만 「선봉사비」에는 천태종의 정통을 용수로부터 혜문(慧文), 혜사(慧思), 지의(智顗), 관정(灌頂), 지위(智威), 혜위(慧威), 현랑(玄郎), 담연(湛然)으로 이어지는 9조로 인식하였다. 의천은 입송 구법시 종간으로부터 시, 향로, 여의주를 전법의 징표로 받았는데, 송대 천태종 조보상(祖譜上) 종간은 제19조에 해당한다.

의천은 종간에게서 천태교관을 품수하고 귀국 후 천태교학을 크게 일으키고자 천태종 사찰을 창건하고, 거기에 종간으로부터 받은 교문(敎文)을 받드는 한편 종간의 상을 세워 천태종의 초조로 삼았다. 물론 『불조통기』는 남송대 1269년에 찬술되었기 때문에 의천 당대와는 약 173년의 시차가 있고, 지자탑에서의 서원 사실이 입비(立碑)된 점 등을 미루어 후대에 부회되었을 가능성도 있다. 의천은 귀국 후에도 종간과 서신을 주고받았으며, 고려의 천태종 개창에 대한 정보는 송의 불교계에도 교류된 바 있다.

의천계 천태종 문도는 직투문도(直投門徒) 계열과 오문학도(五門學徒) 계열로 나눠지는데, 이들은 같은 선종 출신이었지만 의천 사후에는 각자의 산문으로 흩어졌다. 이후 숙종의 판시에 의하여 직투문도 계열이 의천계 천태종의 정통 법권(法眷)임을 인정받았다. 이들에 의하여 선봉사비가 수립되었고 그 법계가 사자 전법되었다.[97] 의천 당

---

97) 「南崇山寺天台始祖碑陰記」, "大覺歸寂 鬻之五門 各有次 蔭本山寺 唯國師門下 無所依怙 建統四年六月日 判以爲國師下稱行 故天台六法眷中 最爲首也." ; 한기문,

대는 아니지만 후대에는 의천의 문도는 오문문도와 직투문도의 일문을 더하여 '천태 6산'으로 정리되고 인식되었다.

민지(閔漬)의 『국청사금당주불석가여래사리영이기(國淸寺金堂主佛釋迦如來舍利靈異記)』에 "선종(宣宗) 때에 이르러 왕의 아우 대각국사가 당나라에 들어가 구해 와서 비로소 천태 6산을 세우고, 이어 땅을 송산(松山) 서남쪽 기슭에 정하여 절을 짓고 역시 국청이라 이름하였으니, 6산의 근본이 되었다."[98]라고 하였다.

> 생각하건대, 대교(大敎)를 홀로 묘하게 깨달음이여, 용수로부터 종(宗)을 계명하였도다. 멀리 9세에까지 그 꽃다움이 흐름이여, 여파가 바다 동쪽에까지 미쳤도다. 오계(五季)가 쇠할 무렵에 이름이여, 중심지에서는 탁하고 변두리에서 청(淸)하였도다. 유(流)가 6산에 흘러가서 왕양(汪洋)함이여, 이리하여 겨우 우리 도가 크게 행하였도다.[99]

천인(天因)은 백련사의 제2세 주법으로 활동하였는데, 해동의 천태종은 6산문으로 크게 행해졌음을 밝히고 있다. 민지가 지은 『국청사금당주불석가여래사리영이기』는 14세기 백련사와 묘련사에서 주법한 무외정오와 관련된 일이다. 이 가운데 의천이 천태 6산을 세웠다

「고려시기 천태종 南崇山門의 성립과 사상적 경향」, 『역사교육논집』 50권, 2013, pp.347-372에서 남숭산문의 성립과정을 정리하였다.
98) 閔漬, 「國淸寺金堂主佛釋迦如來舍利靈異記」(『東文選』 권68). "至宣廟朝 王弟大覺國師 入唐求來 ■始立天台六山 因卜地於松山西南麓創寺 亦曰 ■國淸 爲六山根本."
99) 天因, 「立碑後諱旦祭文」(『東文選』 권109권, 祭文). "惟大敎之獨妙兮 自龍樹而命宗 緜九世以流芳兮 餘波及于海之東 逮五季之下衰兮 忽中濁而邊淸 派六山而汪洋兮 僅吾道之大行."

고 하였는데 이는 천태종 개창을 의미하며, 6산의 근본을 국청사라고 하였다. 실제 의천 당대에 천태 6산이 수립된 것은 아니며, 의천 사후의 인식을 반영한 것이다. 당시 불교계에서 선종은 9산문을 칭하고 있었기 때문에 천태종도 선종에 대한 '산문' 대항인식을 반영하여 천태 6산을 표방하였을 법하다. 13세기 원묘국사 요세의 비문에는 의천의 천태종 개창이 제시되지 않았지만, 14세기 국통 정오(丁午)의 단계에서는 의천의 천태종 개창과 계승을 강조하면서 천태 6산문을 천양하였다.

5. 맺음말

본고는 의천의 천태종 개창과 그 계승에 대하여 기존의 연구 성과를 검토한 위에 다소 미흡한 부분을 구분하여 정리하였다. 분설한 내용을 요약하는 것으로 결론을 대신하고자 한다.

의천은 천태종을 개창하기 위해 노력하였고 그 일환으로 송 천태종과 교류하였다. 의천은 입송 구법을 전후하여 화엄과 천태교관에 깊은 관심을 가졌고, 천태종의 정통 산가파를 계승한 천태교관을 진법하였다. 의천은 입송 구법시 천태종 산가파의 남병범진과 광지상현, 자운준식계의 제사(諸師)들과 긴밀하게 교류하였는데, 남병계 자변종간에게 수법(受法)하였다. 산가파 3가 가운데 하나인 광지상현의 문도와도 교류하였는데 상현의 법손이 명지중립이며 중립의 제자가 혜조법린이다. 또한 의천은 준식계 원정과도 교류하였다. 원정은 준식계로 정토신앙을 강조하였고, 종간은 지례계로 선적 실천을 강조한 것으로 판단된다. 이는 고려 천태종이 동아시아불교계에서 상호교류를 통한 국제적 인식을 반영하는 것으로, 송 불교계의 천태, 선, 화엄, 정토, 계율 등의 상호 습합 등 제 동향을 반영한 위에 수용한 것을 알 수 있다.

의천의 천태종 개창은 숙종 2년(1097) 5월에 국청사가 완공된 것으로부터 비롯한다. 의천은 흥왕사 및 국청사 주지를 겸하면서 천태교관을 강의하였다. 의천은 국청사를 중심으로 천태교관을 선양하였으며 1101년 천태종 대선(大選)을 실시하였다. 의천의 천태종이 국청사를 중심으로 교단을 구성하고 교학면·의식면·신앙면에서 체계를 갖춘 것으로 볼 수 있다. 천태종 교단으로서의 국청사는 고려 전기 숙종이 1095년 왕위에 오르면서 국청사의 완공과 함께 천태종을 개창하여 국가 안온이나 태평을 바라는 이념을 담았지만, 고려 후기 원 간섭기에는 국청사에서 설행된 불사를 통하여 이적을 강조하는 시대적 변화를 보인다.

천태종 소의교전은 『법화경』, 『열반경』, 『지도론』, 『인왕경』, 『유마경』 등 다양하였고, 장소류는 『십불이문』, 『법화현의』 등을 강설하였고, 의천이 천태종을 개창하고 설행한 의례는 강경과 천태종 예참법이 알려져 있지만, 후대의 백련사계에서 요세, 천인 등은 참회와 서방정토를 강조한 점이 의천계 천태종과의 차이를 보인다. 당시 송에서는 천태종과 선종이 유행하면서 정토신앙과 습합되어 나타나는데, 의천계 천태종이나 후대의 백련사계 천태종에서 수용되는 양상은 보다 추구할 필요가 있다.

끝으로 의천계 천태종의 계승은 개창 당시 의천의 천태종 문도와 사자전법된 인물을 중심으로 살펴보았다. 의천이 천태종을 개창시 문도는 첫째, 선종 제산(諸山)의 명공 학도로 개별 문도를 이끌고 의천의 문하에 든 덕린·익종·경란·연묘 등 직투문도가 있다. 둘째, 오문학도는 거돈사·신□사·영암사·고달사·지곡사 등 5산문 출신이었으며, 고려 초 법안종 계통의 승려는 천태사상에 대해 이해하고 있었다. 의천 사승관계는 법자(法子)인 덕린, 익종, 경란, 연묘가 있으며 '의천-익종-교웅-덕소' 등으로 전법 계승되는 천태종 익종계가 비교적 자료가 많이 남아있다. 교웅은 1115년 의천계 화엄종의 징엄에 의해 추천되어 개경으로 돌아와 천태 교학을 홍양(弘揚)하고 국가 불교의례를 수관하는 등 활발한 활동을 전개하였다. 덕소는 교웅의 제자로 뒤에 천태종풍을 선양하였다. 무신집권기를 전후한 시기 덕소는 천태종 대선사로서 국가 불교의례를 주관하면서 국왕 또는 무신집권자들과 연결되었다.

의천계 천태종은 그 정통을 용수로부터 혜문, 혜사, 지의, 관정, 지위, 혜위, 현랑, 담연으로 이어지는 9조로 인식하였다. 의천 당대는 아니지만 후대에는 의천의 문도는 오문문도와 직투문도의 일문을 더하여 '천태 6산'으로 정리되고 인식되었다. 의천의 천태종 개창과 함께 천태 6산을 세웠다고 하였으며, 6산의 근본을 국청사라고 하였다. 실제 의천 당대에 천태 6산이 수립된 것은 아니며, 의천 사후의 인식을 반영한 것이다. 당시 불교계에 있어 선종은 9산문을 칭하였기 때문에 천태종은 선종에 대한 '산문' 대항인식을 가져 천태 6산문을 표방하였을 법하다. 원묘국사 요세의 비문에는 의천의 천태종 개창이 제시되지 않았지만, 14세기 국통 정오의 단계에서는 의천의 천태종 개창과 함께 천태 6산문을 천양하였다.

　의천은 화엄종 승려로 천태종을 개창하여 고려 불교계를 재편하였는데, 중국 천태종 정통 산가파를 전법하였다. 이러한 의천의 불교 사상이 고려 후기 천태종으로 계승되는 면은 분명하지 않다. 고려 후기 천태종은 요세에 의해 재흥되었다. 의천의 천태종이 교종인 화엄종을 기반으로 전개된 것과 그 사상 경향을 달리하였지만 의천의 천태교관과 관련하여 보다 추구할 필요가 있다. 더 나아가 여말 선초에 천태법사종(法事宗)과 소자종(疏字宗)은 불교 신앙의례에 치중하는 계열과 경전과 교학을 중시하는 계열로 분리되었는데, 이는 의천 문도의 분열과 관련이 있겠지만 이에 대해서도 추구하지 못하였다. 후고를 기약한다.

천태의 회삼귀일(會三歸一)과 고려시대의 불교정책
- 민지의 「국청사영이기(國淸寺靈異記)」를 중심으로[1]

셈 베르메르쉬(Sem Vermeersch)

1. 서론

잘 알려진 바와 같이 불교는 초기부터 국가운영, 사회, 지도자에 대하여 이상적인 모델을 내세웠다. 그중에 전륜왕(轉輪王; cakravartin)의 개념은 가장 대표적인 예이다.[2] 인도불교가 중국으로 전파된 후에, 중국 사회에 대한 기여도를 정권에 입증하기 위하여 나라를 보호할 수 있는 양상(호국적인 성격)을 부각시키게 된다. 그 중에 『인왕경』의 호국적인 아젠다는 가장 중요한 것이었다. 이러한 경향은 불교의 교리에 근거한 것이라기보다는 다른 사상이나 사회적 요구에 부응하는

---

1) 이 논문의 일부는 졸고, "Buddhism and Political Integration: Reflections on the Buddhist Summa of Wŏnhyo and Political Power," *Acta Koreana* 18:1(2015), pp.95-117에서 이미 나왔다. 이 자료의 재사용을 허용한 Acta Koreana의 편집인에게 깊은 감사를 드린다. 이 자료의 초점은 원효의 사상이고, 본 논문에서는 '회삼귀일'사상이 천태종에서 차지하는 역할을 밝히는 것이다.
2) 나카무라 하지메(中村元), 차차석 역, 『불교정치사회사』, 서울: 불교시대사, 1993.

것이었다. 물론 『인왕경』의 경우에는 반야바라밀다사상도 동원되어 있다. 예를 들어, 왕이 『인왕경』을 통해서 나라를 보호하고자 하면, 『인왕경』에서 지적하는 바에 따라 백고좌회를 개최해야 하는데, 이는 결국 마음의 수련이 의례의 성공 여부의 핵심적인 요소가 된다.[3] 이 부분에서도 불교 교의는 직접적인 효과보다는 간접적으로 적용된다. 즉, 『인왕경』은 교리보다 비유를 통하여 불교수행의 효과를 증명하게 되는 것이다.[4]

필자가 알기로 불교 교의 자체는 정치의 무대에서 거의 나타나지 않지만 그 중 뚜렷한 예외가 바로 천태 교리인 '회삼귀일(會三歸一)'이다. 중국 천태의 개조 지의(知顗, 538~597)가 『법화경』의 '일승(一乘)'사상을 이론적으로 해석하는 중에 '삼승(三乘)'은 '일승'과 근본적으로 동일하다는 의미에서 '회삼귀일'이라는 용어로 표현한다. 그런데 고려시대의 사대부 민지(閔漬, 1248~1326)는 여기서 더 나아가 국청사의 주불을 새로 안치하는 기록인 「국청사금당주불석가여래사리영이기(國淸寺金堂主佛釋迦如來舍利靈異記)」(이하 「영이기」)에서 명확히 이 '회삼귀일'이 불교 삼승의 통합뿐만 아니라, 삼국의 통일에도 적용된다고 주장했다.

> 그러므로 옛적에 수나라가 장차 일어나려 할 때에 진(陳)나라와 제(齊)나

---

3) 이기영, 「인왕반야경과 호국불교 : 그 본질과 역사적 전개」, 『한국불교연구』(서울: 한국불교연구원, 1982), p.191.
4) 예를 들면, 호국(護國)에서의 국(國)은 '나라'뿐만 아니라, 수도자의 '경지(mental state)'도 가리킬 수 있다. 『인왕경』에서 어떻게 비유를 통하여 유교사상에 부응하는지에 대하여 Charles Orzech의 연구 참조. "A Buddhist Image of (Im)perfect Rule in Fifth-Century China," *Cahiers d'Extrême Asie* 8(1995), pp.139-153.

라도 나란히 일어나서 천하는 세 갈래로 갈라졌다. 수나라의 지혜있는 신하 주홍정(周弘正)이 문제(文帝)에게 권하기를, "들으니, 세 가지를 모아 하나로 귀일[會三歸一]시키는 법문(法門)이 있는데, 이름이 묘법화(妙法華)라고 하니, 만일 이 법을 천태산 아래 국청사(國淸寺)에서 널리 유포한다면 천하가 하나로 될 것입니다."라고 하였다. 수 문제가 그 말대로 하였는데, 과연 통일이 되었다. 지금 이 동한(東韓)의 땅도 일찍이 삼분되었다. 그래서 우리 태조가 창업하던 때에, 행군복전(行軍福田) 사대법사(四大法師) 능긍(能兢) 등이 글을 올리기를, "듣건대, 대당(大唐)나라에 세 가지를 모아 하나로 귀일시키는 『묘법화경(妙法華經)』과 천태지자(天台智者)의 일심삼관선법(一心三觀禪法)이 있다 합니다. 성군(聖君)께서 삼한(三韓)을 합하여 한 나라로 이룬 것과 풍토가 서로 합치되니, 만일 이 법을 구하여 세상에 널리 행하도록 한다면 뒤를 잇는 용손(龍孫)의 수명이 연장될 것이고, 왕업도 끊어지지 않아서 항상 한 집안이 될 것입니다."라고 하였다.[5]

이 단락은 일찍부터 학자의 관심을 이끌었는데, 이 문제의 관건은 과연 수나라 황제인 문제(文帝)가 이런 건의를 들었는지의 역사적 사실 여부이다. 박광연의 연구에 따르면, 이 「영이기」의 몇 가지 문제점 때문에 "천태지의의 회삼귀일・일심삼관 등의 교리가 수 통일의 사

---

5) 閔漬, 「國淸寺金堂主佛釋迦如來舍利靈異記」(『東文選』 68). "是以昔隋室將興, 陳齊並立, 而天下三分. 隋有智臣周弘正者, 勸文帝曰, 聞有會三歸一法門名妙法華, 若弘此法於天台山下國淸寺, 則天下爲一矣. 帝從其言, 果臻混一. 今此東韓之地, 亦嘗三分. 故在我太祖創業之時, 行軍福田, 四大法師能兢等上書云, 聞大唐國有會三歸一妙法華經及天台智者, 一心三觀禪法與聖君合三韓成一國, 風土相合, 若求是法流行, 則後嗣龍孫, 壽命延長, 王業不絶, 常爲一家矣." (번역문은 고전번역원 http://db.itkc.or.kr/index.jsp?bizName=MK)

상적 근거가 되었다고 볼 수는 없다."⁶⁾고 한다. 가장 문제가 되는 것은 주홍정의 생애이다. 그는 574년에 죽었으니, 581년에 황제가 된 수 문제에게 이런 건의를 할 수 없었다는 것이다. 그리고 지의가 수 문제와 그의 아들 양제(본명 양광)에게 후원을 받았지만, 사실상 오히려 지의 사후에 그의 제자 관정의 노력 덕분에 국청사가 수나라의 후원을 얻었다.⁷⁾

이런 여러 가지 시대적 오류 및 다른 문제점을 감안하고 볼 때 이 글은 지의를 둘러싼 사실의 기록에 바탕을 둔 글이 아니라 민지나 그 시대, 아니면 그전의 고려 천태학자가 만들어낸 이야기일 가능성이 높다.⁸⁾ 단지 중국의 천태에 관한 기록에서 위의 이야기를 뒷받침할 기록을 철저히 검색해야만 이런 결론을 내릴 수 있을 것이다. 아울러, 본 논문에서는 우선 6세기말 천태종의 형성과정을 살펴보고 '회삼귀일'의 정치적 활용에 관해 검토해 보고자 한다. 그 다음에 고려 초기에 능긍의 역할을 검토하고, 다시 민지의 「영이기」로 돌아가서 그 시대적 배경을 검토하겠다. 이를 통하여 고려말기 천태종의 정치적 위상 및 그와 관련된 천태사상의 역할을 파악해 보고자 한다.

---

6) 박광연, 『신라법화사상사연구』, 서울: 혜안, 2013, p.248.
7) 박광연, 같은 책, p.247.
8) 여기서 또 다른 가능성도 있다. 즉, 민지가 수 문제와 진 황제를 혼동하는 것이다. 진 황제도 지의를 후원하였고 진나라 신하 주홍정이 지의의 제자였기 때문에, 주홍중이 진 황제에게 지의의 '회삼귀일' 교리를 추천했을 가능성도 있다.

2. 배경 : 중국 천태와 수나라의 중국통일

우선 검토해야할 것은 과연 천태종의 개조인 지의가 전개한 '일심삼관선법(一心三觀禪法)'이나 '회삼귀일'사상을 당시 수나라 황제들이 수용하는지 여부, 즉 중국 남북조의 통일에 활용되는지 여부에 관한 것이다. 우선, '회삼귀일'이라는 피상적인 유사성을 제외하고는 불교의 방법론을 정치에 단순하게 전용할 수 없음은 분명하다. 더욱이 '일심삼관선법'이나 '삼승' 이외에도 불교에는 또 다른 결집된 '세 가지의 목록'이 많이 있다.[9] 그런데 한국의 경우에는 심지어 '회삼귀일'이라는 불교의 방법을 정치에서 옹호하기 위한 불교의 지속된 시도들이 있어왔다. 668년 신라에 의한 통일과 936년 고려에 의한 통일 모두 '삼국을 합치는 것과 관련이 있었기 때문이다. 반면 지의의 시대에는 남조와 북조라는 ('셋'이 아닌) '둘'의 통합에 관한 것이었다.

다만 이런 견해는 주로 전통 역사연구의 통설이라고 볼 수도 있다. 중국 역사에서 흔히 '남조와 북조'를 대조하는 해석들이 있다. 그러나 이것은 꼭 그 당시 사람들의 입장을 표방하는 것이 아니다. 수나라는 581년에 북주(北周)를 이어 강강 이북에서 설립되었지만, 그 때는 남쪽에 아직 진(陳, 557~589)이 존재하였고 북쪽에 후량(後梁, 555~587)이 있었으니 '삼국의 통일'로도 볼 수 있다. 게다가, 문제가 되는 주홍정에 대한 자료를 참고하면, 그것에 대한 조금 더 구체적인

---

9) 예를 들면 삼보, 삼장, 삼계 등.

근거를 찾을 수 있다. 『속고승전(續高僧傳)』에 게재된 석담연(釋曇延, 516~588)의 전기를 살펴보면,

> 진나라 궁사(躬使) 주홍정이란 사람이 있었는데, 경전과 역사서를 널리 검토하였기에 거침없이 흐르는 물처럼 토론할 수 있었다. 삼국을 돌아다니면서 그와의 토론에 도전하는 자들이 있었지만 이기는 이가 없었다.[10]

북조(557~581)의 황제 무제(武帝)가 곧 그를 이길 수 있는 자를 모집했는데 담연이 결국 그것에 성공하였다. 물론 여기서 천태지의의 언급도 없고, 주홍정과 수 문제에 대한 관계를 전혀 찾을 수 없지만, 주홍정이 지의의 제자였던 사실은 확실하다.[11] 이런 사실들을 보면 민지가 어떻게 지의와 주홍정을 삼국통일에 대한 이야기로 엮었는지 추측할 수 있다. 즉 신라와 고려가 통일한 사실과 유사한 여러 가지 줄거리를 묶어서 중국에서도 천태가 삼국통일을 뒷받침하는 것을 증명하고자 한 것이다. 그렇다면 민지의 「영이기」가 후대의 조작이라고 해서 그냥 일축해야 할까? 엄밀하게 얘기하면 역사적인 왜곡이지만, 그럼에도 불구하고, 중국의 초기 천태종과 수나라의 관계를 조금 더 깊이 검토해야 할 것 같다. 천태와 수 문제, 양제 간의 복잡하고 밀접한 관계 안에서 어떤 이유로 수황제가 천태지의에게 관심을 갖게 되

---

10) 『續高僧傳』(大正藏50, p.488b). "有陳躬使周弘正者, 博考經籍辯逸懸河, 遊說三國抗叙無擬, 以周建德中画像年銜命入秦, 帝訝其機捷舉朝忻朵, 勅境內能言之士不限道俗, 及搜採巖穴遁逸高世者, 可與弘正對論, 不得墜於國風."
11) 『佛祖通記』(大正藏49, p.251a).

었는지, 어떤 기대가 있었는지, 그리고 천태지의가 어떻게 이 세속권력의 관심에 대응하였는지에 대해 자세히 검토하고자 한다.

수나라 황제들이 불교에 호의적이었고, 적절하게 불교를 이용하는 것이 그들의 특권을 강화해 줄 수 있음을 강하게 인식하고 있었다는 점은 의심할 여지가 없다. 그들의 선대 국가인 북조의 북주에 의해 자행된 574년의 법난이 깊은 상흔을 남겼기에 수나라 황제들은 불교 기득권층의 적대감을 불러일으키는 것을 피하는 것뿐만 아니라 그들의 목적을 위해 불교를 이용하는 것을 간절히 열망했다. 불교에 대한 호의적인 태도와 관련해서 가장 강력한 상징들 중 하나는 수 문제(통치기간 581~604)와 그의 아들 양광(뒤의 수 양제, 통치기간 604~617)에게 폭발적인 관심을 받았던 승려 지의이다.

지의는 흔히 천태종의 창시자로 여겨진다. 비록 전통적으로는 지의가 천태종의 제3대조로 되어 있지만 사실상 그는 절강성(浙江省)에 있는 천태산에서 수 제국의 지원을 받아 천태종에 뚜렷한 정체성과 제도적 기반을 최초로 제공한 인물이다. 지의는 남악대사(南岳大師) 혜사(慧思, 515~577)에게 수학했다. 혜사는 천태종파의 제2대조로 추정되는 인물인데 지의는 그에게서 법화삼매(法華三昧)를 배웠다. 법화삼매는 대략적으로 천태종의 소의경전인 『법화경』에 근거한 수행의 한 형태이다. 하지만 지의는 그의 이론적 설명과 수행의 실제 과정에서 문헌적 종파들을 초월하여 당대 중국의 불교 승려들이 공유했던 논쟁에 좀 더 영향을 받았다. 이 논쟁은 '이제(二諦)'(혹은 문제가 어떻게 정형화되느냐에 따라 삼제(三諦))와 같은 핵심개념들과 붓다의 가르침을 어떻게 체계화할 것인가와 같은 중요한 문제들에 초점을 맞추고 있었는데 모순된 주장들로 가득 차 보였다. 이 논쟁에서 중요한 맞수는 바로 삼론종의 지장(智藏, 549-623)이었다. 지의와 지장은 의심할 나위 없이 수나라 시기에 지적 영향력과 정치적 파급력 양쪽 모두에서 중국불교계의 가장 뛰어난 인물들이다.

지의와 수 문제와의 관계는 그들 사이에 오갔던 서신을 통해 문서화되어 있다. 지의의 삶에 관한 레온 허비츠(Leon Hurvitz)의 상세한 복원은 아직까지도 지의의 성직자로서의 삶 중에서 정치적 측면을 살펴보는 데에 가장 훌륭한 출발점이 된다. 수 문제(속명은 양견(楊堅))는 독실한 불교도였다.[12] 그가 581년에 최초의 수나라 황제로 등극한 후에 불교의 위상을 신장시키는 많은 정책들을 시행했는데 동시에 자신만의 정책들도 시행했다. 그 시기에 수 왕조는 (양자강 위의) 북쪽 지방을 통치했는데 지의는 남쪽 지방을 통치했던 진(陳) 왕조(557~589)에 속해 있었다. 사실 지의는 진나라 통치자들의 후원을 받았으며, 심지어 585년에는 처음으로 천태산을 떠나 진나라 수도 금릉(金陵)에서 직위를 받도록 강요당했다. 지의는 수 세기 동안 종교적 중심지였던 천태산에 매혹되어 자신이 선호하는 수행과 가르침의 중심지로 만들고자 하였다.

589년 수나라가 진나라를 정복해서 다시 중국을 통일하자 수 문제의 아들(=양광)은 곧 지의와 접촉해서 진나라 통치자들이 그랬던 것처럼 지의의 종교적 권위를 수나라에 유리하게 이용하고자 했다. 둘 사

---

12) Hurvitz, Leon, *Chih-i (538-597): An Introduction to the Life and Ideas of a Chinese Buddhist Monk* (Brussels: Institut Belge des hautes études chinoises, 1962), p.127 n. 1. ; 양견은 사찰에서 태어났다고 전한다.

이의 서신들은 특히 양광이 지의의 호의를 구하고자 했던 기간을 말해준다. 양광은 그의 아버지로부터 양주총관(楊洲總管)[13]의 지위를 받아서 남쪽 지방을 평정할 책임을 지게 되었다. 서신들은 『국청백록(國淸百錄)』에 지의의 제자인 관정(灌頂)이 편찬한 지의의 삶에 대한 기록으로서 보존되어있다. 양광과 지의 간에 오간 서신의 전부는 아니지만 이 서신들은 아직까지 놀라울 정도로 풍부한 표본이다.[14] 비록 양광이 지의의 후원자가 되기를 원하는 불교 평신도의 자세를 취했지만 지의는 자신의 무용함을 강하게 항변했음에도 불구하고 수락하는 것 외에는 다른 선택을 할 여지가 거의 없었다. 591년에 지의는 양주로 가서 양광이 선중사(禪衆寺)에 그를 위해 특별히 준비한 거처에 들었고, 양광에게 보살계를 수여했다.[15]

하지만 거의 몇 개월 지나지 않아서 지의는 여산(廬山)으로 돌아가 은거할 수 있도록 허락해 줄 것을 요청했는데 양광은 마지못해 수락했다. 그 이후로 지의의 여생은 양광과의 일종의 숨바꼭질놀이 같은 것이 되었다. 매번 지의가 양주를 떠날 때마다 양광은 돌아오도록 설득했다. 595년 마침내 지의가 천태산으로 최후의 도피를 얻어낸 후에도 양광의 끊임없는 간청은 597년에 지의가 한 번 더 양주로 돌아오도록 만들었다. 이것은 지의의 마지막 여행이 되었다. 지의가 이 여행 중에 죽었기 때문이다. 무엇이 양광이 지의를 집요하게 찾는 동기가

---

13) Hurvitz의 해석에 따르면 이 관직은 "comptroller-general"으로 번역한다. 하지만 Arthur Wright에 의하면 이것은 "viceroy of the south"으로 번역해야 한다. Wright, Arthur F., "Sui Yang-ti: Personality and Stereotype," *The Confucian Persuasion*, ed. Arthur F. Wright (Stanford: Stanford University Press, 1960), pp. 47-76.
14) 『國淸百錄』(大正藏46).
15) Hurvitz, 위의 책, p.145.

될 수 있었을까? 의심할 바 없이 양광은 그의 아버지 마음에 들어 세자로 책봉되는 것(양광은 세자가 되는데 성공한다)을 겨냥했던 것이다.[16] 지의가 남쪽 지방에서 누렸던 이론의 여지가 없는 평판도 양광의 집착에 주요한 동기가 되었다. 왜냐하면 지의를 자기편으로 끌어들임으로써 양광은 다른 남쪽의 지식인들이 수나라에 충성하도록 설득하는 것 또한 기대할 수 있었기 때문이다. 하지만 이것은 양광이 기대했던 것만큼 성공적이지는 못했다. 왜냐하면 세련되지 못하게 실시한 사찰 재산의 몰수와 불교 교단의 재편성이 일부 승려들로 하여금 반발하게 만들었고 오히려 지의에게 그의 영향력을 이용해 양광에게 탄원하도록 강하게 촉구했기 때문이다. 지의는 승려들의 요구를 받아들여 탄원을 했고, 양광의 미온적이고 다소 오만한 반응은 지의로 하여금 양광의 다른 측면을 보게 했던 것이다.[17]

아서 라이트(Arthur Wright)가 주장한 것처럼 양광 역시 불교의 외향적이고 과시적 요소에 사로잡혔다. 불교 사원의 장관은 양광에게 깊은 인상과 감동을 주었으며, 양광 자신의 개인적인 경건함 역시 그의 친불교성에 한 역할을 했으리라 생각된다. 아마도 이 경건함은 양광의 매우 높은 자신감, 그리고 그를 특징짓는 야망과 엮여서 수 왕조의 위상을 높이는 불교적 과시에 대한 부단한 욕망을 부채질했다. 비록 지의는 의심할 나위 없이 가장 존경받은 승려였지만, 주장하건대 더 중요한 불교적 과업의 전체적인 조율도 물론 존재했다. 특히 범국가적 사찰의 체계 설립, 승려에 대한 새로운 교단 체계 설립, 전설

---

16) Hurvitz, 같은 책, p.142.
17) Hurvitz, 같은 책, pp.147-149.

적인 아육왕의 과업과 동등한 규모의 거대한 범국가적 유적의 재보급 등이 그렇다. 천태종파 외에도 수나라에 이롭도록 다른 불교 종파들과의 유대도 역시 구축했다. 그러나 주장하건대 지의의 보살계 수여가 다른 모든 가능성들을 실현시킬 필요한 자격을 수여했던 것이다.[18]

이제 천태종의 교리가 수나라의 통일 과업과 어떤 관련이 있는가라는 질문으로 돌아가자. 사실 이런 식으로 형성된 것이라면 이 질문은 시대착오적이다. 비록 지의가 자신만의 해석체계를 개발하고 있었으며, 천태산에서 천태종의 기초를 닦고는 있었다지만 아직 공식적인 천태종파는 존재하지 않았기 때문이다. 조사직을 포함하여 천태 전통이라는 종파의식이 등장한 것은 관정(灌頂) 이후이다.[19] 그럼에도 천태종을 특징짓는 대부분의 주요 개념들은 이미 지의 때부터 존재했다. 그리고 아마도 이 주요 개념들은 심지어 조정으로까지 퍼지고 있었을 것이다. 그래서 수 문제는 591년의 칙령에서 다음과 같은 언급을 했다.

> 모든 가르침(법[法])들은 숨김이 없고 명백하다. 가르침의 본질에 '우리'와 '그들'의 구분은 없다. 종교의 가르침에 공사의 구분은 드뭅지 아니한가. 이제부터 넓은 세상에서 종교적인 가치를 구현하려는 모든 자들은 자비의 구현을 수행하는 자들이 되자. (이런 일을 하면서는) 서약에 따라 분파를 만

---

18) Wright, 앞의 글, p.51.
19) Penkower, Linda, , "In the Beginning …. Guanding (561-623) and the Creation of Early Tiantai," *Journal of the International Association of Buddhist Studies* 23:2(2000), pp.245-296.

들지 말라. 모든 진리에 이르는 많은 길들이 나뉠 수 없는 한 가지로 귀결될 것이며, 시방세계들도 모두 지혜를 얻게 될 것이니…….[20]

천태종 하면 연상되는 것이 '귀일(歸一)'(혹은 원래 실제로 언급된 것에 의하면 '동귀불이[同歸不二]')의 강조다. 천태종은 확실히 (셋 혹은 그 이상의 길 대신에) 깨달음에 이르는 오직 하나의 길만이 있음과, 다른 모든 것을 망라할 수 있는 하나의 실재 혹은 하나의 사상만이 있음을 강조했다. 따라서 실재를 기술하는 세 가지 진리(삼제)는 사실은 하나의 진리에 불과한 것이다.

필자가 확인한 한에서 이 논문의 시작 부분에 인용한 고려 문헌의 '회삼귀일'이라는 표현은 사실 지의의 저작에서 발견된다. 그러나 회삼귀일은 오직 삼승(三乘: 성문[聲聞], 독각[獨覺], 대승[大乘])을 하나로 묶는다는 맥락이지, 삼관(三觀)과 관련된 일심삼관(一心三觀)의 맥락은 결코 아니다.[21] 또한 '귀일'이라는 구절도 역시 불교 교리에서 발견된다. 그러나 적어도 위 인용문은 수 왕조가 교리적 용어를 사실은 통합(이 경우 국가의 통합이 아니라 '일자[一者]'인 황제의 이익을 생각하도록 요구받는 기여자들의 통합)을 위해 이용했음을 보여준다.

아서 라이트의 수 양제(=양광)의 외적 성향(=페르소나) 분석에 따르

---

20) Wright, Arthur F., "The Formation of Sui Ideology," *Chinese Thought and Institutions*, ed. John K. Fairbank (Chicago: University of Chicago Press, 1957), pp.99-100. 원문은 『歷代三寶記』(大正藏49, p.108a). "諸法豁然體無彼我, 況於福業乃有公私, 自今已後凡是營建功德, 普天之內混同施造, 隨其意願勿生分別, 庶一切法門同歸不二, 十方世界俱至菩提."
21) 예를 들면, 『妙法蓮華經玄義』(大正藏33, p.794c). 이 책에서 '회삼귀일'은 10회 이하 나타난다.

면 그는 불안정하면서도 동시에 독실한 불교신자였다. 하지만 수 양제는 '하나 됨'과 '나눌 수 없음'이라는 그가 역설한 두 사상에 대한 장려 속에서 도교도 역시 숭배했다.[22] 이것은 한편으로 수 양제의 배반에 대한 두려움에 기인하지만 또한 새롭게 통일된 국가를 지키고자 하는 그의 야망에서도 기인한다. 그래서 린다 펜코워(Linda Penkower)는 역사가들 사이에 일반적으로 받아들여지고 있는 지의의 통합된 불교가 남과 북의 불교 분파들을 모을 수 있다는 통찰을 언급한다. 그런데 이런 지의의 통찰은 결과적으로 그의 후원자들을 이롭게 했다. 왜냐하면 "지의의 종교적 통합은 그 당시 그의 후원자였던 중국을 통일한 수 왕조의 초대 황제(=수 문제)가 달성한 정치적 통합에 비유되었기 때문이다."[23] 펜코워의 논문은 주된 초점을 관정이 쓴 『마하지관(摩訶止觀)』 서문에 제시된 지의 이전 인도와 중국의 두 가지 조사 계보도에 맞추고 있다. 하지만 펜코워는 이들 '불교역사가들'을 인용하지 않았기에 그들이 주장하는 인도와 중국 두 계보도의 결합과 남조와 북조의 통합 사이에 존재하는 유사점을 정확히 설명하지 못했다.

천태종의 이념적인 지원이 정확하게 무엇인지는 추측할 수밖에 없지만 심지어 지의 사후에도 이어진 수나라 통치자들의 지속적인 지

---

22) Wright, 앞의 글, p.86. 그러나 Joerg Plassen이 지적하듯이, 도교의 도장(道藏)에서도 '삼즉일(三卽一)'의 교리를 설명한다. 이것은 불교의 '삼의 해석학'보다 앞에 나타난 듯하다. Plassen, Joerg., "Die Spuren der Abhandlung (Lun-chi): Exegese und Uebung im San-lun des sechsten Jahrhunderts"(Ph.D. diss., Univ. of Hamburg, 2002), p.60. ; 이 논지는 Plassen이 다음의 저서를 바탕으로 한다. Robinet, Isabelle., *Les commentaires du Tao To King jusqu'au VIIe siècle* (Paris: Collège de France, 1977).
23) Penkower, 앞의 글, pp.263-264.

원은 적어도 그들이 천태종의 이념적인 지원을 중시했음을 보여준다. 지의 사후 1년이 지난 598년에 양광은 천태산에 사찰을 건립할 것을 서원한다. 사료에 드러난 이 과업의 방식으로부터 천태종파가 어떻게 수 왕조의 환심을 사려고 했는지가 분명하게 드러난다. 다시 말해 지의가 했다는 예언이 유포되는데 그 예언의 취지는 다음과 같다.

> 나라의 통일 후에 곧 위대한 후원자가 천태종의 본찰을 건립할 것인데 이는 결과적으로 나라를 정화(國淸)하는 데에 도움이 될 것이다.[24]

이에 따라 결국 국청사(國淸寺)는 시의적절하게 자신이 소재해 있는 천태산에서 이름을 따온 천태종파의 본찰이 되었다.

3. 고려의 천태종과 국가

1) 고려의 천태사상, 천태종, 그리고 정치

잘 알려진 바와 같이, 한국의 천태종은 대각국사(大覺國師) 의천(義天, 1055~1101)에 의해 개창되었다. 다만 의천의 활동 이전에도 법화사상은 물론, 천태사상의 영향에 관한 자취를 발견할 수 있다. 백제시대에 이미 현광(玄光)이란 승려가 천태 제2조사인 혜사(慧思, 515~577)

---

24) Penkower, 같은 글, p.276.

밑에 유학한 기록이 있으니, 초기 천태사상을 백제에 소개했을 가능성이 높다.[25] 삼국통일 이후에도 백제사람이었던 경흥(憬興)이 692년에 통일신라의 국사(國師)로 책봉되었던 일에서도 천태의 영향을 확인할 수 있다. 경흥이 일반적으로 유가승으로 알려지긴 했지만,[26] 법화경에 대한 소(疏)를 찬술했으며, 그의 임명 자체가 '회삼귀일'의 통일 상징(즉, 삼국 사이에 남은 갈등을 극복하는 상징)으로 볼 수 있다. 게다가 통일신라에서 『법화경』에 대한 수많은 주석이 계속 나왔으며, 천태산에서 직접 교육을 받은 승려에 대한 기록도 존재한다.[27]

이로 볼 때, 삼국시대와 통일신라시대에는 충분히 천태종이 형성되기 전에도 지의의 사상, 그리고 천태와 수나라의 역사적 관계에 대한 지식이 널리 유포되었음을 추정해 볼 수 있다. 이 점은 원효의 저술 업적에서도 확인 할 수 있다. 원효는 『법화종요(法華宗要)』에서 이미 천태의 '회삼귀일' 사상을 다루고 있었으니, 그 후에도 계속해서 고려시대까지 이러한 '정치적 상상'을 계승하였을 것이다. 다만 민지가 언급한 능긍(能兢)이란 인물은 고려 초기의 기록에서는 찾아볼 수 없다. 처음으로 능긍을 언급한 자료는 천책의 『호산록(湖山錄)』이다. 이 『호산록』은 1270년대 만덕산 제4대 주지였던 진정국사(眞靜國師) 천책(天頙, 1206~1293?)이 집필하였다.

---

25) Best, Jonathan, "Tales of Three Paekche Monks Who Travelled Afar in Search of the Law," *Harvard Journal of Asiatic Studies* 51:1(1991), pp.178-190.
26) 박광연, 「신라법화사상연구」 (이화여자대학교 박사논문, 2010), pp.81-82.
27) Ahn Kye-hyon, "Buddhism in the Unified Silla Period," *Assimilation of Buddhism in Korea: Religious Maturity and Innovation in the Silla Dynasty*, eds. Lewis R. Lancaster and C.S. Yu (Berkeley: Asian Humanities Press, 1991), p.13.

옛날 성조(聖祖)가 국가를 세우기 시작할 때, 행군병영(行軍兵營)의 복전(福田)인 능긍(能兢)은 친히 도선의 성스러운 비결을 전하였다.

"삼승(三乘)으로 하여금 합해서 일승(一乘)을 [만들고], 삼관은 일심에 존재하니 [법화]묘법의 매우 깊은 [뜻]입니다. 우리의 삼국을 합하기에 적당한 법입니다."[28]

천책이 서술한, 태조 왕건에게 아뢰는 능긍의 조언은 민지의 기록과 매우 비슷하다. 다만, 천태지의가 아니라 선각국사(先覺國師) 도선(道詵, 827~898)의 가르침을 전달하는 것은 뚜렷한 차이점이다. 도선은 선종 승려로서, 그리고 무엇보다도 풍수지리설로 유명하기에 천태사상을 전달하는 것은 믿기 어려울 수 있다. 게다가 천책이 다음 구절에 의천이 선종 3년(1086)에 중국에 가서 이 "회삼귀일의 교리를 받들었으며," 그리고 "삼국을 통합하는 기풍은 도선에서 비롯된 것은 아니고, 옛날 천태 제9조 형계선사의 『법화기(法花記)』에 이미 있었다"[29]고 설명한다. 이로 미루어 볼 때, 도선에 대한 이야기의 근거가 미약하기 때문에 천책이 천태종의 유명한 승려인 의천과 담연에 관한 이야기를 덧붙인 것으로 볼 수 있다. 그런데 더 중요한 것은, 후삼국을 통일하는 데에 도선의 역할이 고려 건국신화에 의해 추앙되고 있기 때문에 도선을 쉽게 제외시킬 수는 없다는 점이다.

능긍이 살았던 시기보다 3세기 후에 만들어진 기록은 확고한 신뢰성을 지니고 있지 못하다. 하지만 확실한 것은, 고려 초기에도 천

---

28) 허흥식, 『진정국사와 호산록』(서울: 민족사, 1995), p.310.
29) 허흥식, 같은 책, p.311. 형계선사는 천태 제9조 담연(湛然, 711~782)을 가리킨다.

태학의 수준이 여전히 높았다는 것이다. 이것은 무엇보다 제관(諦觀, 900~975)의 『천태사교의(天台四敎儀)』에서 잘 살펴볼 수 있다. 기본적인 천태 교리를 소개하는 이 책에서도 '회삼귀일'의 용어를 찾아볼 수 있다.[30] 그리고 고려초기에 활발했던 법안종(法眼宗)도 천태종의 요소를 많이 포함시킴으로써 천태의 교리를 계승했다. 뿐만 아니라, 화엄종에서도 『법화경』과 '회삼귀일'에 대한 논쟁이 뜨거웠다. 특히 균여(均如)의 『석화엄교분기원통초(釋華嚴敎分記圓通鈔)』에는 이 개념이 여러 번 등장한다.[31] 아울러, 태조가 고려를 건립할 무렵에 이 '회삼귀일'은 불교계의 활발한 토론 대상으로서, 충분히 정치계에서도 등장하게 될 가능성이 있다.

그러나 천태 법맥은 종단으로서의 제도적인 기반이 약했기 때문에 11세기말 의천이 천태종을 교단으로 만들 때까지는 불교계에서 지위가 불안했다. 의천은 왕자이기 때문에 왕실의 적극적인 지원을 쉽게 얻을 수 있었고, 국청사를 창립하여 천태종의 중심 사찰로 삼았다. 의천이 창립한 천태종은 '정통적인' 중국의 천태종과 몇 가지 차이점이 있다. 그중에 가장 두드러진 것은 선종을 포섭하기 위해 스스로를 '선종'으로 간주했다는 것이다. 의천이 1101년에 일찍 죽었기에 천태종에 대한 계획을 아마 다 이루시는 못했을 것이다. 어쨌든 12세기 천태종에 관한 기록이 매우 미흡할 뿐만 아니라 13세기에 다시 대두될 때 그 성격이 확 달라졌다. 특히 만덕산의 백련사가 천태종의 수행 모델이 되면서 정토사상과 그 수행법이 천태종의 정체성을 재구

---

30) 『天台四敎儀』(大正藏46, p.775b).
31) 『釋華嚴敎分記圓通鈔』(韓佛全4, p.250c, p.265a, p.269 등).

성하였다.

의천이 왕자의 신분으로서 천태종 창립은 자연스럽게 성공시킬 수 있었지만, 창립 이후 천태종은 왕실과 그다지 밀접한 관계를 보여주지 못했다. 천태종 자체가 불교계를 더 효율적으로 운영하고 통제하기 위해 만들어진 것이기 때문에 천태종의 위상이 높지 않다는 것은 불교계의 입장에서는 오히려 바람직한 것이다. 또한 의천이 천태종보다 화엄종을 더 선호하였기 때문에 그는 천태종을 선종과 다른 종파를 포섭하는 수단으로 간주했다. 그래서 천태종의 독특한 교리, 혹은 참다운 천태사상을 표방하는 인물들은 왕실에서 발판을 굳히기 힘들었다. 이런 상황은 원나라 간섭기에 이르기까지 큰 변화가 없었다.

2) 원나라 간섭기 천태종의 위상과 민지의 역할

민지의 생애는 몽고제국이 고려를 정벌하고 통치하는 시기와 동일하다. 그는 고려가 대원항쟁(對元抗爭)을 포기한 시기에 자랐고, 수도를 강화에서 다시 개경으로 옮길 무렵쯤에 관료의 길을 걷기 시작했다. 1267년에 과거에 합격한 후 수차례 원에 가서 중요한 외교관계 관련 상량을 했다.[32] 정치적 역할 이외에는 역사학자로서도 유명하다. 그가 저술한 역사책은 추후 유학자들의 비판을 많이 받았는데, 그 중 한 가지 중요한 비판 대상은 '신화'나 '잡화'를 게재한 것이다. 그리고 그의 불교에 대한 태도도 중요한 비판 대상이다. 지금까지 현

---

32) 이창국, 「원 간섭기 閔漬의 事蹟기와 그의 현실 인식」, 『민족문화논총』 24(2001), pp.98-100.

존하는 불교에 대한 기록은 여덟 가지가 있다.[33] 이 중에 「영이기」는 유일한 천태에 관한 기록이지만 천태종과 특별한 관련이 없다고 봐야 한다. 사실 「영이기」를 읽어 보면 '국통(國統)'에 관한 내용이 제일 많이 나오고, 이 '국통'의 말이나 게(偈)를 몇 번이고 인용하기 때문에 민지 자신의 생각보다 이 '국통'의 입장을 표방하고 있다.

「영이기」에서는 이 '국통'의 이름을 안 밝히지만, 무외국통(無畏國統) 정오(丁午)가 틀림없을 것으로 추정된다. 정오의 생애에 관한 자세한 기록은 없지만, 박전지(朴全之)의 「영봉산용암사중창기(靈鳳山龍巖寺重創記)」(『동문선』 권68)에 그에 관한 상당한 내용이 나온다. 정오는 충선왕의 총애를 얻었기에 충선왕이 1308년에 다시 즉위 했을 때, 정오에게 같이 국정을 이끌자고 하였다. 이듬해 정오는 국청사 주지로 임명되어 국청사의 복원을 담당했다. 바로 이러한 정오의 노력때문에 몽고 간섭기에 천태종이 부흥을 누린 것은 분명해보인다.[34]

국청사의 복원은 천태종의 부흥을 상징하는 사업이라고 할 수 있다. 국청사 복원의 가장 중요한 부분은 주불(主佛)의 안치(安置)이다. 민지의 「영이기」는 주로 그 주불의 복장에 필요한 사리의 신비스러운 출현을 다루지만, 「영이기」의 서론으로 이해할 수 있는 '회삼귀일' 부분은 천태종을 국가이념으로 내세우려는 시도로 볼 수 있다. 한편 '회삼귀일' 부분 이전에 '불승유일(佛乘唯一)' 및 인왕(人王)과 법왕(法王)

---

33) 이창국, 같은 글, pp.110-111.
34) 사실 정오 이전에 조인규(1227~1308)의 노력으로 천태의 부활을 허용한 기반을 마련했다. 뿐만 아니라, 충서왕의 장인으로서 그에 대한 영향력이 컸다. 한기두, 「여말선초 천태 법화사상」, 『한국천태사상』(서울: 동국대 불교문화연구원, 1997), pp.352-355. ; 허흥식, 『고려시대불교연구』(서울: 일조각, 1986), p.281. 정오의 세속 성명은 알려지지 않지만, 평양 조씨(즉, 조인규의 친족)라는 해석도 있다.

의 동질성도 강조하고 있다.

> 인왕(人王)과 법왕(法王)이 대대로 세상에 나오는 법은 비록 다르나, 그 혼일(混一)된 것으로 왕을 삼고 귀일(歸一)된 것으로 부처를 삼는 것은 또한 서로 멀지 않으니, 만일 풍토(風土)에 맞는 법으로 그 왕업을 돕는다면 병에 따른 좋은 약이나 때에 따른 단비와 어찌 같지 않으랴.[35]

여기서 나타난 이데올로기는 사실상 고려의 정통적인 불교관이라고 할 수 있다.[36] 즉, 왕과 부처(국사로 상징)의 불가분의 관계(Two wheels of dharma)가 바로 그것이다. 그러나 여기의 '통섭'사상은 국가의 정치적 통합뿐만 아니라, 불교의 종파를 천태종 아래에 통합한다는 의미를 포함할 수 있다.[37] 따라서 정오를 국통으로 임명하는 것도 이런 의미에서 이해할 수 있다. 왕사나 국사는 주로 상징적 의례적 역할을 하지만, 국통은 불교계 전체를 다스리는 실질적 의무를 수행해야 했다.

이러한 '회삼'사상이 후대의 기록에서 나타나지 않으므로[38] 충선왕의 퇴위(1313년) 이후에는 천태종의 이념적인 지원이 다시 약해졌다고

---

35) 閔漬,「國淸寺金堂主佛釋迦如來舍利靈異記」(『東文選』68). "人王法王世出世之法雖殊, 其以混一爲王, 歸一爲佛則亦不相遠矣. 若以風土相當之法, 助其王業, 則豈不如應病之良藥."(번역문은 고전번역원. http://db.itkc.or.kr/index.jsp?bizName=MK)
36) Vermeersch, Sem, *The Power of the Buddhas: The Politics of Buddhism During the Koryo Dynasty* (918-1392) (Cambridge, MA: Harvard University Asia Center, 2008), p.138.
37) 허흥식, 앞의 책, p.276.
38) 사실상 가끔 나타나지만, 대부분은 전문적 천태 교리의 명맥없이 아주 일반적인 의미로 쓰인다. 예를 들면, 『太古和尙語錄』에서 고려 태조의 국가통일을 가리킨다. "昔祖聖, 會三歸一, 垂裕後昆者, 賴佛法之力也."(韓佛全6, p.698b)

볼 수 있다. 구체적인 이유는 알 수 없지만, 생각하건대 '회삼'의 용어가 나타나지 않은 이유는 그것이 그저 간판의 역할밖에 하지 못했기 때문이다. 피상적으로 '회삼'은 정치적인 통합으로 쉽게 전용될 수 있을 것 같지만, 사실은 여러 가지 모순을 극복해야만 한다. 예를 들어 '회삼'이 의미하는 삼승은 쉽게 삼국과 관련시킬 수 있는데, 그와 함께 언급하고 있는 '일심삼관'은 지의의 교리에서 완전히 다른 차원의 개념인 것이다. 즉 삼승의 통합은 객관적 현상을 가리킬 수 있지만, 일심삼관은 말 그대로 마음에 관한 세 가지 관찰법이다. 구체적으로 언급하자면 삼지(三止)와 삼관(三觀)으로 분류할 수 있다. 그 중에 삼관은 종가입공(從假入空), 종공입가(從空入假), 그리고 중도제일의제관(中道第一義諦觀)에 해당한다.[39] 다만 고려 후기의 천태종에서는 이런 지의의 사상에 대해 분석한 예를 전혀 찾아볼 수 없다. 견고한 교리의 기반이 없는데 정치무대에서 호응을 기대하기란 무리일 것이다.

4. 결론

이렇게 민지의 「영이기」의 배경을 조금 더 철저히 고찰한 결과를 다음의 네 가지로 요약해 볼 수 있다.

우선, 민지가 기록한 대로 수 황제 문제(文帝)가 천태의 회삼귀일을 받아들이고 중국의 통일에 적용하는 것은 역사적으로 거의 불가능하

---

39) Swanson, Paul, *Foundations of T'ien-t'ai Philosophy: The Flowering of the Two Truths Theory in Chinese Buddhism* (Berkeley: Asian Humanities Press, 1989), pp. 116-123.

다는 것이다. 진나라 인물인 주홍정이 지의의 제자로서 진 황제에게 그런 건의를 했을 수는 있지만, 그 당시 지의는 그의 사상을 아직 발전시키는 중이었기 때문에 그 가능성이 매우 낮다. 다만 역사적인 시각에서 보면 수 황제가 칙령을 내려 불법을 지키도록 호소하고 모두에게 분열을 삼가고 '하나로' 돌아가라고 명령한다. 물론 이것도 천태교나 『법화경』의 인용으로 볼 수 없지만, 적어도 그 시기에 '귀일'에 대하여 정치인들이 관심이 많았음을 알 수 있다.

두 번째로, '회삼귀일'의 개념은 주지하다시피 천태종의 소의경전인 『법화경』에서 나오지만, 이 개념을 둘러싼 논쟁이 천태종에 국한되지는 않는다. 이 문제는 더 많은 연구가 필요하지만, 지의와 동시에 활동했던 지장의 역할이 더 클 수도 있었다. 다만 여기서 대부분의 연구자들이 소홀히 하는 문제는 이 '회삼'의 개념이 사실상 『법화경』에 나타나지 않았다는 것이다! 『법화경』의 제2품 「방편품」을 보면, 부처가 사리불에게 "여래가 중생에게 오직 하나의 불승으로 설법하였는데, 둘이든 셋이든 다른 수레가 없다."라고 설한다.[40] 다시 말해서, '회삼'은 결코 중요하지 않으며 오직 '일승'만 중요하다. 다만 6~7세기 승려의 저술을 보면, 빠짐없이 이 '삼승(三乘)'의 문제를 집중한다. 『법화경』에서 나온 문제가 아니라서, 아마도 원래는 중국의 토착신앙에서 찾아야 한다. 위에서 지적하였듯이(각주22 참조), 도교에서 유래된 개념도 있을 수 있다. 다만 더욱 큰 가능성은 중국의 고유한 해석체계인 '체상용(體相用)'의 사상에서 찾아야 하지 않을까. 나아가

---

40) "舍利弗, 如來但以一佛乘故爲衆生說法, 無有餘乘若二若三."(大正藏9, p.7b)

원효의 『법화종요』에서 '회삼귀일' 이외에 '용삼위일(用三爲一)'과 '장삼취일(將三致一)'을 추가했던 맥락에서 이해되어야 할 것이다. 다시 말해, '체상용'의 범주에 맞추기 위해 '삼승'의 개념이 필요했던 것이다.[41]

세 번째로, 이 '회삼귀일'사상은 중국의 경우에 수나라의 통일프로젝트 때문에 6~7세기 초에 유행하였지만, 추후에는 그다지 주목을 받지 못했다. 물론 이것도 불교의 중국 토착화 과정과 관련된 것이다. 6세기 중순에 『대승기신론』이 등장한 다음에, 인도불교와 중국의 토착화된 불교 간의 일치화 과정이 더 치열하게 전개되었고, 결과적으로 토착화된 중국불교의 범주가 우세를 점하게 되었다.[42] 이와 반대로 '회삼귀일'의 개념이 고려시대까지 유행하게 된 것은 태조 왕건때부터 고려의 '후삼국통일'이 아주 중요한 슬로건으로 남아 있었기 때문이다.

네 번째로, 회삼귀일은 원래 '삼승을 일승으로' 만드는 것을 가리키는데, 민지가 그것을 '일심삼관(一心三觀)'과 혼동했다는 것은 그의 시기에 천태사상이 쇠락했음을 방증하는 것으로 볼 수 있다. 물론 사대부로서 불교의 교리에 대한 깊은 이해를 기대할 수는 없지만, 저술

---

41) 물론 이 문제도 추가 연구가 필요하다. 원효의 원문은 "問. 用三爲一, 將三致一, 是二未知以何爲證. 答. 方便品言, 佛以無數方便演說諸法, 是法皆爲一佛乘故, 此文正是用三爲一之證也."(大正藏34, p.873b) 참조. Vermeersch, 앞의 책, p.109에도 언급되었다.

42) Sharf, Robert, *Coming to Terms with Chinese Buddhism: A Reading of the Treasure Store Treatise* (Honolulu: University of Hawaii Press, 2002), 특히 pp.107-111, pp.131-133. "使國師主盟別白善否升黜之祥而師褎然爲擧首答在上上品授大德 五年授大師赴太選弁師 又在上品詔爲國淸寺覆講師 發明經論 傳法學徒 數年于玆 天台宗旨鬱而復發窒而復通 矣何."

과정에서 국통 정오의 역할이 분명히 컸을 것이기 때문에 이 천태종 승려의 지식에도 물음표를 제기해야 할 것 같다. 다만, 현대의 우리들은 민지의 이 글 덕분에 당시 동아시아의 천태사상과 정치의 숨겨진 일면을 포착할 수 있다.

고려후기 조선초 천태종단의 존재양상 추이 및 동향
―주요 고승과 사찰을 중심으로―[1)]

황인규

1. 들어가는 말

고려시대 불교계에는 11(12)종파가 있었지만 그 가운데 주요 종파는 고대 이래의 화엄종과 유가종(법상종), 신라 중대 이후 수용된 선종의 조계종과 천태종이다. 천태학은 고대에 전래되었으나 종단으로 성립된 것은 대각국사 의천이 창종하면서부터이다. 그 후 천태종은 그의 문손 교웅과 덕소 무렵까지 융성하였으나 곧 쇠락의 길로 접어들었다. 무신집권기 이후 조계종과 천태종에서 지방의 남단에서 결사운동이 전개되면서 고려후기의 불교계를 주도하였다.

그 동안 천태종의 역사의 주요 흐름은, 대각국사 의천의 창종, 무신집권기 강진 백련사결사, 원 간섭기 묘련사로 전개된 사실이 지나

---
1) 본 논문은 『한국불교학』 74(2015)에 게재된 글임을 밝혀 둔다.

치게 강조되었으나, 정작 중앙 종단의 운용이라는 측면에서 거의 알려진 바가 없다.[2] 필자의 소견으로는, 고려 후기에 강진 백련사를 중심으로 결사가 확대 전개되었으며, 원 간섭기에 이르러 개경 묘련사로 진출이 이루어졌지만 종단의 운용은 조선초까지 지속되었다고 생각한다.[3]

특히 고려후기 조선초까지 천태종단에서도 승과가 실시되었으며, 고려말에 이르러 종단이 분화되었다가 태종대에 다시 천태종으로 통합되었다가 세종대에 이르러 선종에 통폐합되었다.[4] 본고는 고려후기에서 조선초에 이르는 천태종의 전반적인 주요 흐름 속에서 종단

---

2) 그 동안 고려후기 천태종에 관련한 연구는 거의 모두 백련사결사를 중심으로 이루어진 바 있다. 백련결사운동에 관련한 대부분의 논고가 이러한 시각을 견지하고 있다. 고익진, 「백련사의 사상전통과 천책의 저술문제」, 『불교학보』 6(1979).; 「원묘국사 요세의 백련결사」, 『한국천태사상연구』, 불교문화연구원(동국대학교, 1983).; 채상식, 「고려후기 천태종의 백련사 결사」, 『한국사론』 5(서울대 국사학과, 1979).; 「백련사의 성립과 전개」, 『한국사』 21(국사편찬위원회, 1996).; 허흥식, 「조선초의 사원과 소속종파」, 『고려불교사연구』(일조각, 1986).; 강호선, 「무외국통 정오와 원 간섭기 백련결사의 전개」, 『진단학보』 120(2014).
3) 필자는 그간 고려후기 조선초 천태종의 주류를 이룬 것으로 알려진 강진의 백련사결사와 원 간섭기 백련사파의 묘련사 고승, 고려말 천태종 고승들의 동향에 관련한 연구를 한 바 있다. 황인규, 「고려후기 백련사 결사정신의 계승과 변질」, 『백련불교논집』 10(2000).; 황인규, 『고려후기 조선초 불교사연구』(혜안, 2003).; 황인규, 「조선전기 천태고승 행호와 불교계」, 『한국불교학』 35(2003).; 황인규, 『고려말 조선전기 불교계와 고승연구』(혜안, 2005).; 황인규, 「여말선초 천태종승의 동향」, 『천태학연구』 11(대한불교천태종 총무원 원각불교사상연구원, 2008).; 황인규, 「고려후기 백련사결사의 계승과 전개」, 『불교연구』 38(2013).; 황인규, 「고려후기 조선초 강진 백련사의 역사와 사세」, 『한국사상사학』 46(2014). 하지만 의천의 고려 천태종 창종 이후 종단의 운용에 관련해서는 거의 알려진 바 없으며, 고려후기 백련사결사를 중심으로 원 간섭기 묘련사파의 동향이 천태종의 주류로 이해되어 왔다. 이에 본고는 그간의 필자의 연구를 중심으로 종합 재검토하였다. 하지만 종단의 내적 외적 운용에 대해서 깊이 천착하지 못하였으며, 종단의 존재양상의 추이 및 동향에 대하여 논지를 전개하였다. 종단의 심도있는 운용에 대해서는 추후의 연구를 기약하고자 한다.
4) 『태종실록』 권11, 태종6년 3월 27일(정사).; 『세종실록』 권24, 세종6년(1424) 4월 5일(경술).

의 운용 및 동향을 주요 고승과 사찰을 중심으로 그 존재 양상의 추이 및 동향에 대하여 살펴보고자 한다.

2. 고려 중기 천태종의 창종과 결사

1) 고려 중기 종단의 창종과 전개

이미 널리 알려져 있듯이 천태학의 수용은 고대로부터 시작된다. 백제의 현광(玄光)은 남악(南岳) 형산(衡山)에 가서 천태종 2대조인 남악대사(南岳大師) 혜사(慧思, 515~577)에게 사사하고 강남에서 유력하다가 천태교학을 최초로 전하였으나 종단이 창립된 것은 대각국사(大覺國師) 의천(義天, 1055~1101)에 의해서였다.[5]

의천은 당시 불교계의 문제를 해결하기 위하여 남송 저장성 항저우를 중심으로 제 종파의 사찰의 고승을 조우 또는 사사하였다. 이미 고려 광종대 고승 제관(諦觀, ?~970)과 의통(義通) 등은 저장성(浙江省) 천태산 의적(義寂, 919~987)에게 수학하였던 바 있다.[6] 즉, 제관은 960년 고려 광종의 명을 받고 중국으로 건너가 천태산 나계(螺溪)의 전교원(傳教院)의 의적을 찾아가 가르침을 청하고 10여 년 간 함께 천태학을 연구하여 『천태사교의(天台四教儀)』를 편찬하는 등 중국 천태종을 중

---

5) 『佛祖統紀』卷9.;『宋高僧傳』卷18.
6) 「法雨堂題銘」, 圓覺佛教思想硏究院, 『天台歷代祖師傳』上(中國篇), 大韓佛教天台宗, 2013.

홍시켰다.

또한 의통은 저장성 닝보우(寧波)의 사명산(四明山) 보운선원(寶雲禪院, 보운사)에서 20년간 교학을 전개하였으며, 의통의 수제자이면서 천태종의 마지막 조사이자 제17조사로 추앙된 법지존자(法智尊者) 지례(知禮)의 문도 가운데 사명삼가(四明三家)라 칭해지는 광지상현(廣智尙賢)·신조본여(神照本如)·남병범진(南屛梵臻) 가운데 범진계가 가장 번성하였다.[7] 의천(1055~1101)은 범진의 수제자인 자변종간(慈辯從諫)이 상천축사(上天竺寺)에 주석할 때 천태교관을 전수받았으며, 천태산의 천태지자대사탑에 가서 종단의 창종을 발원하고 귀국 후 '고려 천태종'을 창립하였다.

여기에는 선종계를 주도하였던 거돈(居頓)·신□(神□)·영암(靈巖)·고달(高達)·지곡(智谷)의 5법권(法眷)이 참여하였다.[8] 즉, 의천의 천태종 개창시 5법문과 의천의 문하로 들어온 하나의 법문을 합쳐 6법 문도를 형성하였다.[9] 의천의 어머니 인예태후에 의하여 1089년(선종 6)에 창건된 국청사[10]가 천태종의 본산이 되었으며, 남숭산(南嵩山) 선봉사(僊鳳寺)와 개경 인근의 천수사(天壽寺) 등도 창종 초기의 주요 도량 가운데 하나였다. 이미 밝혀진 바와 같이 5법권은 의천의 사후

---

7) 김철준, 「고려초의 천태학연구 : 諦觀과 義通」, 『동서문화』 2(1968).; 『한국고대사회연구』, 지식산업사, 1975, pp.337-344.
8) 林存, 「僊鳳寺大覺國師碑」 陰記(『조선금석총람』 상). "還本國首唱眞宗, 德不孤而有隣, 珠無苡而自至, 故居頓神□靈巖高達智谷五法眷名公學徒因, 命會合其外直投大覺門下, 諸山名公學徒三百餘人, 與前五門學徒, 無慮一千人."
9) 의천의 문도에 대해서는 다음의 논고를 참조하기 바람. 이영자, 「大覺國師 義天 이후의 國淸寺와 法眷考」, 『천태학연구』 4(2002).; 박용진, 「의천의 천태종 문도와 그 사상경향」, 『중앙사론』 24(2006).
10) 『고려사절요』 권6, 선종 6년(1089) 10월. "王, 如天壽寺, 設齋以落之."

본래의 사찰로 돌아갔다고 한다. 지리산 오대사(五臺寺)는 대각국사 의천이 터를 잡았던 사찰이었는데, 1123년(인종 1) 무렵 유가종 혜덕왕사(慧德王師)의 제자 진억(津億)이 수정사결사를 할 때 이미 퇴락하였던 것도 이와 관련이 있지 않을까 한다.[11]

의천의 사후 그에게 직투(直投)한 문도들은 지방의 남숭산 선봉사에 결집하여 전개한 것으로 알려져 있다.[12] 이는 의천의 문도 교웅이 1136년(인종 14) 제자 대선사 순선(順善), 선사 유청(流淸) 등과 함께 선봉사에 의천의 비를 세운 것에서도 그러한 면모를 읽을 수 있다.[13] 그 비문의 내용 가운데 "법손이 계속 주지를 하여 선사의 빛나는 도덕이 실추하지 않도록 하면서 문도 4인과 법자 130여 인이 있었다."[14]고 한다. 당시 선봉사에서 이루어진 의천의 추모사업에는 개경 인근의 천수사 승려들도 참여하였다.

천수사는 숙종의 발원으로 예종대에 창건된 천태종계 사찰이다.[15] 천수사의 주지 홍진(洪眞)과 승려 대지(大知) 등이 선봉사 비가 세워질 때 참여하였으며, 1174년(명종 4) 무렵 덕소(德素)를 비롯해 종의(鐘

---

11) 權適(1094~1147), 「智異山水精社記」(『동문선』 권64, 記). 이 오대사(五臺寺)는 원 간섭기 무외국통 정오(丁午)가 1309년(충선왕 1) 겨울에 국청사(國淸寺)의 하원(下院)에 예속되었다. 朴全之, 「靈鳳山龍岩寺重創記」(『동문선』 권68, 記).
12) 의천의 입적 후 천태종 개창에 참여했던 거돈사(居頓寺), 신□사(神□寺), 영암사(靈巖寺), 고달사(高達寺), 지곡사(智谷寺)의 5개 속은 법안종 계통으로 본래의 사찰로 복귀하였다. 林存, 「僊鳳寺大覺國師碑」 陰記(『조선금석총람』 상). "大覺歸寂嚮之五門, 各有次蔭本山寺."; 허흥식, 「천태종의 형성과정과 소속사원」, 『고려불교사연구』(일조각, 1986), p.272.; 한기문, 「고려시기 천태종 남숭산문의 성립과 사상적 경향」, 『역사교육논집』 50(2013), pp.348-357.
13) 최연식, 「대각국사비의 건립과정에 대한 새로운 고찰」, 『한국사연구』 83(1993), pp.48-50.
14) 林存, 「僊鳳寺大覺國師碑」 陰記(『조선금석총람』 상, 음기).
15) 『고려사절요』 권7, 예종 1년(1106) 7월 및 9월.; 『고려사절요』 권8, 예종 11년(1116) 3월. "王, 如天壽寺, 設齋以落之."; 林存, 「僊鳳寺大覺國師碑」 陰記(『조선금석총람』 상).

義)・현장(玄章)・지각(智覺) 등의 고승들이 머물렀다.[16] 이렇듯 선봉사와 천수사 등이 의천의 사후 천태종의 주요 사찰이기는 하였지만 필자의 소견으로는, 후술하는 바와 같이 개경의 국청사가 천태종의 본산 역할을 하였다고 생각한다.[17] 이는 원 간섭기 무외국통 정오가 '국청사를 육산(六山)의 근본'[18]이라고 규정한 데서도 잘 알 수 있다.

의천은 1101년(숙종 6) 처음으로 천태종 대선(大選)을 주맹하여 40여 명의 천태종 승려를 선발하였으며, 그 가운데 제자 교웅(敎雄, 1076~1142)도 포함되었다.[19] 인종과 의종이 국청사에 자주 행차하였으며,[20] 예종대 학사 권적(權適)이 송 황제 앞에서 『법화경』을 3일 만에 암송하였다는 사례에서 보듯이 천태종이 흥성하였음을 알 수 있다.[21] 앞서 언급한 의천의 제자 교웅[22]과 혜소(惠素) 등도 창종 초기 천태종의

---

16) 이규보, 「天壽寺鍾義師方丈夜宿(二首)」(『동국이상국전집』 권10, 고율시).; 이규보, 「次韻天壽寺鍾義禪師以詩見招」(『동국이상국전집』 권9, 고율시).; 이규보, 「法華經頌 止觀贊(幷序)」(『동국이상국전집』 권19, 頌). 참고로 외제석원도 의천의 문도 교웅이 한때 머무르면서 천태종의 교화를 펼치던 곳이다. 「國清寺妙應大禪師敎雄墓誌銘」(김용선, 『고려묘지명집성』, 한림대학교 아시아문화연구소, 2001).
17) 1406년(태종 6) 태종의 불교 탄압시 천태종계 사찰은 242사 중 약 18%인 43사(소자종과 법사종 포함)였고 사찰의 수가 고려말의 1/10 수준이었다고 하므로, 고려말 천태종계 사찰은 430사 정도였다고 추산된다. 아무튼 창종 이후 430여 사의 천태종의 주요 사찰은 천태종의 본산 국청사, 무신집권기 결사도량인 강진 백련사, 원 간섭기 개경의 묘련사 등을 들 수 있을 것이다.
18) 閔漬, 「國清寺金堂主佛釋迦如來舍利靈異記」(『동문선』 권68, 記). "國清, 爲六山根本."
19) 「國清寺妙應大禪師敎雄墓誌銘」(김용선, 앞의 책)
20) 『고려사절요』 권10, 인종 16년(1138) 10월.;『고려사절요』 권11, 의종 11년(1157) 1월.
21) 권적(權適)은 1115년(예종 2)에 입송(入宋)한 후 태학(太學)에 입학하여 수학하고 1116년 돌아오려 할 때에(『고려사절요』 권8, 「예종세가」 예종 10년 7월 및 예종 12년 5월) 『법화경』을 3일만에 암송하자 송 황제가 관음상 한 폭과 법화서탑도(法華書塔圖) 한 폭을 하사하였다고 한다. 그 가운데 한 폭은 권적의 외손인 승려 권돈신(權敦信)이 소유하였다가 1244년 천책의 동백련 결사도량에 등장하게 된다. 『東文選』 卷6, 「題權學士法華塔」.;『湖山錄』 권4, 「甲辰年多寶塔慶讚疏 景一岉其等行」.;許興植, 『眞靜國師와 湖山錄』(민족사, 1995), pp.152-254.; 권희경, 『高麗寫經의 硏究』(미진사, 1986), pp.381-383.

사세를 드높였다.²³⁾ 혜소는 백주 견불사(강서사)에 머물렀는데,²⁴⁾ 견불사는 인예태후가 1092년(선종 9)에 법화예참법회을 개설하였던 천태도량이다.²⁵⁾

그 후 교웅의 제자 원각국사(圓覺國師) 덕소(德素, 1119~1174)가 1170년(명종 1) 의천 이후 최초로 왕사로 책봉되었으며, 그의 문하에서는 많은 천태종 승려들이 배출되었다. 「원각국사비」 음기의 문도 직명에 의하면, 천태종 고승으로 선사 승지(承智)를 비롯해 문도 120여 승려들이 있었다.²⁶⁾ 특히 천태종의 주요 사찰인 불은사와 천수사의 승려들과, 국청사의 고승 중대사(重大師) 유정(惟正) 등 300인의 고승들이 활동하였다.²⁷⁾

이와 같이 천태종은 창종 때 1000여 명의 승려가 참여하였지만 의천의 사후 대부분 와해되고 그의 직투 문도들을 중심으로 남숭산 선봉사에 결집되었다. 하지만 의천의 남숭산 추모비 건립에 천수사 승려 120여 명과 국청사 승려 300명 등이 참여한 데서 알 수 있듯이 천태종은 국청사와 천수사 등 개경 일대를 중심으로 전개되었다.

---

22) 「國淸寺妙應大禪師敎雄墓誌銘」(김용선, 앞의 책)
23) 의천의 화엄종계 문도 계응(繼膺)은 법해(法海)의 용문(龍門)으로 숭앙받아 무애지국사(無碍智國師)로 알려져 있으나 태백산 각화사(覺華寺)에서 교화하였다. 金富軾,「興王寺弘敎院華嚴會疏」(『동문선』 권110, 疏).;『보한집』 권하.;『농국승니목』.; 釋戒膺,「送智勝」(『동문선』 권9, 五言律詩).; 釋戒膺,「食堂銘幷序」(『급암시집』 권2, 율시).;『동문선』 권49, 銘.
24) 민사평,「金侍中乘驪訪江西惠素上人」(『동문선』 권21, 칠언절구).; 정추,「金侍中(富軾)騎騾 訪江西惠素上人」(『圓齋文稿』 卷上, 시).;『동국여지승람』 권43, 황해도 배천군 불우.;『동국여지승람』 권4, 개성부 상, 감로사.
25)『고려사』 권10,「선종세가」 선종 9년(1092) 6월 임신. "王太后設天台宗禮懺法于白州, 見佛寺, 約一萬日."; 金英美,「高麗前期의 阿彌陀信仰과 天台宗 禮懺法」,『사학연구』55輯(1998).
26) 韓文俊,「寧國寺 贈諡圓覺國師碑銘」(『동국이상국전집』 권35, 碑銘).
27) 위와 같음.

2) 무신집권기 종단과 백련결사 도량

 무신집권기 초에도 계현(契玄)이 1179년(명종 9) 8월에 묘광사(妙光寺)에 주석하였으며,[28] 고승(老宿) 혜발(惠拔)이 1195년(명종 25) 무렵 개경 의왕사(醫王寺)를 중수하고 천태종문상장(天台宗門上匠) 대선사 각공(覺公)의 도움으로 나한전에 500존상을 봉안하는 등[29] 천태종 고승들이 활동하였다. 무신집권기 천태종계 주요 고승은 정각국사 지겸(志謙, 1145~1229)과 원묘국사 요세(1163~1245)와 그의 문도일 것이다.

 지겸은 1170년(명종 즉위년), 요세는 1185년(명종 15)에 시행된 승과에 각기 합격하였는데, 그 외에 묘지명에 천태종 승과에 선발된 승려들이 다음과 같이 찾아진다. 즉, "2남 덕구(德丘)는 천태종에 의탁하여 승려가 되었다. … 4남 효윤(曉胤) 역시 천태종의 승려가 되었다."[30] 거나 "4남 종강(宗綱)은 천태종의 과거에 급제하여 청원사(淸源寺) 주지로 있었다,"[31] "4남 의□(義□)는 머리를 깎고 □ 천태종의 비구가 되었는데, □□연사(□□淵寺)의 주지이고 삼중대사(三重大師)이다."[32]라거나 "맏아들은 머리를 깎고 태(台)□□가 되었으며, (차남)이 머리를 깎고 태산(台山)이 되었다."[33] 등이다.

---

28) 林椿, 「妙光寺十六聖衆繪象記」(『동문선』 권65, 記).
29) 李奎報, 「醫王寺 始創阿羅漢殿記」(『동국이상국전집』 권24, 記). ; 李奎報, 「天台玄師聞予訪覺公留飮 携酒來慰用前韻贈之」(『동국이상국전집』 권8, 古律詩). ; 이규보, 「又分韻得動字 贈覺公 兼簡玄公」(『동국이상국전집』 권8, 古律詩). "結茅月城三四棟(玄往西京永唱寺)."
30) 「鄭復卿(?~1154) 묘지명」, 의종 8년(1154) 작(김용선, 앞의 책).
31) 「崔惟淸(1095~1174) 처 鄭氏 묘지명」, 의종 24년(1170) 작(김용선, 같은 책).
32) 「崔惟淸(1095~1174) 묘지명」, 명종 5년(1175) 작(김용선, 같은 책).

앞서 언급한 바와 같이 지겸은 국청사에 2년간 주석하였으며,[34] 1211년(희종 7)에 왕사로 책봉되면서 불교계를 주도하였다. 이러한 국청사의 사세는 그 후에도 지속되었던 듯하나[35] 고종대에 국청사가 거란의 침탈을 받았으며,[36] 천수사도 쇠락해 갔다.[37]

그런데 요세가 1198년(신종 1) 봄에 법회에 참여하였던 고봉사(高峯寺)[38]는 아마 개경의 천태종 주요 사찰이었을 것이다. 지눌이 개경 보제사 법회에 참여하였다가 수선사결사를 열게 되는 정황과 유사하다. 아마도 태조가 창건한 10대 사찰인 보제사처럼 고봉사에도 "이름이 있는 승려들이 구름같이" 모였던 개경의 천태종의 주요 사찰이었다고 생각되는 것이다. 이러한 고봉사 외에 요세가 주석하였던 영동산 장연사, 천인이 머물렀던 상왕산 법화사와 용혈암, 천책이 머물렀던 용혈사와 상주의 동백련사 등의 사찰도 백련사와 더불어 무신집권기 주요 천태종계 도량이었다. 이러한 사찰을 운영하게 될 천태종의 승려 선발제도인 승과가 실시되는 등 종단의 운용이 이루어졌을 것이다.

그런데 무신집권기 초 국도 개경에서 재상급 고위 관료와 신도들에 의해 보암사(寶岩社)와 연화사(蓮華社) 결사가 전개되었으며,[39] 곧이

---

33) 「吳□實 묘지명」, 명종 14년(1184) 작(김용선, 같은 책)
34) 이규보, 「華藏寺住持王師定印大禪師追封靜覺國師碑銘」(『동국이상국전집』권35, 碑銘).
35) 『고려사』권18, 「의종세가」의종 13년(1159) 9월 을유. "왕이 國淸寺에 행차하였다."
36) 『고려사』권22, 「고종세가」고종 4년(1217) 3월 병술. "거란 賊 6인이 國淸寺에 침입하므로 僧이 1인을 잡아 죽이니 나머지는 모두 도망하였다."
37) 김수온이 지은 시에 의하면 그 무렵 천수사는 "담은 무너지고 주춧돌은 부서져 폐사되어"(김수온,「次天壽寺韻」,『속동문선』9, 칠언절구) 여행객들의 숙박하는 작은 원(院)만 남아 있다고 한다.(『신증동국여지승람』권4, 開城府上 역원. "天壽院 성 동쪽에 있으니 곧 天壽寺 옛터이다.")
38) 崔滋(1188~1260),「萬德山白蓮社圓妙國師碑銘 幷序」(『동문선』권117, 碑銘).

어 지방 남단인 강진에서 요세가 그의 제자 천인과 천책 등과 더불어 백련사결사를 전개하였다. 순천의 수선사결사와 마찬가지로 최씨 무인정권과 왕실의 후원을 받았다.[40] 「원묘국사비명(圓妙國師碑銘)」에 의하면, 요세는 현광(玄光), 의통(義通), 제관(諦觀), 지종(智宗), 그리고 '고려 천태종'을 창종한 의천을 계승한다는 것이다. 또한 요세의 입적 직후 내린 교서에 의하면, 고려 건국 이래 300년 역사에서 대화상을 추숭하여 국사를 삼은 고승은 천태종계의 대각국사 의천, 의천의 수제자인 화엄종계 무애지국사 계응(戒膺), 수선사결사를 전개하였던 지눌과 그의 수제자 혜심과 더불어 요세뿐이라는 것이다.[41] 이렇듯 요세는 의천을 잇는 천태종의 정맥이었다.[42] 이는 "만덕산에서 결사를 열고 온 나라가 믿음이 생겼다."[43]는 사실에서 알 수 있듯이 백련사

---

39) 天頙,「寶岩徒之或講或疑」,『海東傳弘錄』;『法華靈驗傳』下(韓佛全6, p.569). "松京 … 德山 山之乾維 有一蘭若 曰寶岩 樓閣開豁坐見山川縹緲之外東北里致仕卿相若林樞密千美 秦尙書世儀梁大卿棟材 與諸退老幷散 逸四十餘人 同結法華社 每月六齋日各持科本蓮經 差一人別座 點破科端 銷釋義理 諸者老證聽 或設疑問 如是次第輪環相續 盆欲人人之盡能解說也 至十五日 則精設妙饌 供養彌陀 合院設齋 過夜精勤 同廻向淨土 故至臨終之際 如意自在者 不絶焉出海東傳弘錄".; 天頙,「蓮華院之若讀若說」,『海東傳弘錄』;『法華靈驗傳』下(韓佛全6, p.569). "松京駱駝橋東巷 有一招提 曰蓮華院 凡城南里 淸信士輩 結法華社 每月六齋日 同會干此 若讀若說 其所以憑伏妙乘 廻向淨土者 多與寶岩社 相爲甲乙."
40) 고종은 1237년(고종 24) 요세에게 선사(禪師)의 법계와 세찬(歲饌)을 내렸으며(崔滋,「萬德山白蓮社圓妙國師碑銘 幷序」,『동문선』권117, 碑銘), 요세도 임금의 축성재(祝聖齋)를 올렸다(釋天因,「初入院祝聖壽齋疏文」,『동문선』권111, 疏). 또한 강종의 서녀(庶女)이자 무신집권자 최충헌의 부인인 정화옹주(靜和翁主)는 백련사에 무량수불상을 조성하여 봉안하고 금자(金字)『법화경』도 함께 사경하였다.「天帝邀經而入歲 靜和宅主」,『법화영험전』.; 김영미,「靜和宅主 王氏의 삶과 불교 신앙」,『이화사학연구』37(2008), pp.218-221.
41) 閔仁鈞,「萬德山白蓮社主了世贈諡圓妙國師敎書」『동문선』권27, 制誥).
42) 요세의 스승인 균정과 요세가 선봉산문(僊鳳山門)을 계승한 것으로 추정한 논고도 있으나(박소영,「고려 천태종의 법맥 상승에 대한 연구(1)」,『천태학연구』6, 2004, pp.361-396) 국청사를 계승하였다고 보아야 할 것이다.
43) 천책,「법화경 법석을 알리는 글」, 허흥식, 앞의 책, p.249.

도량이 천태종의 중심이 되었으며, 상주 동백련, 진도 법화사, 제주의 법화사와 묘련사로 확대 전개되었다.[44]

뿐만 아니라 백련사는 조계종과 교섭하면서 그 외연을 넓혀갔다. 예컨대 지눌의 제자 진각국사 혜심이 천태종 고승 변조(遍照)와 교유하고[45] 만덕사(백련사)에 들르기도 하였으며,[46] 수선사 사주 원감국사 충지가 진정국사 천책과 천태종계 금장사 고승과 교유하였다.[47] 특히 수선사 사주 원오국사 천영의 도반인 탁연은 남송 연경사 법언에게서 천태종 관련 서적을 백련사에 전달하였다.[48] 연경사는 고려 승려 의통의 수제자이자 천태종의 제17조사로 추앙된 법지존자(法智尊者) 지례(知禮)가 진종(眞宗)으로부터 연경사(延慶寺)라는 사액호를 하사받았으며,[49] 국청사와 옥천사와 더불어 천태종 3대 조정(祖庭) 사원이었다.[50] 이와 같이 천책의 천태종은 요세와 천인(天因)으로 이어진 백련결사의 전통뿐만 아니라 멀리 남송 연경사를 중심으로 전개된 중국 천태종과의 유대를 가지면서 전개되었던 것이다.[51]

---

44) 황인규, 「고려후기 조선초 강진 백련사의 역사와 사세」, 『한국사상사학』 46(2014), p.67.
45) 혜심, 「送天台遍照先師應詔出山」, 『國譯 無衣子詩集』, 을유문화사, 1996, pp.67-68.
46) 혜심, 「萬德寺에 가서」(『진각국사어록』, 세계사, 1993, p.258).
47) 충지, 「謝金藏大禪師惠新茶」, 『원감록』.; 전책, 「奇金藏人禪師」, 『호산록』 5.
48) 李益培, 「佛臺寺慈眞圓悟國師碑」(『朝鮮金石總覽』 上.; 허흥식, 앞의 책, p.187, p.198, p.214).
49) 보운선원(寶雲禪院)이라 사액(賜額)이 내려진 것은 다음의 기문(記文)에서 확인된다. 延德, 「請勅額奏文」; 「省牒」; 「勅黃」; 「使帖」; 「四明圖經紀院事跡」; 『寶慶四明志』 卷11, 叙祠 寺院 禪院 延慶寺.
50) 황인규, 「浙江省 宁波延庆寺和 高丽高僧 修禅社 卓然·白莲社 天頙」, 第三届 灵隐佛教文化论坛: 灵隐寺与南宋佛教学术研讨会 발표문, 2014.9.27.-9.29. ztc hotel 대회의실.
51) 許興植, 앞의 책, p.74; 황인규, 「고려후기 백련사 결사의 계승과 전개」, 『불교연구』 38(2013), pp.242-243.

3. 고려후기 조선초 천태종의 분화와 통폐합

1) 원 간섭기 묘련사파와 국청사

앞서 살펴 본 바와 같이 천책은 수선사와 남송 연경사와의 유대 관계를 지니면서 천태종을 전개하였는데, 그의 문도인 정조이안(靜照而安)도 석교도총섭(釋敎都摠攝)에 올라 중앙 천태종단을 주도하였다.[52] 당시 저장성 항저우의 천태종의 상천축사 주지였던 담연성징(湛堂性澄)이 1295년(충렬왕 21)부터 1305년(충렬왕 31) 사이에 고려를 방문하여 천태학 관련서적을 구하려 한 것도 그러한 면모 가운데 하나일 것이다.[53]

그런데 1284년(충렬왕 10)에 충렬왕과 왕비 제국대장공주의 원찰이자 고려 왕실과 원 황실, 특히 세조와 성종의 공동원찰로 묘련사(妙蓮寺)가 건립되어 백련사(만덕사) 승려들이 참여하였다. 이로써 개경 묘련사가 백련사를 대신해 천태종의 중심이 되어갔다.[54] 백련사 사주 원혜가 묘련사의 주법이 되었으며, 1295년(충렬왕 21) 국통으로 책봉되

---

52) 晦巖 李叔琪, 「跋文」, 『釋迦如來行蹟頌』(韓佛全6, pp.539하-540상).
53) 월계성징(越溪性澄)은 회계(會稽) 불과사(佛果寺)의 승려 석문(石門) 문하에서 득도하여 천태학을 연구하였으며, 동천축흥원사(東天竺興元寺) 남천축연복사(南天竺演福寺) 상천축관음교사(上天竺觀音敎寺) 등의 주지를 역임하였던 고승이다. 『大明高僧傳』, 「元杭州上天竺沙門釋性澄傳」(大正藏50, p.902). ; 張東翼, 『元代麗史資料集錄』(서울대출판부, 1997), pp.336-338. ; 黃溍, 「上天竺湛堂法師塔銘」(『金華黃先生文集』卷41, 塔銘. ; 『釋氏稽古略续集』湛堂法师性澄).
54) 묘련사에 대해서는 다음의 논고를 참고하기 바람. 변동명, 「고려 충렬왕의 묘련사 창건과 법화신앙」, 『한국사연구』 104(1999). ; 강호선, 「원 간섭기 천태종단의 변화」, 『보조사상』 16(2001).

었다. 그 후 정오(丁午)도 1302년 이후 묘련사로 진출하여 1307년 왕사로,[55] 1313년(충선왕 복위 5) 국통으로 책봉되어 대천태종사(大天台宗師)로서 불교계를 주도하였다.[56]

정오가 주석한 백련사, 묘련사, 금장사, 국청사, 용암사, 영원사 등의 사찰은 무신집권기 이후 원 간섭기 천태종의 대표적인 사찰이었다.[57] 특히 정오는 1307년(충렬왕 23) 왕사로 책봉되어 천태종계 사찰인 금장사(金藏寺)를 하산소로 삼아 재임하면서 절을 중수하였다. 금장사는 이미 백련사 제3사주 천책이 머물렀던 사찰로 백련사와 긴밀한 사찰이었는데,[58] 앞서 언급한 백련사 제6사주와 묘련사 1세 주법을 지낸 원혜국통 경의가 하산소로 삼았던 사찰이다. 왕사 정오도 하산소 금장사에서 주석하며 강진 만덕사(백련사) 승려들을 불러 낙성식에 참여케 하였는데,[59] 용암사(龍巖寺)의 승려들도 묘련사를 중심으로 활동하였다.[60] 예컨대 용암사 주지 용선(用宣)도 왕륜사 주지 인조, 선

---

56) 『고려사』 권34, 「충숙왕세가」 충숙왕 즉위년 11월 무자.
57) 정오의 생애와 활동에 대해서는 다음의 논고가 참조된다. 허흥식, 「무외국사 정오의 사업과 계승」, 『대련이영자박사 화갑기념 천태사상과 동양문화』(1997). ; 채상식, 「무외국통 정오의 활동상과 사상적 경향」, 『부대사학』 23(1999). ; 강호선, 「무외국통 정오와 원 간섭기 백련결사의 전개」, 『진단학보』 120(2014).
58) 천책, 「寄金藏大禪師」, 『호산록』 권3. ; 冲止, 「謝金藏大禪師惠新茶」, 『圓鑑錄』(아세아문화사, 1973), p.105.
59) 李瑱, 「龍頭山金藏寺金堂土彌勒三尊改金記」(『동문선』 권68, 기). 다음의 기문에서 이러한 사실을 간략히 전하고 있다. 朴全之, 「靈鳳山龍岩寺重創記」(『동문선』 권68, 記). "時金藏寺無主而殘 師意以爲幸 再三申請爲下山所 卽改造金堂 幷以紫磨金薄修治主佛彌勒如來補處兩菩薩像 有僉議贊成事大學士李瑱作記焉."
60) 『고려사절요』 권29, 충렬왕 5년(1308) 10월. "冬十月 貼牓中門曰 除王輪住持仁照 龍巖住持用宣 仙巖住持若宏 及崔湍 權漢功 金之謙 金士元 崔實 桓頤 吳玄良 姜邦彦 李珍 姜融 趙通 曹頔 曹碩 崔玄 鄭子琊 崔仲公 文坫 李伯謙 外餘人 非特召不得入." 이런 정황으로 보아 용암사도 국청사 중흥에 참여하였다고 생각된다. 이색의 기문에 의하면 용암사 주지 용선과 더불어 왕의 총애를 받았던 예천부원군(醴泉府院君) 권한공(權漢功, ?~1349)은 (아마도 정오의 국청사 중창시) 국청사의 비문을 지었다고 하기 때문이다. 이색, 「讀國淸碑」(『목은시고』 권13, 시). "日炙霜磨剝綠

암사 주지 약경 등과 더불어 왕의 총애를 받았던 사실이 그 대표적인 사례다.

그런데 정오는 1308년(충렬왕 34) 금장사에서 주청사(周淸寺, 국청사)[61]에 올라와[62] '선교각종산문도반총섭조제(禪敎各宗山門道伴摠攝調提)'에 임명되어 공의사(共議事)에 재직하였다.[63] 정오가 관심을 가진 것은 종단의 본산인 국청사의 중흥이었다. 즉, 정오는 1309년(충선왕 복위1)에 천태종의 본산인 국청사에 주석하면서 부속시설을 낙성하며 천태종 6산의 승려 3000여 명을 초청하는 등 천태종을 중흥하고자 하였다.[64] 의천의 천태종 개창시 1000여 명의 승려로 시작한 데에 비하여 3배 이상 큰 규모였다. 그러면서 정오는 지방의 금장사와 영원사와 용암사를 중수하는 등 종단의 사세를 확대하고자 하였다. 즉, 정오는 1310년(충선왕 2)부터 1314년까지 밀양 영원사를 천태종으로 이속시키고 약 5년 주지를 하면서 영원사의 전각을 중수하였다. 영원사는 본래 천태종 출신으로 최초로 왕사에 책봉되었던 원각국사(圓覺國師) 덕소(德素, 1108~1174)가 주지를 하였던 사찰이다. 그런데 조계종 가지산문 보감국사(普鑑國師) 혼구(混丘, 1250~1322) 시에 조계종에 이속된 것을 이 때 다시 천태종의 사찰로 환원시킨 것이다. 하지만 1315년(충

菩 醴泉大筆照天台 門前車騎紛如織 只有兒孫首重回(東亭是醴泉外孫 僕又其孫墻故云)."
61) 주청사(周淸寺)는 국청사로 보아야 할 것이다. 주청사라는 사찰이 확인되지 않을 뿐더러 당시 정오의 활동을 보아도 그렇다. 그럼에도 국청사가 아닌 주청사로 표기가 된 이유에 대해서 설명이 필요하다. 후고를 기약하기로 한다.
62) 『고려사』권34, 「충숙왕세가」충숙왕 즉위년 11월 무자.
63) 朴全之,「靈鳳山龍岩寺重創記」(『동문선』권68, 記).
64) 閔漬,「國淸寺金堂主佛釋迦如來舍利靈異記」(『동문선』권68, 記). 정오의 생애와 활동에 대해서는 다음의 논고가 참조된다. 許興植,「無畏國師 丁午의 事業과 繼承」, 『대련이영자박사 화갑기념 천태사상과 동양문화』, 1997. ; 채상식,「무외국통 정오의 활동상과 사상적 경향」,『부대사학』23, 1999.

숙왕 2) 유가종의 미수(彌授)에 의해 참회부(懺悔府)가 설치되자 정오는 1318년(충숙왕 5) 용암사로 이주하여 중창하였다.[65] 정오는 용암사가 도선이 창건한 선암사와 더불어 삼암사(三巖寺)였다는 사실을 강조하였다.[66] 정오는 진정국사 천책을 계승하여 선각국사 도선의 국가비보사상과 아울러 회삼귀일 정신을 강조하였던 것이다. 친원적인 묘련사 중심에서 고려적인 국청사 중심의 천태종의 위상 복립을 위한 것이었다고 생각된다. 그러나 원나라에 사경승을 대거 파견하였던 유가종이 불교계를 주도하자 선종 가지산문과 국청사 중심의 천태종의 사세가 쇠퇴의 길로 접어들게 되며, 그 대신에 묘련사가 천태종의 주도하였다.[67]

당시 권문세족 조인규(趙仁規) 가문 출신 승려인 의선(義琔)은 1336년(충숙왕 복위 5) 원에서 귀국 후 1345년 묘련사를 중창하였다.[68] 의선은 백련사계 원혜국통의 적사(嫡嗣)이면서 법맥상 무외정오의 유자(猶子)였으며,[69] 자은군(慈恩君) 삼장법사라고 최고의 존경을 받았다.[70] 원

---

(65) 朴全之, 「靈鳳山龍岩寺重創記」(『동문선』 권68, 記). ; 황인규, 「여말선초 유가종승과 불교계의 동향」, 『동국사학』 39(2003). ; 황인규, 『고려후기 조선초 불교사연구』, 혜안, 2003.
(66) 진정국사 천책, 「答芸壹亞監閔昊書」, 『湖山錄』.
(67) 황인규, 「여말선초 유기종승과 불교계의 동향」 참조.
(68) 李穀, 「高麗國天台佛恩寺重興記」, 『稼亭文藁』 卷3. ; 李穀, 「趙貞肅公祠堂記」, 『稼亭文藁』 卷3. ; 李穀, 「次韻延聖寺王簪花」, 『稼亭詩藁』 卷16.
(69) 李齊賢, 「妙蓮寺重興碑」, 『益齋亂藁』 卷6.
(70) 李穀, 「順菴眞讚」, 『稼亭文藁』 卷7. 묘련사는 조인규 가문의 부원세력과 연계되면서 더욱 심화되어갔는데, 특히 천태종의 승려인 중조(中照)가 직접 나서서 유락을 벌였다고 한다. 『고려사』 권36, 충혜왕 4년 8월. ; 『고려사절요』 권25, 충혜왕 4년(1343) 8월. "元 使監丞吾羅古 請享王 王曰 今日 須往妙蓮寺爲樂 吾羅古 先至候之 王率二宮人及晡乃至 登寺北著張樂 僧中照 起舞 王悅 命宮人對舞王亦起舞 又命左右皆舞 或作處容戱." ; 채상식, 「무외국통 정오의 활동상과 사상적 경향」, 『부대사학』 23(1999), p.15. 흔히 고려말 불교를 보수화 또는 타락으로 몰고가는 것은 재고되어야 한다. 본문에서 후술하는 바와 같이 의선과 문도는 고려 말 천태종의

나라 연경[北京]의 라마교 대연성사(大延聖寺)와 대보은광교사(大報恩光敎寺), 고려의 영원사, 불은사(佛恩寺) 등의 사찰을 주장하였으며, 조인규의 형이자 그의 숙부인 천태종승 진구사(珍丘寺) 주지 혼기(混其)가 주석하였던 수원 만의사를 묘련사의 별원으로 만들었다.[71]

2) 여말선초 종단의 부상과 통폐합

기문에 의하면 고려말 천태종승으로 경전(敬田), 의징(義澄), 연선자(演禪者),[72] 약언(約言),[73] 달의(達義),[74] 달목(達牧)[75] 등이 활동하였던 사실이 확인된다. 천태종 숭산사의 장로 전의(全義) 이씨는 본래 조계종의 승과에 우두머리로 합격하였으나, 그의 부친의 권유로 천태종의 승과에서 상상품에 합격하였다고 한다.[76] 그리고 천태종승 경전(敬田)은 천태종 승과에서 합격하였으며,[77] 의징(義澄)은 여주 고달사에 주석

새로운 분위기를 쇄신하였다는 시각이 중요하다.
71) 본문에서 후술하는 바와 같이 만의사는 조계종단과 분규가 일기도 하였지만 신조 등 천태종 고승들이 만의사에 주석하고 국가를 위한 법회를 크게 열면서 고려말 천태종의 대표적인 사찰로 부각되었다. 황인규,「趙仁規家門과 水原 萬義寺」,『水原文化史硏究』2, 1998. ; 황인규,『고려후기 조선초 불교사연구』, 혜안, 2003.
72) 원천석,「天台演禪者將赴叢林 自覺林寺來過余 觀其語默動靜 甚是不凡 雖當釋苑晩秋 將是以復興其道 臨別需語 泚筆以贐行云」,『耘谷行錄』卷5, 詩.
73) 약언(約言)은 유인수(柳仁修)의 둘째 아들로 천태판사(天台判事)에 오른 천태종 고승이다. 그의 형이 바로 조계종의 졸암연온(拙菴衍溫, ?~1358)이다. 연온은 유경(柳敬, 1211~1289)의 증손이자 유청(柳靖)의 아우이며 이존비(李尊庇, ?~1287)의 외손이었다(이색,「勝蓮寺記」,『목은문고』권1, 기). 황인규,「여말선초 천태종승의 동향」참조.
74) 원천석,「送天台達義禪者赴叢林」,『耘谷行錄』卷3, 詩.
75) 贾志道,「元重修華嚴堂經本記」,『重修华严堂经本记』. ; 王昶,『金石萃編未刻稿』, 羅氏, 1918, '補寫經板高麗天台宗沙門 達牧.' ; 박현규,「高麗 慧月이 보수한 房山石經山石經 답사기」,『동북아 문화연구』6, 2004.
76) 李穡,「無隱菴記」,『목은문고』권5, 기(『동문선』권75, 記).
77) 이색,「原州釋敬田 中天台選 歸其鄕 求詩」,『목은시고』권24, 詩. "雉岳山中出 天台山下游 隨風又歸去 渺渺白雲秋."

하였다.[78]

하지만 여말선초 천태종계에서 주요 고승은 후술하는 조인규 가문 출신이거나 관련이 있는 고승들이다. 이러한 사실에 대하여 이미 필자가 논구한 것처럼,[79] 공민왕대 이후의 고려말 천태종계는 조인규 가문 출신 혹은 관계되는 승려들이 주도하였다. 즉, 의선의 제자 천태종사(天台宗事) 희암(熙菴)과 천태판사복리군(天台判事福利君) 나암원공(懶菴元公), 천태도대선사(天台都大禪師) 요원(了圓), 봉복군(奉福君) 신조(神照), 대천태종사(大天台宗師) 현견(玄見),[80] 선교통섭(禪敎統攝) 공암조구(空庵祖丘) 등이다.

의선의 문도 희암[81]은 공민왕의 측근 승려로 대사도(大司徒)에 책호되었으며, 우왕대 판천태종사(判天台宗事)였다.[82] 나암원공[83]도 천태판사와 '복리군'이라는 호를 책봉 받았으며,[84] 나암원공의 제자인 듯한

---

78) 원천석, 「奉寄高達寺李大禪師(義澄)」, 『耘谷行錄』卷3, 詩. "回首逢看慧目山 一堆蒼翠白雲間 就中知有天台老 贏得强剛百歲閑." 의징과, 태고보우의 상수제자 상총은 전의 이씨 가문 출신이다. 全義禮安李氏大同譜 刊行委員會, 『全義禮安李氏族譜』 1-1, 大田: 農經出版社, 1979. ; 전의 이씨 화수회, 『全義李氏姓譜』上(1630년 판본, 1634년 간행), 文化柳氏宗親會, 『文化柳氏嘉靖譜』 46, p.48. ; 황인규, 「여말선초 천태종승의 동향」, 『천태학연구』 11(2008). ; 황인규, 『고려시대 불교계와 불교문화』(국학자료원, 2011), p.323.
79) 여말선초 천태종 고승들에 관련해서는 필자가 이미 「여말선초 천태종승의 동향」(2008) 등 여러 논고에서 서술한 바 있다. 본 논문에서는 천태종단의 운용과 동향이라는 시각에서 재정리하여 논지를 전개하였음을 밝혀 둔다.
80) 현견(玄見)은 대천태종사(大天台宗師)로서 수원 만의사에서 신조와 더불어 국가를 위한 법회를 주관한 사실 외에는 찾아지지 않는다.
81) 기문에 의하면, 희암(熙菴)은 성이 조씨였으며, 대사도(大司徒)였다. 李穡, 「大司徒趙公見和復用前韻」, 『牧隱詩藁』卷26. ; 李穡, 「題西山靈巖寺寺僧鄕人」, 『稼亭文藁』卷16. ; 李穡, 「寄靈巖寺堂頭」, 『牧隱文藁』卷31.
82) 韓脩, 「次牧隱詩韻奉呈熙菴大司徒」, 『柳巷詩集』. ; 李穡, 「大司徒趙公見和復用前韻」, 『牧隱詩藁』卷26.
83) 李穡, 「柳港門生開酒 賀公重配簽書也…」, 『牧隱詩藁』卷20.
84) 李穡, 「昨謁天台懶殘子 凡上有筆新奮五六技…」, 『牧隱詩藁』卷19.

요원은 천태도대선사에 올랐다.[85] 신조는 정오 이후 용암사와 용화사의 주지를 하였으며, 공민왕의 측근세력으로 조계종의 나옹혜근이 공부선(功夫選) 주맹시와[86] 전 불교계 고승이 회합한 1383년 신륵사 대장각 중수시에 천태종 대표로 참가하였다.[87] 1388년(우왕 14) 위화도 회군시 이성계의 참모였으며,[88] 1392년 2월에 21일간 수원 만의사에서 대천태종사(大天台宗師) 국일도대선사(國一都大禪師) 현견(玄見)과 함께 전국 천태종계 고승이 참여하는 대법회를 개최하였다.[89] 조구도 우왕대 '선교통섭(禪敎統攝) 국일도대선사(國一都大禪師)'[90]로서 신조와 함께 천태종을 주도하면서 영원사와 불은사의 주지에 재임하였으며, 조선 건국초인 1394년(태조 3)에 마지막 국사로 책봉되었으나, 1395년 11월에 입적하였다.[91]

---

85) 李穡,「柳港門生開酒賀公重拜簽書也…」,『牧隱詩藁』卷20. ; 韓脩,「書懷寄呈都大禪師了圓」,『柳港詩集』. ; 양은용,「고려 요원찬 법화영험전의 연구」,『김삼룡박사화갑기념 한국문화와 원불교사상』, 원광대출판부, 1995.
86) 覺宏,「懶翁和尙行狀」,『懶翁和尙語錄』(韓佛全6). 혼수(混修)는 혜근(慧勤)이 주관한 공부선(功夫選)에 참여하여 유일하게 답을 함으로써 혜근에게 인정받은 사실이 있다.
87) 李崇仁,「神勒寺大藏閣記」,『韓國金石全文』中世下 음기. "國師 王師 內願堂 覺雲 判天台□□ □□□□□□□ ○□昇 都僧統 惠澄 宗林 奉福君 神照大禪師 紹元大禪師 尙聰 大禪師 □□ 淸溪寺 自超 淸溪寺 祖禪, 禪師 宏如, 浮石寺 敬南…." 황인규,「여말선초 선승들과 불교계의 동향」,『백련불교논집』9(1999). ; 황인규,「여말선초 천태종승의 동향」(2008).
88)『고려사절요』권30, 우왕 3년 9월. ;『태조실록』권1 총서. ;『고려사』권45,「공양왕세가」공양왕 2년 임인. 신조가 받은 봉국군이라는 책호는 '정진(鄭津) 원종공신(原從功臣) 녹권(錄券) 공신명단(功臣名單)에 나타나고 있다.
89) 權近,「水原萬義寺祝上華嚴法華法會衆目記」,『陽村集』卷12(『동문선』권78 記). 신조는 승려로서는 유일하게 공신으로 책봉을 받았으며(박천식,「조선 건국의 정치세력연구」하,『전북사학』9, p.75) 수원에서 입적하였다. 鄭斗卿(1597~1673),「禪華堂大師碑文」,『東溟集』卷16, 碑碣. "만의사에는 6基의 부도가 있었는데, 첫 번째 부도는 고려 말의 선사인 奉利君 神照의 부도이며, 대사에 이르러서 7기가 되었다."
90) 남권희,「흥덕사로 찍은 "慈悲道場懺法集解"의 撰者와 刊行에 관한 고찰」,『서지학보』7(1991), pp.25-27.
91)『태조실록』권8, 4년(1395) 11월 14일(갑술). ;『태조실록』권6, 3년(1394) 9월 8일(을사). ;

이상에서 살펴 본 바와 같이 천태종은 원의 세력이 퇴조되면서 고려말에 이르러 조계종과 화엄종 등과 함께 불교계의 선각자들이 등장하여 새로운 바람을 일으켜 부상하였다. 그것은 필자가 강조한 바 있지만, 의선의 제자[92]인 나암원공이 천태지자의 천태소(天台疏)를 중시하였다거나[93] 나암의 제자인 휴상인(休上人)[94]과 판천태종사(判天台宗師) 요원도 법화계 경전류를 간행하였다.[95] 그리고 신조가 화엄삼매참도량(華嚴三昧懺道場)을 주관하고, 조구가 『자비도량참법』을 풀이하여 간행하였던 사실에서 알 수 있다.[96]

이렇듯 조인규 가문 출신이나 관련이 있는 천태종 고승들은 백련사의 결사정신을 내세우면서 묘련사파와는 사상적 차이를 드러냈으며, 결국 천태종은 국청사의 기존 천태종과, 친원적인 묘련사파(소자종[疏字宗])와 백련사의 결사정신을 표방하는 백련사파(법사종[法事宗])로 분열되었던 것이다.[97] 실록의 "천태의 소자종과 법사종을 합하여

『태조실록』 권7, 4년(1395) 1월 27일(임술). ; 『세종실록』 「지리지」, 담양도호부.
92) 李穡, 「柳港門生開酒 賀公重配簽書也…」, 『牧隱詩藁』 卷20.
93) 李穡, 「昨謁天台懶殘子 凡上有筆新舊五六技…」, 『牧隱詩藁』 卷19.
94) 李穡, 「昨謁天台懶殘子 凡上有筆新舊五六技…」, 『牧隱詩藁』 卷19. ; 李穡, 「贈休上人」, 『牧隱詩藁』 卷8.
95) 祇林寺 소장 발문. "宣光 七年 丁巳十月 … 靈嵓寺住持禪師妙慧謹識, 同願 判天台宗師 龍巖寺住持 忍演妙普濟大禪師 了圓." ; 남권희, 「13세기 천태종 관련 고려불경 3종의 서지적 고찰」, 『서지학보』 19(1997), p.30 재인용.
96) 남권희, 「흥덕사로 적은 "慈悲道場懺法集解"의 撰者와 刊行에 관한 고찰」(1991), p.25. "禪敎統攝前瑩原寺兼佛恩寺敬奉遺敎 修學玄義 國一都大禪師空菴和尙祖丘撰集幷書."
97) 그간의 여말선초 천태종의 분파에 관련한 주요 견해를 소개하면 다음과 같다. 이능화는 교웅(敎雄)이 밝힌 경론에서 소자종(疏字宗)이 기원하며, 1092년(선종 9) 건불사(見佛寺)에 개설된 법화예참법과 요세의 백련사에서 법사종(法事宗)이 원류하고 있다고 한다(이능화, 『조선불교통사』, 하, p.316). 이를 김영수와 이종익이 추종하였다. 그에 반하여 고익진은 지자(智者)의 천태소를 의지한 소자종과 계환해(戒環解)『법화경』이 채택된 백련사의 법사종에서 그 원류를 찾아야 한다고 하였다(고익진, 「法華經戒環解의 盛行來歷考」, 『불교학보』 12, 1975, p.9. ; 고익진, 「백련사의

43개 사찰을 남겼다."⁹⁸⁾는 기록이 바로 그것이다.⁹⁹⁾ 천태종은 조선초인 1406년(태종 6) 태종의 불교개혁시 다시 천태종으로 통합되었다가 1426년(세종 6) 선교양종 개혁시 선종으로 통폐합되었다.¹⁰⁰⁾ 이미 세종대 불교개혁 직전인 1419년(세종 1) 태조의 진전이었던 개성 숭효사가 천태종계 사찰로 지정되기도 하였으며,¹⁰¹⁾ 무학자초와 관계가 깊은 석왕사는 천태종 별사(別社)였으며,¹⁰²⁾ 태조와 태종의 인연이 깊은 각림사 등도 천태종계 사찰이었다.¹⁰³⁾ 하지만 실록에 보이듯이 1420년(세종 2) 무렵에 이미 자은종(유가종)과 더불어 성 안에는 천태종 사찰이 없었다고 한다.¹⁰⁴⁾ 1423년(세종 5) 조계종과 더불어 천태종에서도 승과(식년시[式年試])가 실시되었지만¹⁰⁵⁾ 그 이듬해 선종에 흡수되었던 것이다.

이러한 종단의 상황에서도 판선종사사(判禪宗事事) 중호(中皓)와 천태종사(天台宗師) 행호(行乎) 등은 천태종계를 중흥하고자 노력하였다.

사상전통과 천책의 저술문제」, 『고려후기 불교전개사연구』, p.199). ; 황인규, 「고려후기 백련사 결사정신의 계승과 변질」, 『백련불교논집』 10(2000). 필자는 국청사의 천태종과, 친원적인 묘련사파의 소자종과 백련사파의 법사종으로 분파된 것으로 이해하고 있다.

98) 『태종실록』 권11, 태종 6년 3월 27일(정사). "天台疏字法事宗合留四十三寺."
99) 고려말 불교 종파를 11종파로 보는 견해도 있으나(金映遂, 「五教兩宗에 대하야」, 『진단학보』 8, 1937. ; 고익진, 「法華經戒環解의 盛行來歷考」, p.9) 성현(成俔)이 남긴 기록(成俔, 『慵齋叢話』 卷8. "置十二宗 以掌釋教 僧多有封君辟除者 至我太宗革十二宗只置兩宗 盡革寺社之田 然遺風未珍.")에서 알 수 있듯이 12종파였다고 보아야 옳을 것이다. ; 허흥식, 「무외정오의 사업과 계승」, 『대련이영자박사 화갑논총 천태사상과 동양문화』(1997), p.62.
100) 『세종실록』 권24, 6년(1424) 4월 5일(경술).
101) 『세종실록』 권4, 1년(1419) 5월 22일(병인).
102) 『세종실록』 「지리지」, 함길도 안변도호부 석왕사.
103) 『태종실록』 권20, 10년(1410) 12월 20일(임자).
104) 『세종실록』 권7, 2년(1420) 1월 26일(을축).
105) 『세종실록』 권19, 5년(1423) 3월 16일(정유). "禮曹啓 今式年曹溪宗 天台宗抄選 以三月二十日爲始."

중호는 천태종의 중심도량 가운데 하나였던 각림사 주지로 재임하였으며, 1425년(세종 7) 무렵에 판선종사사로서 선종계를 주도하였다.[106] 그리고 행호는 1418년(태종 18) 성녕대군(誠寧大君, 1405~1418)의 능침사찰 대자암(大慈庵)의 주지에 재임하였다가,[107] 세종대 천태종사(天台宗師)로서 선종 도회소인 흥천사의 주지를 하면서 선종계를 주도하였다.[108] 특히 행호는 결사도량의 본산이었던 강진 백련사를 중창하는 등 조선초 천태종계를 중흥시키고자 노력하였으나 끝내 선종계 범주에 머물고 말았다.

4. 나가는 말

이상으로 고려중기 천태종의 창종 이후 조선초 통합에 이르기까지 종단의 존재양상의 추이 및 동향에 대하여 살펴보았다. 이를 좀 더 구체적으로 상술하면 다음과 같다.

의천이 '고려 천태종'을 창종하여 그의 문도들에 의하여 승과가 실시되어 고승이 배출되는 등 창종 이후는 물론이고 사후에도 국청사

---

106) 조선총독부,『조선사찰사료』상, pp.179-181. ; 허흥식,「14-15세기 정토사의 고문서」,『한국의 고문서』(민음사, 1988). ;『세종실록』권27, 세종 7년(1425) 1월 25일(병신). ;『세종실록』권31, 세종 8년(1426) 3월 9일(계묘). ;『세종실록』권31, 세종 8년(1426) 3월 9일(계묘). ;『세종실록』권32, 세종 8년(1426) 5월 5일(무술). ;『세종실록』권32, 세종 8년(1426) 6월 6일(무진).
107)『태종실록』권35, 태종 18년 5월 11일(경신).
108)『세종실록』권85, 세종 21년 4월 18일(을미). ; 황인규,「조선전기 천태고승 행호와 불교계」,『한국불교학』35(2003). ; 황인규,『고려말 조선전기 불교계와 고승연구』(2005).

를 중심으로 종단이 운용되었으며, 무신집권기 초에도 승과가 실시되고 개경 일대에도 결사가 전개되었다. 그 후 지방 강진 백련사 결사도량이 종단의 중심을 이루면서 확대 전개되었다. 원 간섭기 후반 백련사 고승들이 개경 묘련사에 진출하면서 다시 종단은 개경을 중심으로 전개되었다. 즉, 정조이안(靜照而安)은 석교도총섭(釋敎都摠攝)으로서 불교계를 주도하였으며, 원혜와 정오 등이 왕사 및 국통으로 책봉되면서 불교계를 대표하였다. 특히 정오는 '선교각종산문도반총섭조제(禪敎各宗山門道伴摠攝調提)'로서 불교계를 주도하면서 국청사 본산을 중심으로 지방의 사찰을 중창하였는데, 이는 국청사를 중심으로 하는 천태종단의 중흥을 모색한 것이라고 생각된다.

원 간섭기 후반 이후 친원적인 묘련사를 중창한 조인규 가문 출신 의선은 천태종뿐만 아니라 불교계에서 매우 드물게 삼장법사 자은군(慈恩君)으로 책호를 받았으며, 묘련사 중심의 종단이 운용되었던 듯하다.

하지만 원의 간섭에서 벗어나고자 했던 공민왕대와 그 이후 의선의 문도나 관련 천태종 고승인 천태종사(天台宗事) 희암(熙菴)과 천태판사복리군(天台判事福利君) 나암원공(懶菴元公), 천태도대선사(天台都大禪師) 요원(了圓), 봉복군(奉福君) 신조(神照), 대천태종사(大天台宗師) 현견(玄見), 선교통섭(禪敎統攝) 공암조구(空庵祖丘) 등이 불교계를 주도하였다. 이러한 천태종계 고승의 동향은 여말선초에 다시 부상하는 4대 종파의 부상과 함께 하는 것이며, 친원적인 묘련사파와는 달리 강진 백련사의 결사정신을 되살리려는 움직임이었다.

특히 신조는 천태종단을 대표로 활동하였으며, 위화도 회군시 이

성계의 군사참모로서 참여하였다. 대천태종사 현견 등 전 천태종단 고승들이 수원 만의사에서 종단의 결속을 모색한 듯하다. 이는 백련사의 결사정신을 되살리고자 한 것이며, 이러한 상황의 전개에서 종단은 기존의 천태종과 중앙의 묘련사파의 소자종과 백련사계의 법사종으로 분파되었던 듯하다.

조선 건국 직후 공암조구가 1394년(태조 3)에 국사로 책봉되어 조계종과 더불어 불교계를 잠시 주도하였지만 태종과 세종의 불교탄압시책으로 분파된 천태종은 다시 통합되었다가 조계종으로 흡수되었다. 그러한 가운데 판선종사사(判禪宗事事) 중호와 천태종사(天台宗師) 행호가 천태종계를 주도하였으며, 특히 행호는 백련결사의 본산이었던 강진 백련사를 중창하여 천태종을 중흥하고자 하였다.

제4부 한국 천태법화신행의 전개

한국불교사에 나타난 법화회(法華會)의 통시적 특징 : 법회인가, 결사인가?[1]

김성순

1. 서론

『법화경』에서는 삼승(三乘)의 사람들을 모두 방편으로 이끌어 성불하게 하는 일승의 가르침을 표명한다. 『법화경』의 회삼귀일 사상은 일심삼관(一心三觀)의 천태교의로 전개된다. 또한 『법화경』에는 보현행원 외에 관음보살의 영험한 종교적 힘을 믿는 보살신앙도 포섭하고 있으며, 사후왕생과 망자의 천도를 기원하는 정토신앙의 성격 역시 풍부하게 담고 있다. 『법화경』 신앙을 실천하는 수행법, 즉 법화신행은 『법화경』을 서사, 독송, 수지, 전독, 해설하는 경전 관련 신행이 있으며, 경전에서 설한 관음보살이나 보현보살이나 아미타불을 염불하거나, 참회 등을 통해 정토왕생을 기원하는 신행도 포함된다.[2]

---

[1] 이 논문은 2007년 한국정부(교육과학기술부)의 재원에 의하여 한국연구재단의 지원을 받아 연구되었음(NRF-2007-361-AM0046)

본 논문에서 제시하는 법화회는 『법화경』을 강설하는 청강법회의 의미에서 더 나아가 『법화경』 자체가 갖는 종교적 힘을 믿는 법화신행을 실천하는 모임이기도 하다. 법화회는 경전명에 회(會)를 붙인 것으로 시기나 그 법회의 규모에 따라 동일 경전명의 법화도량(法華道場)이나, 법화 법석(法席) 등의 다른 명칭으로 나타나는 것을 볼 수 있지만 현재까지 접근 가능한 기록으로는 법화재(法華齋)로 표현되는 경우는 없었다. 또한 회(會), 법회(法會), 재(齋)라는 명칭이 붙은 행사들이 대부분 사찰에서 개최되었던 것에서 미루어 볼 때[3] 법화회 역시 사찰에서 설행되었을 것으로 보인다.

본 논문의 기획은 과연 이러한 법화회가 단순히 경전명을 붙인 법회인가, 아니면 지도자 승려와 신도가 함께 신앙을 실천하는 결사인가 하는 의문에 대한 답을 찾아보려는 동기에서 시작했다. 이를 위해서는 먼저 결사란 무엇인가에 대한 정의가 선행되어야 할 것이다.

이 논문에서 정의하는 불교결사란 종교적 지향, 즉 동일한 불교신앙을 공유하는 이들끼리 실천의 약속을 맺고, 주기적인 집회를 통해 수행을 함께하는 신앙공동체를 말한다. 결사는 일종의 약속을 그 모임의 근본으로 하기 때문에 기청(起請), 회약(會約), 규약, 회규, 원문(願文) 등의 형태로 공식적인 공동결의문이 있게 마련이다. 나아가 결사는 적어도 한 사람 이상으로 구성되는 '다수성'과 실천적 '통일성'을 전제로 한다. 또한 결사는 반복적이고 정기적인 회합을 전제로 하기

---

2) 김영미, 「고려 후기 "법화경" 영험담 유포와 그 의의 : "海東法華傳弘錄"을 중심으로」, 『이화사학연구』 제45집(2012), p.108.
3) 안지원, 『고려의 국가 불교의례와 문화』(서울대출판부, 2005), p.10.

때문에 가입과 탈퇴에 일정한 기준과 제약이 필요하다. 다시 말해, 결사는 회합과 실천을 함께 한다는 약속을 바탕으로 하기 때문에 구성원 상호간의 친목과 상호부조 역시 부수적으로 요구되며, 정기적인 회합을 위한 물질적 출자 역시 필요하다.[4]

본 논문에서는 한국불교사에서 나타나는 법화회의 신행[5]과 그 운영방식에서 과연 위에서 서술한 결사로서의 요소가 있는지, 아니면 단지 『법화경』을 소의로 하는 법회로서의 성격만을 갖는지에 대해 집중적으로 들여다보게 될 것이다.

이제까지 '법화회'라는 단일 주제로 서술된 선행연구는 없으나, 김영태의 논문[6]과 박광연의 연구[7]에서 법화회의 역사적 전개에 관한 단초를 구할 수 있었다. 이기운은 조선 중기 법화회의 한 단면을 짐작해볼 수 있는 연구를 내놓았으며,[8] 그밖에 이봉춘,[9] 이효원,[10] 김두진[11]의 논문에서는 법화신앙에서 중요한 부분을 차지하는 관음신앙에 대해 소개하고 있다. 특히 이효원의 논문에서 다루고 있는 관음신앙결사인 감로법회의 경우는 『법화경』을 소의로 하고 있다는 점에서 법화회의 결사적 성격을 방증해주는 연구라 할 수 있을 것이다.

---

4) 김성순, 『동아시아 염불결사의 연구 : 천태교단을 중심으로』(비움과 소통, 2014), p.14.
5) 본 논문에서 사용하는 '신행'의 개념은 '신앙을 바탕으로 실천하는 수행(praxis)'이며, 본문 안에서 문맥에 따라 신앙 혹은 실천의 용어로 대체되기도 한다.
6) 김영태, 「법화신앙의 전래와 그 전개 : 삼국·신라시대」, 『한국불교학』 3집, 1977.
7) 박광연, 『신라 법화사상사 연구』, 혜안, 2013.
8) 이기운, 「서산대사 휴정의 법화경 수용과 신행」, 『韓國禪學』 제15호, 2006.
9) 이봉춘, 「조선시대의 관음신앙」, 『한국관음신앙연구』, 동국대학교불교문화연구원 편, 1988.
10) 이효원, 「보살관음의 한국적 변용과정 : 신앙의 영험화를 중심으로」, 『文學 史學 哲學』 제20호, 2010.
11) 김두진, 「고려전기 법화사상의 변화」, 『한국사상과 문화』 제21집, 2003.

법화회에 관한 문헌이나 관련 자료가 많지 않기 때문에 본 논문은 특정 시대를 제한하지 않고 삼국시대에서 근대 시기까지의 법화회를 통시적으로 들여다보고, 그 보편적인 맥락을 읽어내는 방식으로 진행하고자 한다. 한국불교사 안에서 실천된 법화회가 일종의 '결사'적 성격을 가지고 있었을 가능성을 추적해보고, 나아가 그러한 가능성이 구체적으로 발현되는 현상을 확인해보고자 하는 이 작업은 화엄회나 반야회와 같은 유사한 법회에 대해서도 적용해 볼 수 있는 시험적 모델이 될 수 있으리라 생각한다.

2. 한국불교사에 나타난 법화회의 양상

　한국의 법화신앙을 역사적으로 살펴보면 현재 문헌에서 접할 수 있는 가장 이른 사례로 5세기 말에서 6세기 초에 활동했던 백제 구법승 발정(發正)을 들 수 있다. 발정은 양(梁) 천감(天監) 연간(502~519)에 중국에 들어가 30여 년간 수학하고 대동(大同) 연간(535~546)에 귀국했다. 그와 법화신앙 간의 뚜렷한 연관성은 보이지 않지만 그의 전기에 『법화경』 독송의 공덕을 강조한 영험을 직접 목도했다는 기록이 있어 그의 행적과 일정 부분 관련이 있을 가능성을 짐작케 한다.[12]

　또한 남악혜사(南岳慧思, 515~577)에게서 법화안락행의 가르침을 받은 백제의 현광(玄光)이 웅주(공주)로 돌아와 옹산(翁山)에 절을 짓고 법

---

12) 傅亮, 『觀世音應驗記』, 「百濟沙門發正」 고도서, 子部, 釋家類(국사편찬위원회 한국사DB http://db.history.go.kr/url.jsp?ID=ko_040_0010_0010)

화삼매로 대중을 교화했다는 기록도 전한다.[13] 현광의 스승이었던 혜사는 남북조시대의 혼란한 정치현실과 6세기 중반 북조불교계 안에서의 개인적인 체험으로 말법시대 의식을 갖게 된다. 혜사는 난세에 처해있는 법화보살들의 실천의식과 수행을 강조한 『법화경』 「안락행품(安樂行品)」을 기초로 한 『법화안락행의(法華安樂行儀)』를 저술했으며, 이러한 혜사의 사상적 경향은 제자였던 현광에게도 전수되었으리라 생각된다.[14]

백제의 법화신앙에서 현광과 더불어 자주 언급되는 이가 바로 혜현(惠現)이다. 『삼국유사』 권5 피은(避隱) 8, 「혜현구정(惠現求靜)」 조에는 혜현의 『법화경』 신행과 관련하여 다음과 같은 기록이 나온다.

> 석혜현(釋惠現)은 백제인이니, 어려서 출가하여 마음을 굳게 먹고 뜻을 오로지하여 『법화경』을 독송하는 것을 업(業)으로 삼고, 복을 구하여 영험이 실로 많았다. 겸하여 삼론을 전공하여 오묘한 맛을 알게 되어 신명에 통했다. 처음에 북부 수덕사에 거주하여 제자 무리가 있으면 강론을 하고, 없으면 송경을 하였으므로 사방 먼 곳에서 그 풍도를 흠모하여 집 밖에까지 신발이 가득할 정도로 찾아오는 이가 많았다.[15]

인용문에서 보이는 "집 밖에까지 신발이 가득할 정도로" 모이는

---

13) 현광의 행적에 대해서는 『宋高僧傳』과 『佛祖統記』 등에 간략하게 기록되어 있다. "大建中, 南岳 思禪師, 爲海東玄光法師, 說法華安樂行. 歸國演敎, 爲高麗東國傳敎之始."(大正藏49, p.247c)
14) 길기태, 「백제 사비시기 법화신앙」, 『대구사학』 제80집(2005), p.10.
15) 『삼국유사』 권5 피은 8, 「惠現求靜」.

사람이 많았던 혜현의 『법화경』 강경 집회가 바로 법화회의 초기 형태라고 볼 수 있을 것이다. 하지만 현광이나 혜현 두 사람에 대한 기록에서 법화회라는 특정의식 또는 법회의 이름이 구체적으로 거론되지는 않는다.[16]

『삼국유사』권5 피은(避隱) 8, 「낭지승운보현수(朗智乘雲普賢樹)」조에는 신라시대 법화신앙과 법화회의 한 단면이 드러나기도 한다. 또한 『삼국유사』권5 피은 8, 「연회도명문수첩(緣會逃名文殊岾)」조에서는 원성왕대(785~799)의 고승 연회(緣會)가 영취산에 은거하면서 언제나 『법화경』을 독송하고 보현관행(普賢觀行)을 닦아서 국사로 추대되기까지 했던 상황을 묘사하고 있다.[17] 보현관행이나 『법화경』 독송이 행해지는 보현도량은 곧 법화삼매도량을 가리킨다.[18]

이러한 낭지에서 연회, 현광에 이르는 시대인 법흥왕 15년(527)부터 문무왕 원년(661)까지를 신라 법화신앙의 초기로 보고, 원효에서부터 태현(太賢)까지의 시대(문무왕~경덕왕)를 연구기로, 연회 이후의 시대(원성왕~신라말)를 후기적 신앙(법회형식으로 강경을 하는 법화회)으로 구분하기도 한다.[19]

『삼국유사』권3, 「민장사(敏藏寺)」조에는 신라 경덕왕대에 가난한 여인 보개(寶開)가 관음보살의 가피를 입어 해상을 따라 나가 소식이

---

16) 발정이나 현광이나 혜현 등이 활동했던 때는 중국에 법화교학이 전해지기는 했지만 아직 혜사와 지의에 의해 천태교학으로 완비되기 이전이며, 서서히 체계화되는 시기라고 볼 수 있다.
17) 『삼국유사』권5, 피은 8, 「緣會逃名文殊岾」.
18) 이기운, 「동북아 삼국의 법화삼매 행법체계 연구」, 『동양철학연구』제70집, 2012, p.340.
19) 김영태, 「법화신앙의 전래와 그 전개 : 삼국·신라시대」, 『한국불교학』3집, 1977, p.45.

없는 아들 장춘(長春)이 무사히 돌아왔다는 기록이 전한다. 보개와 장춘은 이웃 마을의 남녀신도를 모아 금자『법화경』일부를 만들고 매년 3월에 법화도량을 열었다고 한다.[20] 이로 미루어 보건대, 늦어도 8세기 중엽이면 법화신앙이 신라사회 전 계층의 신앙으로 자리하게 되었으며, 법화회 역시 법화도량의 형태로 민간사회에 등장했음을 짐작해 볼 수 있다.

신라 경덕왕(景德王, ?~765)대에 이르면 기록상으로『법화경』사경이나 법화도량 등의 신행이 나타나는 것을 볼 수 있다. 중대에도『법화경』공덕을 강조하긴 하였지만 법화신앙이 가시적인 형태로 본격적으로 나타나는 것은 하대부터라고 볼 수 있다. 창림사(昌林寺)『법화경』석경의 조성이나, 오대산 서대에서의『법화경』독송에서는『법화경』신앙을 통한 극락왕생의 추구라는 공통점이 발견된다.[21]

신라 하대 9세기의 법화회의 모습을 명확하게 보여주는 자료는 역시 엔닌(圓仁)의『입당구법순례행기(入唐求法巡禮行記)』라고 할 수 있다.『입당구법순례행기』안에는 당 등주(登州) 문등현(文登縣) 적산촌(赤山村)에 세워졌던 신라인 사원인 법화원에서 거행된 불교의식에 관한 내용이 소상히 담겨있다. 엔닌은 개성(開城) 4년(839) 11월 22일 조에서 법화원의 상성의식, 즉 법회회에 관한 기록을 적고 있다.『입당구법순례행기』에서 발췌한 아래의 인용문을 보자.

---

20) 了圓,『法華靈驗傳』卷下(韓佛全6, p.569).
21) 박광연,『신라 법화사상사 연구』(혜안, 2013), p.252.

11월 16일. 적산원에서 『법화경』 강의를 시작했는데 내년 정월 보름까지가 기한이다. 주위의 여러 곳에서 온 승려들과 인연이 있는 시주들이 와서 참관하는데, … 남녀와 승려와 속인이 함께 절에 모여, 낮에는 강의를 듣고 밤에는 예불 참회를 하며, 불경과 차제(次第)를 들었다. 승려들이 모이는 숫자는 40명이다. 불경의 강의나 예불 참회는 신라의 풍속에 따른다. 다만 황혼과 새벽에 있는 두 차례의 예불 참회는 당나라의 풍속에 따르지만, 그 밖의 의식은 신라어로 한다.[22]

인용문에서 보듯이, 적산 법화원의 법화회는 강경과 예불 참회를 위주로 하여 매년 일정 시한을 정해두고 행해지는 법회 형식임을 알 수 있다. 11월 16일에 시작하여 이듬해 정월 보름까지 지속되는 것이라면 법화회는 두 달간 진행되는 것이라고 볼 수 있다. 인용문의 내용으로 보아 적산원의 승려뿐만 아니라, 주위의 여러 승려와 단월이 와서 함께 참여하는 승속연합의 형식이었음을 알 수 있다.

다음으로 『고려사』에서 유일하게 기록된 법화회는 1180년(명종 10) 6월에 거행된 것으로서, 행사의 배경이나 내용에 대해서는 언급하고 있지 않다. 9세기 신라시대에 세워진 적산 법화원의 법화회가 승속이 함께 참여하는 강경법회였다면 12세기 고려의 법화회는 왕명으로 거행되는 국가의식 형태의 재회라는 차이점이 있을 것이다. 또한 의식의 내용상의 차이점은 후자의 기록이 불충분한 까닭에 비교하기는 힘들다.

---

22) 圓仁, 『입당구법순례행기』, 신복룡 옮김(선인, 2007), pp.129-130.

14세기 충숙왕대에 활동했던 승려 요원(了圓)이 저술한 『법화영험전』에서 법화회와 관련된 내용들을 살펴보면 강경과 독송을 실천하되, 법회라기보다는 『법화경』 결사의 성격이 드러나는 것을 볼 수 있다.

첫 번째 사례는 퇴직한 관리들 40여 명이 송경(개경)의 보암사(寶岩寺)에서 법화사(法華社)를 결성한 것이다. 그들은 매월 육재일(六齋日)에 모여 『법화경』에 대한 문답을 통해 경전의 요의를 이해했으며, 매월 15일에는 음식을 마련하여 미타상에 공양하고 재를 지내고 밤새 수행하여 극락정토왕생을 기원했다고 한다.[23]

다음으로 고려 개경의 연화원(蓮花院)에서 성 남쪽에 사는 남성 신자들이 법화사를 결성하고 매달 육재일에 연화원에 모여서 『법화경』을 읽고 해설했던 것을 볼 수 있다.[24] 또한 고려 승려 지허(之虛)가 죽은 누이인 김식(金軾)의 2녀를 위해 법화도량을 개최했던 사례도 실려 있다.

하지만 조선시대로 넘어오게 되면서 법화회의 양상이 조금 달라지는 것을 볼 수 있다. 물론 조선 정부의 정책상 이전처럼 공식적으로 거대하고 화려한 국가의식으로서의 법화회를 거행하기도 힘들었겠지만 법회의 내용에서도 화엄회와 혼합되어 치러지는 사례들이 보인다.

조선 초기 수원 만의사(萬義寺)의 천태도량에서는 『법화경』을 강연하기에 앞서 화엄삼매참의(華嚴三昧懺儀)를 먼저 열었다.[25] 처음에는 화엄삼매참의로 시작하고, 이어서 『묘법연화경』 계환해를 강설했다

---

23) 了圓, 『法華靈驗傳』 卷下 (韓佛全6, p.569b).
24) 了圓, 『法華靈驗傳』 卷下 (韓佛全6, p.569b).
25) 權近, 「水原萬義寺祝上華嚴法華法會衆目記」 『동문선』 권78, 記.: 한국고전종합DB).

고 한다. 도량은 삼칠일간 계속되었는데 그 목적은 임금의 장수와 나라의 복을 빌어 중생을 제도하고 사물에 이롭게 하는 발원을 하는 데 있었다. 이는 고려전기의 천태도량에서 강조된 화엄관행의 전통이 고려후기 이후에도 계속 이어진 것이다.[26] 충렬왕 10월 12월 천태 사원인 묘련사에서 화엄법회가 1회 거행되었던 것도 천태법화신앙에서 화엄신앙을 흡수했던 경향이 반영된 것으로 보인다.[27]

조선시대 중후기에는 휴정과 그의 제자인 유정이 법화회의 족적을 잇고 있었는데, 이에 관한 자세한 서술은 후장에서 진행하기로 하겠다. 조선 말기 고종 9년(1872)에 이르러 결성되어 활동했던 묘련사결사 역시 『법화경』 근간의 관음신앙을 실천했다는 점에서 법화회의 한 변형으로 볼 수 있지 않을까 한다.[28] 묘련사결사, 즉 감로회(甘露會)의 경우에는 『법화경』 안에서 관음보살신앙과 연결되는 경문에 근거하여 관세음보살을 일심으로 칭명하는 염(念)을 통하여 해탈이 가능하다는 교의와 실천을 보여준다.[29] 아울러 묘련사결사로 인식되고 있는 감로회가 법화회의 성격을 규명하는 데에도 시사해주는 바가 있다고 하겠다.

한편 20세기에 활동했던 춘원 이광수(1892~1950)가 금강산 일대를

---

26) 김두진, 「고려전기 법화사상의 변화」, 『한국사상과 문화』 제21집(2003), p.273.
27) 김창현, 『고려의 불교와 상도 개경』(신서원, 2011), p.178.
28) 이봉춘은 묘련사 관음결사(감로법회)의 행적에 대해서는 결사의 기본 경전인 『제중감로(濟衆甘露)』에 나타나는 몇 가지 사실을 제외하면 거의 알려진 바가 없으며, 단지 당시 관음신앙을 통해 대중불교활동을 전개했다는 사실만을 알 수 있을 뿐이라고 말한다. 이봉춘, 「조선시대의 관음신앙」, 『한국관음신앙연구』(동국대학교불교문화연구원 편, 1988), pp.190-191.
29) 이효원, 「보살관음의 한국적 변용과정 : 신앙의 영험화를 중심으로」, 『文學 史學 哲學』 제20호(2010), p.74.

유람하고 나서 쓴 『금강산유기』에도 법화회에 관한 기록이 등장한다.

> 그날 저녁 후에 반야암(般若庵)을 찾으니, 마침 법화회(法華會)를 한다 하여 수십 승려가 각지에서 모였는데, 그 중에는 머리를 기른 거사도 두 명이나 있습니다. 공부하는 차림차림이 전혀 옛날식인 것이 무척 재미있습니다.[30]

인용문에서는 법화회의 내용에 대한 자세한 소개 없이 단지 '공부'라고만 되어 있는데, 아마도 동시대의 다른 법화회 관련 자료에 비추어 볼 때 『법화경』을 읽고 해설하는 강학 위주의 행사였으리라는 점을 짐작할 수 있다. 아래에 20세기 초에 〈불교회보〉 등지에 실렸던 불교포교당에서 개최하는 법화회의 광고를 보기로 하겠다.

> 「행촌교당법화회」
> 시내 행촌동 포교당에서는 3월 2일부터 법화회를 개최하야 2주일간을 계속한다는데 시간은 매일 오후 1시부터 3시까지오. 청사(請師)는 가릉(迦陵) 동호화상(東虎和尙)이라더라.[31]

> 「제주포교당의 법화교설」
> 지난 1월 15일부터 제주도 좌면 법화포교소에서는 『법화경』을 계속 설

---

30) 이광수, 『금강산유기』(실천문학사, 1998), p.184.
31) 『불교사(불교)』, 「불교휘보」 제58호(1929), p.84.

교하얏다는대 연래(年來)로 삼동결제(三冬結制)를 행하는 예(例)에 의하야 금년도 오리화(吳利化) 홍수암(洪秀庵) 양사의 알선으로써 이와가치 법화종지를 선양케 되엿슴으로 남녀신도가 구름가치 회집(會集)하엿다더라.[32]

위의 인용문 외에도 동시대에 각 포교당이 내걸었던 광고 문건들을 종합해보면 20세기 초의 한국불교 포교당이나 사원에서 열었던 법화회는 대부분 『법화경』 원문에 대한 해설이나 설법이며, 그 주체는 승려 혹은 포교사로서, 이전 시대처럼 법화회에 천도의식이나 법회 또는 신행결사로서의 성격은 거의 담겨있지 않다고 볼 수 있을 것이다.

3. 법화회에서 나타나는 신행의 특징

'『법화경』 신앙'이란 『법화경』의 내용뿐만 아니라 『법화경』 자체가 지닌 영험한 힘을 믿는 사경, 독송 등의 경전수지신앙을 가리킨다. 불교가 대중화되면서 서민대중의 현세적 소원을 충족시켜 주는 영험신앙과 함께 사후의 극락왕생을 기원하는 정토신앙도 함께 유행하게 된다. 이러한 사회 내에서의 종교적 경향으로 법화사상 안에서도 관음의 가피력에 의지하는 영험신앙[33]이 보급되었다. 고려 이전의

---

32) 『불교사(불교)』, 「종보」 제67호(1930), p.71.
33) 김두진은 관음보살에게 기도하여 영험력의 도움을 받게 되는 신앙형태를 '영험신앙'이라 명명하고 있는데, 이는 기본적으로 보살의 가피력을 믿는 '보살신앙'과 다르지 않은 것으로 생각된다.

법화신앙 내에 관법이 다소 나타났지만 대중적으로 부각되지는 않았고, 관음신앙에 근거하여 정토왕생을 추구했지만 법화삼매를 뚜렷하게 제시하지는 않았다.[34] 결국 신라 후대에는 법화사상 내에서의 관음신앙이 대중적 지지를 받았으며, 천태교학에 근거한 법화삼매의 관법이 사회에 파고들지는 않은 것으로 볼 수 있다. 이 장에서는 이러한 법화신앙의 요소들이 각각 법화회 안에서 구체적으로 실천되는 현상이나, 의식절차로 수용되는 모습, 참여자들의 구성, 그리고 법화회에서 어떤 기능과 의미를 담지하게 되는지를 살펴보고자 한다.

1) 사경과 경전수지

고려전기에 이르게 되면 법화신앙은 개인적인 발원과 더불어 금자(金字) 『법화경』을 조성하는 등의 형태로 나타난다. 또한 법화신앙의 신앙층도 서민들은 물론 권문세가 엘리트들에까지 두루 파급되었다. 또한 고려전기의 법화신앙은 사후 정토왕생신앙까지 포섭하는 모습을 보여준다. 고려전기의 법화도량은 『법화경』을 사경하여 봉안하는 형태로 나타났으며, 『법화경』 자체가 가지고 있는 영험력을 강조하게 된다.[35]

『법화경』의 사경법회는 많은 자원을 필요로 하는 데다, 사경 자체가 기본적으로 지식인이 아니면 안 되는 실천이기 때문에 재력이 있는 자연히 고관과 귀족 중심으로 운영되었다. 이는 이전의 신라시대

---

34) 김두진, 「고려전기 법화사상의 변화」, 『한국사상과 문화』 제21집(2003), p.252.
35) 김두진, 「고려전기 법화사상의 변화」, 『한국사상과 문화』 제21집(2003), p.258.

에서도 마찬가지였을 것으로 생각된다.

> 성남(城南)의 마을에 사는 청신사들이 법화결사를 조직하여 매월 육재일에 이곳 법화원에 같이 모여『법화경』을 읽기도 하고 강설하기도 하였다. 그러한 묘승(妙乘)에 의거하여 정토에 왕생한 자가 많기로는 보암사(寶岩社)와 더불어 서로 갑과 을이 되었다.[36]

인용문에서는 신도들이『법화경』을 독송하고 강경하는 법화결사를 결성하여 신행을 실천했던 모습을 서술하고 있다. 이러한『법화경』독송의 실천과 그에 따른 영험은 고려승 요원(了圓)이 저술한『법화영험전』의 주제이기도 하다.

김식의 아들이요 도인인 지허(之虛) 역시 늘『법화경』을 염송하였는데, 그의 누이가 임종하면서 자신을 위해 법화도량을 열어줄 것을 부탁했다. 이때 지허는 혈구사(穴口寺)에 머무르고 있다가 집에 와서 깨끗이 청소하고 7일 간 경사(經師)를 초청해서 육시(六時) 정진을 했다. 법화도량을 마치는 날, 그의 누이가 현몽하여 말하기를, "잠깐 사이에 경전 강설을 들은 것에 힘입어 '좋은 곳[勝處]'에 태어났다"고 하였다.[37] 앞의 영험담과의 차이는 전자가 뜻을 함께하는 신도들끼리의 법화결사신행이었다면, 후자는 개인적인 발원에 의해 설행한 법화도량, 즉 법회 형식을 빌어 법화신행을 실천했다는 점일 것이다.

---

36) 了圓,『法華靈驗傳』卷下(韓佛全6, p.569b).
37) 了圓,『法華靈驗傳』卷下(韓佛全6, p.569c).

고려시대에는 원묘요세(圓妙了世, 1163~1245)가 백련사를 열어 천태의 『법화삼매참의』를 실천했는데, 이 만덕산 백련사(白蓮社) 자체가 법화삼매를 중심 수행법으로 삼는 보현도량이었다고 할 수 있다. 고려후기 13세기에 결성되었던 백련사에서는 법화경 독송과 더불어 경전 사경과 배포의 실천이 주로 나타남을 볼 수 있다. 처음 백련사를 개창할 때부터 물질적인 지원을 했던 정화택주 역시 금자『법화경』을 사경하여 조성하게 했다.

요세의 백련사 결성에 기여한 주요 단월이기도 했던 최표(崔彪)와 관련한 법화영험담도 존재한다.

> 최표의 아들이 이웃 읍에 갔다가 갑자기 큰 벌레에 물려 해를 입었다. 최표가 지묵을 준비하고는 산인(山人)을 청하여 한 마음으로 『법화경』을 사경하게 하였다. 갑자기 파란새가 감응하여 경실(經室)에 들어왔는데, 그 모습이 매우 한가해 보였다. 이와 같이 하기를 세 번에 이르러 사경이 장차 끝나려 하였는데, 꿈에 죽은 아들이 고하기를 "사경의 힘으로 순선(純善)을 얻어 미장(美丈)한 천신(天身)을 이루었다"라고 하였다.[38]

인용문에 따르면 망인이 된 최표의 아들은 생부기 발원한 사경의 공덕으로 뛰어난 몸을 얻어 천상에 태어났다고 현몽하고 있다. 이러한 사경의 공덕에 대한 인식은 백련사의 수행론에도 반영되어 경전 독송과 사경, 간행, 배포를 적극적으로 구성원들에게 권장했던 점이

---

38) 了圓, 『法華靈驗傳』卷下(韓佛全6, p.569b).

눈에 띈다.[39]

나아가 고려시대에는 왕명을 받들어 민란을 토벌하기 위해 기병한 장수가 법화회에서 『법화경』의 힘을 입어 난이 순조롭게 진압되기를 기원하는 소를 올리는 모습도 볼 수 있다.[40]

한편 조선 건국 초, 태조는 공양왕 부자와 왕씨들을 몰살한 후 1394년 7월에 왕씨 일족의 명복을 빌기 위해 금자 『법화경』을 사경하고 이를 내전에서 전독하게 했다. 또한 『수륙의문(水陸儀文)』을 인행하여 사경한 『법화경』과 함께 견암사·관음굴·삼화사의 세 사찰에 하사한 후 이듬해 2월부터 수륙재를 설행하게 했다. 이러한 국행수륙재 역시 『법화경』을 사경하는 공덕으로 왕씨 일족의 천도를 기원하는 목적을 가진 의식으로서 법화회와 비슷한 의미를 갖는 것으로 볼 수 있을 것이다.

조선중기에는 법화의 교학적인 발전보다는 다양한 형태의 『법화경』 신행이 전개되는 변화가 나타난다. 세조때 간경도감에서 언해본 『묘법연화경』을 간행한 이후, 조선시대를 통틀어 136차례의 『법화경』 간행이 있었으며,[41] 법화도량 혹은 법화회에서 경전을 독송, 서사하고 예참하는 형태로 나타난다.

서산대사 휴정(休靜, 1520~1604)의 경우에는 출가 스승인 숭인장로(崇仁長老) 법조인 벽송지엄(碧松智嚴)이나 부용영관(芙蓉靈觀) 등 때문에

---

39) 백련사에서는 『법화경』 사경은 물론 부채와 같은 소지품에 『법화경』 구절을 적어 배포하는 형태로까지 확장되었던 것을 볼 수 있다. 김성순, 『동아시아 염불결사의 연구 : 천태교단을 중심으로』(비움과 소통, 2014), pp.304-305.
40) 『東國李相國集』 권제38. "道場齋醮疎祭文 東京招討兵馬所製 黃池院法華會文."(한국고전종합DB)
41) 박상국 편, 『全國寺刹所藏木板集』(문화재관리국, 1987), pp.472-475.

『법화경』을 접하게 되었으며, 각종 문헌에서 법화신행과 관련한 행적을 드러내고 있다. 휴정은 명종 7년(1552) 봄에 간행된 계환해본 『묘법연화경』의 발문을 쓰기도 했는데, 이 당시를 전후하여 간행된 『법화경』의 간기를 보면, 『법화경』의 유포에 관한 기원이나 왕실의 추선을 기원하는 내용들이 대부분이다.[42] 이처럼 왕실의 후원에 의한 것이든 개인의 발원이든 『법화경』의 사경이 이루어지는 장(場)으로서의 법화회의 기능을 생각해 볼 수 있을 것이다.

2) 강경과 독송

신라 하대에 들어서면서부터는 다양한 형태의 법화신앙이 나타난다. 우선 많은 『법화경』 독송 사례를 확인할 수 있다. 오대산 서대에서는 『법화경』 독송을 통해 아미타정토로 극락왕생을 기원하였고, 영취산의 연회(緣會)는 『법화경』을 독송하며 보현관행을 닦았다. 적산 법화원의 사례를 통해 볼 때 사찰에서는 정기적인 『법화경』 강경법회가 개최되었던 것으로 보인다. 뿐만 아니라 승려들이 민가를 돌아다니며 『법화경』을 독송하면서 교화활동을 펼치기도 하였다. 강경법회나 탁발승의 교화활동은 어떤 특정 계층이나 승려만을 대상으로 한 것이 아니었다. 『법화경』을 통한 교화활동으로 전 계층의 적극적인 참여를 유도하였다는 점에서 법화신앙은 신라 사회 불교의 토착

---

42) 하지만 휴정이 발문을 지은 경본은 현전하는 『법화경』 판각 목록인 『법화경전관목록』(동대 불교문화연구원)이나 『전국사찰소장목판집』(문화재관리국)에도 등재되어 있지 않아, 개인의 발원으로 소규모로 간행된 것임을 짐작해 볼 수 있다. 이기운, 「서산대사 휴정의 법화경 수용과 신행」, 『韓國禪學』 제15호(2006), p.154.

화에 기여한 바가 컸던 것으로 보인다.[43]

엔닌이 쓴 적산 법화원의 법화회 강경의식에서 특히 주목되는 점은 대중들이 한 목소리로 경전 제목을 외는 것과 송경하는 것이다.[44] 어떤 이는 책을 보고 어떤 이는 책을 보지 않는다고 했는데 대중이 경전 제목이나 경전을 염송했던 일은 강경의식과 일일강의식에서는 찾아볼 수 없었던 일이다. 신도 대중들이 함께 참여하는 강경의식에서는 경전 제목이나 특정 구절만을 반복하여 외는 것이 일반적이기 때문이다. 따라서 이는 기본적으로 강경의식에 참여했던 대중들이 경전독송이 가능한 수준이었음을 말해주기도 한다. 강경의식의 경우는 강사가 경 제목을 창하고 경문을 설명했고, 일일강의식에서는 도강이 경 제목만을 창하고, 강사가 경의 대의를 설했던 것으로 되어 있다.[45]

김문경은 선학들의 연구결과를 빌어 적산 법화원의 법화회를 신앙결사인 읍회(邑會)와 교화승인 읍사(邑師)와 연관시켜서 불교 대중화의 측면에서 바라보기도 한다.[46] 다시 말해 법화회를 남북조시대와 수당대에 특히 돈황지역에서 유행했던 이른바 사읍(社邑), 의읍(義邑), 읍사(邑社) 등의 형태가 반영된 신앙결사로 보고 있는 것이다.

『법화영험전』에 나타난 민간의 법화결사의 모습을 보면 『법화경』을 염송하는 형태로 이루어지는 경우가 많았음을 알 수 있다.

---

43) 박광연, 『신라 법화사상사 연구』(혜안, 2013), pp.251-252.
44) 圓仁, 『입당구법순례행기』, 신복룡 옮김(선인, 2007), p.133.
45) 김문경, 「적산 법화원의 불교의식 : 불교 대중화 과정의 一齣」, 『史學志』 제1집 (1967), p.52.
46) 김문경, 같은 글, p.54.

상주의 호장인 김의균은 늘 『법화경』을 즐겨 읽으면서 기로(耆老)와 소장(少壯)을 모집하여 두 무리로 나누었다. 매달 육재일에 기로들을 집으로 불러 『법화경』을 염송하였는데 염송을 마치면 다과로써 그들을 위로했고, 소장을 모집해서는 술로써 대접했다. 이리하여 소장에 속한 사람이 발심하여 술을 마시지 않으면 기로의 모임으로 옮기게 했다. 당시 사람들이 말하기를, 누구누구는 이미 술을 먹지 않은 법화도에 들었고, 누구는 아직도 술을 마시는 법화도에 속한다고 했다.[47]

인용문에서는 구성원의 발심의 기준을 술을 마시지 않는 것에 두고 있는 것으로 보아 지계(持戒) 수행을 중시했던 결사였음을 짐작해 볼 수 있다. 매월 육재일의 기일을 정하여 모여서 『법화경』을 염송하는 것을 주된 실천으로 하되, 수행의 진척 정도를 두 갈래로 차등을 두어 내부 구성원의 발심을 촉발시키는 기제로 삼았던 것으로 보인다.

유가종 지광국사(智光國師) 해린(海麟, 984~1070)이 덕종 때 궁궐에서 기우를 위해 『법화경』을 강독했으며, 정종 때에도 궁내에 초대받아 강연을 했다는 기록이 비문에 존재한다.[48] 또한 충렬왕대에는 공주의 치병을 위해 법화도량을 설행했던 사례도 보인다.[49] 이렇게 왕명으로 기행되는 국가의식으로서의 법화도량은 주로 기우를 위해 설행된 것임을 알 수 있다. 『법화경』이 갖고 있는 종교적 힘을 국가적 재난을

---

47) 了圓, 『法華靈驗傳』 卷下 (韓佛全6, p.569a).
48) 「원주법천사지광국사현묘탑비문(原州法天寺智光國師玄妙塔碑文)」에 보면 정종(靖宗)이 친서를 보내 지광국사를 궁내로 초대해서 『법화경』을 강연하게 한 기록이 나온다. "忽一旦, 宣許入內, 俾演蓮經." (가산지관 역주, 『한국고승비문』, 대한불교조계종 전통사상서간행위원회, 2011, pp.384-385.)
49) 『高麗史』 世家, 卷29, 忠烈王 8年(1282) 7월 4일.

소재하고 왕실의 치병에 사용하기 위해 설행했던 것이다. 한편 관음신앙 역시 『법화경』에 근거하는 경향이 강하므로 관음신앙과 관련된 의식까지 포함하면 법화도량의 사례가 더욱 증가할 것으로 생각된다.[50]

『법화경』의 사경과 독송, 강경의 실천은 경전의 힘과 공덕을 망자 천도에 회향하는 의식에서도 자주 발견된다.

> 여덟 권의 『법화경』은 여러 불경 중 가장 근본입니다. 일찍이 명하여 전질을 금자(金字)로 써 놓았는데 이는 죽은 아이의 명복을 빌기 위한 것이었습니다. … 이 37명의 정근(精勤)으로 백억신(百億身)을 감동시켜 자세히 살피게 해 주소서. 5일 동안 불경을 강론하여 다생(多生)의 허물을 깨끗이 씻어 내고, 육시(六時)의 맑은 염불 소리에 만겁(萬劫)의 혼미가 크게 열렸습니다.[51]

인용문의 법화회는 태종의 넷째 아들인 성녕대군(誠寧大君, 1405~1418)이 14세의 나이로 사망하자 그의 사후왕생을 위해 금자사경을 봉안하고 강경과 독송을 했던 일종의 왕실 추도의식이라고 할 수 있다. 중요한 점은 '공경대부와 사서인' 즉 신분고하를 막론하고 모든 사람들이 장례의식 중의 하나로 치르는 천도재회에서 『법화경』을 독송했다는 점이다. 이는 고려조의 유제가 아직 남아있는 조선초기의 상황이기 때문에 고려시대에도 역시 『법화경』 독송이 천도의식의 주요 절차였음을 보여주는 것이라고 하겠다. 이러한 천도의식과 『법화

---

50) 김창현, 『고려의 불교와 상도 개경』(신서원, 2011), p.296.
51) 卞季良, 「誠寧大君法華法席疏」(『東文選』 제113권).

경』독송의 연관성은 경전의 내용 곳곳에서 드러난다. 「보현보살권발품」 28에서는 『법화경』을 수지 독송하고 그 의미를 이해하는 이는 명이 다할 때에 불타가 손을 내밀어 삼악도에 빠지지 않고 바로 도솔천으로 가게 한다고 설하고 있어서 법화신앙결사에서 『법화경』 독송이 행해진 이유를 보여준다.[52]

조선 중기의 휴정(休靜, 1520~1604)이 경찬 법회에 참가하여 『법화경』을 독송했던 기록인 명적암(明寂庵)의 경찬소(慶讚疏)에는 다음과 같은 내용이 있다.

> 이에 기석도인(운수납자)을 부르고 예산상사(산중고덕)를 모아 삼단의 향찬을 설할 일곱 축 금문(金文, 『법화경』)을 외우니 종과 북은 산속에 울리고 풍번은 구름밖에 나부껴 영산회가 눈앞에 벌어졌는가 의심스럽고, 도솔궁이 인간에 옮겨졌는가 하고 놀랐습니다.[53]

인용문에서 운수납자와 산중고덕들을 불러 모아, 종과 북을 울리고 풍번을 나부끼는 의식절차를 이행하면서 『법화경』을 독송했다는 것은 바로 휴정이 주도하여 법화회를 설행했다는 것을 말해주고 있다. 휴정의 제자인 사명유정(泗溟惟政, 1544 1610) 역시 스승인 휴정으로부터 『법화경』을 배워 신행했으며, 심검당 낙성식에서 『법화경』을 독송하는 법화회를 베풀었다는 기록이 보인다.

---

52) 『妙法蓮華經』 「普賢菩薩勸發品」 28(大正藏9, p.61c). "若有人受持讀誦解其義, 是人命終爲千佛授手, 令不恐怖不墮惡趣, 卽往兜率天上彌勒菩薩所."
53) 휴정, 『청허당집』, 「明寂庵經讚疏」, 박경훈 옮김(동국대 역경원, 1987), p.313.

이에 제자들과 시주들은 정성껏 약간의 보배로운 음식을 갖추고 나서 낮에는 일승의 연경(蓮經)을 외고 밤에는 삼단(三壇)의 성한 모임을 베풀어 끝이 없는 공덕을 아래와 같이 비는 바입니다.[54]

인용문에 따르면 사명유정이 주체가 되어 설행한 법화회는 심검당 낙성식에서 베풀어진 것으로서 제자 승려들과 시주들, 속인 신도들이 함께 한 형식이었음을 알 수 있다. 여기서 말하는 '삼단(三壇)'이란 상단(上壇)·중단(中壇)·하단(下壇)을 말하는 것으로서, 법화회가 단에 공양을 올리는 영산재회의 형식으로 치러졌으며, 승려들이 『법화경』을 독송하고 재를 설하는 형식으로 공덕을 회향했음을 말해준다.

3) 참회의식과 정토왕생

법화회에서 중요한 의식절차 중의 하나인 참회의식, 즉 참법은 주로 법화삼매참법을 말하는 것으로 생각된다. 천태지의(天台智顗, 538~597)는 그의 스승 혜사(慧思, 515~577)의 원돈실상의 수행법에서 육근참회의 수행의례를 수용한 『법화삼매참의』를 저술하여 『마하지관』에서 사종삼매 중의 하나로 실천하게 된다. 지의의 『법화삼매참의』는 죄장의 소멸뿐만 아니라, 실상·관상염불의 실천, 나아가 정토왕생까지 지향하고 있으며, 바로 이 점에서 법화회의 의식이 망자천도의 기능과 의미를 담지하게 되는 것으로 생각된다.

---

54) 「覺林寺尋劍堂落成疏」, 『四溟堂大師集』 권6(韓佛全8, p.64b).

이러한 법화삼매참회수행법은 약 400여 년 뒤에 사명지례(四明知禮, 960~1028)로 이어져 삼종참법과 십승관법이 적용된 법화참법으로 전개되었다. 지례가 1021년에 저술한 『수참요지』에 따르면 법화삼매 행법은 3·7일 동안 주야 육시(六時)에 걸쳐 참회·권청·수희·회향·발원의 5회(悔)를 행하는 것이다.

지의 이후 중국의 천태교단에서는 사명지례의 경우처럼 관법과 참회법을 중심으로 약간의 변용을 보이게 된다. 지례와 거의 동시대 북송대 천태교단의 승려이자 결사의 지도자였던 자운준식(慈雲遵式, 964~1032) 역시 염불과 참회수행을 융합하여 간단하게 변용한 참법을 만들어 보급시켰다.[55] 이러한 변용과 재해석의 배경은 수행 역량의 층차가 다양한 대중이 모이는 결사의 수행법은 무엇보다도 간결하면서도 소의경전의 교의를 명확하게 담지할 수 있는 것이라야 했기 때문일 것으로 생각된다.

『삼국유사』 「대산오만진신(臺山五萬眞身)」 조에는 오대산의 다섯 봉우리마다 각기 다른 결사도량을 설치하고 경전독송과 예참을 실천했던 오대산결사에 대한 기록이 등장한다.

> 흰색 방향에 해당하는 서내(西臺) 남면에 미타방을 두고 무량수불 원상을 모시고 흰색 바탕에 무량수여래를 우두머리로 하는 1만 대세지보살을 그려야 한다. 승려 5인이 낮에는 7권 『법화경』을 읽고 밤에는 미타예참을 염송

---

55) 자운준식은 참회와 염불이 공존하는 일상수행법인 '신조십념법(晨朝十念法)'을 만들어 결사 구성원들에게 매일 새벽 실천하게 했다. 김성순, 『동아시아 염불결사의 연구 : 천태교단을 중심으로』(비움과 소통, 2014), p.163.

하며 수정사(水精社)라 이름하라.[56]

　　서대의 수정사에서 낮에는 『법화경』을 독송하고, 밤에는 미타예참을 행했다는 것으로 보아 법화삼매를 실천한 공덕을 정토왕생의 서원에 회향하는 결사였을 것으로 생각된다. 또한 엔닌이 목격한 당 오대산에서의 법화삼매 수행과 유사하고, 정토왕생을 지향하는 미타예참을 닦고 있는 것으로 볼 때 신라 하대의 것으로 볼 수 있을 것으로 생각된다. 오대산결사는 신라 하대에 이르러 경전독송 신행이 정착되어갔던 것을 보여준다는 점에서도 중요한 의미를 지니는 것으로 보인다.[57]

　　나아가 13세기 요세의 백련사도 정토왕생을 지향하여 법화삼매, 즉 법화참법을 실천하는 결사임을 최자(崔滋)의 「만덕산백련사원묘국사비명병서(萬德山白蓮社圓妙國師碑銘幷序)」를 통해 명확히 표명하고 있다. 요세가 임진년 여름 4월 8일에 처음 보현도량(백련사)을 설치하여 법화참을 수행하고 발심시킨 이가 천여 명이나 되었다고 한다.[58]

　　참고적으로 신라 하대 무렵의 일본에서는 엔닌(圓仁, 794~864)에 의해 중국의 『법화삼매참의』가 수입되어 참회법에 여러 작법의례가 부가되고, 정토사상이 결합된 형태의 『법화참법』이 만들어졌다. 엔닌은 중국으로 구법행을 하는 과정에서 적산의 신라 법화원에도 들러 법

---

56) 『삼국유사』 권3, 塔像, 「臺山五萬眞身」. "以神龍元年乙巳三月初四日 始開倉眞如院 大王親率百寮到山 營構殿堂 幷塑泥像文殊大聖安于堂中 以知識靈卞等五員 長轉華嚴經 仍結爲華嚴社."
57) 박광연, 『신라 법화사상사 연구』(혜안, 2013), p.192.
58) 김성순, 『동아시아 염불결사의 연구 : 천태교단을 중심으로』(비움과 소통, 2014), pp.283-295.

화회를 참견했으며, 오대산에서도 법화삼매수행법을 배웠을 것으로 생각된다. 엔닌의 기록에 의하면 오대산 대화엄사의 암자에 거주하는 승려들은 하루에 한 끼를 먹으면서 육시 예참으로 법화삼매를 닦았다고 한다.

또한 원묘요세의 백련사와 동시대인 13세기 일본의 남북조시대를 살았던 한 궁정여인의 자전적 문학작품인 『도와즈가타리』[59]에 묘사된 법화회의 모습을 들여다보겠다.

> 16일 법회는 『법화경』의 공덕을 칭송하는 것으로 석가모니와 다보여래가 함께 계신 연화좌에서 잇달아 공양이 있었다. 이미 고우다인이 행차해 게서서 특히 정원과 건물 내에서도 엄중하게 일반인을 제한하며 좇아냈고 "승복차림은 특히 안 된다"는 소리를 들으니 슬펐다. …
> 추선공양을 위한 기원문이 끝나갈 무렵부터 죄장을 참회하는 경이 끝날 때까지 도무지 눈물이 멈추지 않는다.[60]

첫 번째 인용문에서는 영산회상의 이불병좌(二佛竝坐)를 의식의 장에 구현하고, 『법화경』의 공덕을 찬양하고 공양하는 경찬 형식으로 진행된 것으로 보인다. 두 번째 인용문을 보면 참법을 실천하여 그로 인한 공덕을 망자의 천도를 위해 회향하는 일종의 천도의식으로 설

---

[59] 저자는 가마쿠라시대의 상황(上皇) 고후카쿠사인의 궁녀인 고후카쿠사인 니조(後深草院二條, 1258-?)이다. 『도와즈가타리』는 니조의 자전 회상문학으로 전체 5권 중 3권까지는 화려한 궁중생활, 그리고 4~5권은 출가 이후에 5부 대승경전을 필사해가는 행적을 그리고 있다.
[60] 고후카쿠사인 니조, 『도와즈가타리』(학고방, 2014), pp.299-300.

행되고 있음을 알 수 있다.

근래에 산긍(山亘)이 찬술한 『묘법연화경삼매참법(妙法蓮華經三昧懺法)』이라는 법화삼매 의식서가 발견되었는데, 이는 백련사 계열과는 다른 것으로 묘련사 후기에 이르러 원혜국통과 무외국통 의선 등이 실천한 것으로 보인다.[61] 원 간섭기에 해당하는 이 시기에 열린 법화도량(법화예참)은 2회 확인되는데, 충렬왕 8년 7월에 제국공주의 질병 기양을 위해, 충숙왕 2년 10월에는 국청사 금당 낙성 기념을 위해 열렸다. 이 법화도량의 설행 목적으로 보면 천도의식이나 죄업소멸, 관행(觀行) 등이 아닌 특정 발원을 위한 일반적인 국가 차원의 의식이었음을 알 수 있다.

결국 요세 등의 법화신앙결사와 달리, 일본의 황족이 발원한 법화회나, 고려의 국가의식으로 설행되었던 법화회는 "일반인을 제한하며" 쫓아내거나, 국가 혹은 왕실차원의 발원을 위한 법회 형식으로 치러졌으며, 따라서 결사로서의 성격은 나타나지 않는 것으로 볼 수 있을 것이다.

4) 법화회에 참여했던 사람들

현재 남아있는 문헌자료에서 법화회에 참석한 사람들의 자세한 구

---

61) 『묘법연화경삼매참법』의 수행체계는 12장을 매 삼매수행으로 하고, 상·중·하 권으로 나누어 각 권의 마지막 장에는 각각 4회(悔)와 행도(行道)를 두어 전체적으로 보면 세 번의 완전한 수행체계를 갖춘 수행법이 되게 하였다. 이처럼 28품을 12장으로 다시 편제한 의도는 하루 육시 수행체계를 갖고 있기 때문에 이틀에 전 품을 수행하도록 할 수 있게 하려는 데에 있지 않을까 생각된다. 이기운, 「동북아 삼국의 법화삼매 행법체계 연구」, 『동양철학연구』 제70집(2012), p.341.

성을 알 수 있는 기록은 엔닌의 『입당구법순례행기』가 거의 유일하다. 아래에 해당 구절을 인용해보기로 하겠다.

> 오늘은 적산원의 법화회가 끝나는 날이다. 집회에 모인 사람이 어제는 250명이었고 오늘은 200명이었는데, 결원(結願: 날수를 정하여 부처님께 기도하는 일이 끝남. 혹은 끝나는 날)을 한 뒤 모인 대중들에게 보살계를 주었다. 재를 마친 뒤 모두 헤어졌다. 적산 법화원에 늘 머무는 승려와 사미승의 이름은 승담표, 승 양현, 승 성림, 승 지진, 승 월범, 승 돈증, 명신, 혜각, 수혜, 법청, 상좌 김정, 진공, 법행, 충신, 선범, 사미 도진, 사교, 영현, 신혜, 융락, 사준, 소선, 회량, 지응, 비구니 3명, 노파 2명 등이 있었다.[62]

인용문을 보면 법화원에 상주하는 비구승들의 이름만 적혀있고 비구니와 사찰의 일을 보조하는 사람의 경우에는 그냥 숫자만 적혀 있다. 중요한 점은 상주 승려(사미 포함) 27인과 노파 2인 외에는 모두 외부에서 오는 승려 또는 속인 신도들이라는 것이다. 기록 속의 어제와 오늘 참여대중의 숫자가 50명 차이가 나는 것으로 보아 외부인의 참여는 고정적인 것이 아님을 짐작할 수 있다. 또한 두 달간에 걸친 법화회를 모두 마친 후에 참여자들에게 보살계를 주는 것은 북송대 사명지례(四明知禮, 960~1028)의 천태결사인 염불시계회(念佛施戒會)를 연상시킨다.[63]

---

62) 圓仁, 『입당구법순례행기』, 신복룡 옮김(선인, 2007), p.137.
63) 사명지례의 염불시계회는 소규모 결사(48인)들의 연합체인 염불정사(念佛淨社)가 매년 2월 15일에 한꺼번에 연경원 대법회에 모여 염불참을 실천하고 수계식을 하는 것을 특징으로 한다. 김성순, 『동아시아 염불결사의 연구 : 천태교단을 중심

이밖에 고려시대의 법화회 관련 기록에서 구체적인 참여자에 관한 내용을 찾기는 힘들지만 법화회와 유사한 다른 법회의 경우에 비추어서 유추해 볼 수는 있을 것이다. 불교행사는 다수의 사람들이 만나 정보를 교류할 수 있는 네트워크 형성의 장이기도 했으므로[64] 굳이 신앙때문만이 아니라, 현실적인 필요에 의해서도 속인들이 적극적으로 법회 참여를 원했을 것으로 생각된다.[65]

법화회를 비롯하여 경전명을 주제로 내세우는 회를 이끌어간 주체는 역시 승려였던 것으로 보인다. 법회의 성격을 띤 것에는 선회(禪會)·담선회(談禪會)·화엄법회(華嚴法會) 등이 있었는데, 성격상 승려 중심으로 진행된 것으로 보이지만, 속인들이 이에 참석해 청강자로서 설법을 경청하는 수가 많았다.[66] 이러한 점은 조선시대의 경우에도 마찬가지였을 것으로 생각된다.

조선시대의 각종 도량이나 법회에 참가했던 이들에 대해 말해주는 중요한 기록 하나가 존재한다. 세종 31년(1449) 5월에 불당의 경찬 때에 계(契)를 맺는 일을 금지할 것을 사헌부에서 청한 것이다. 사헌부에서는 아마도 왕실에서 발원하여 설행된 경찬회에서 지난번 불당의 경찬 때에 대군으로부터 하인과 악공에 이르기까지 경찬회에 참석한 모든 사람들이 계(契)를 맺은 사실에 대해 신분질서를 어지럽히는 일

으로』(비움과 소통, 2014), pp.201-208.
64) 이병희,『고려시기 사원경제 연구』(경인문화사, 2009), p.396.
65) 고려시기에는 다양한 불교행사가 설행되었는데, 정례적인 것도 있었고 그때그때 설행되는 비정기적인 것도 있었다. 대부분의 행사는 승려가 중심이 되어 진행되는 것이지만 속인들이 함께 참여하기도 했다. 속인들의 참여로 불교행사가 한층 화려하고 성대해질 수 있었으며, 이들 행사는 속인들이 사원을 찾는 중요한 계기로 작용하기도 했다.
66) 이병희, 위의 책, p.413.

이라고 상주했다. 이에 대해 세종은 계를 맺는 것은 개인적인 신심이 있으면 귀의하는 것이지 사헌부가 관여할 바가 아니라고 명한다.[67] 이것으로 볼 때, 특정 불사에 함께 참여한 사람은 지위 고하를 막론하고 일종의 결사 형식으로 결연을 맺었던 것으로 생각된다. 또한 특정 불사를 위한 연화(緣化) 활동에 다양한 계층이 함께 참여했던 정황도 드러난다.

아울러 전 장에서 인용문으로 제시한 춘원 이광수의 『금강산유기』에 실린 근대 법화회의 경우에는 참여자들이 각지에서 모인 '수십 승려'와 머리를 기른 '거사 두 명'으로 되어 있어서 승려 위주의 구성에 소수의 속인 신도가 참여하는 강학회였음을 알 수 있다. 20세기 초에 각 불교 포교당에서 시행했던 법화회 역시 광고 내용을 보면 승려 또는 포교사가 『법화경』 강론을 하는 것으로 되어 있다. 이러한 근대 법화회의 성격은 초기 법화신앙이 한국불교에 전입했던 시기에 승려들이 포교를 위해 주로 강경과 독송을 했던 상황과도 중첩된다. 나중에 국가의식이나 천도의식 등의 다양한 기능과 의미가 부가되기는 했지만 법화회의 가장 기본적인 성격은 포교에 있었던 것이다. 따라서 법화회의 기본적인 인적 구성 역시 포교 주체인 승려와 포교 대상자인 속인들로 구성되는 것이 자연스럽다고 보아야 할 것이다.

---

[67] 『세종실록』 31년 기사(1449) 5월 21일.

4. 결론

본 논문에서는 법화회, 법화도량, 법화법석, 법화결사 등의 다양한 명칭으로 문헌에 전하는 『법화경』 관련 의식과 행사들을 법화회로 뭉뚱그려서 시대적으로 정리하고 분석했다. 이들 『법화경』 신앙 관련 의식들은 그 세부적인 설행 목표나 내용으로 보면 별개의 것으로 볼 수도 있는 차이가 있지만, 『법화경』 신앙을 실천했다는 보편성을 담지하고 있는 점이 특징이다. 따라서 보편성과 차이를 함께 가지고 있는 이들 법화회류의 의식에 대해서 일괄적으로 법회냐 결사냐의 명확한 판단을 내리기는 힘들 것 같다. 다만, 그러한 법화회류의 법회에서 결사적 성격을 분류해보는 작업은 개연성을 확보할 수 있으리라 생각된다.

먼저 서론에서 제시했던 결사의 기본적 속성들이 법화회 안에 내재되어 있는지의 여부를 확인해보고자 한다. 첫 번째, 법화회는 기본적으로 모임을 의미하는 회(會)의 형식이기 때문에 다수성이 확보되는 의식이다. 법화회는 의식을 주도하는 승려 외에 시주 또는 발원자들이 함께 참여하는 의식이기 때문에 결사로서의 기본요건을 갖추고 있다고 볼 수 있다.

두 번째, 법화회 구성원의 성격과 요건에 따른 분류이다. 결사의 경우에는 구성원 상호간에 동일한 종교적 지향과 실천을 공유하고자 하는 약속을 전제로 하기 때문에 결성 자체가 자발성을 띠는 경우들이 대부분이다. 이 점에서는 약간의 변수가 있는 것으로 보인다. 『법화영험전』 등에 나타난 법화결사의 경우에는 신자들끼리 주기적으로 회합을 갖고 『법화경』 독송을 실천하는 전형적인 결사의 모습을 보이지만, 왕실이나 권문세가 등에서 개인적으로 발원하여 설행하는 법화회의 경우에는 발원자 대 의식을 주재하는 승려, 그리고 의식에 단순 참여하는 대중들로 회의 구성원이 분류된다.

이 경우에는 단순한 법회로 보는 것이 당연하겠지만, 문제는 이러한 의식이 끝나고 난 후 의식의 장에 참여했던 대중들끼리 계(契)를 맺었다는 데에 있다. 본 논문에서 제시한 세종 31년대의 사례처럼 법화회가 끝나고 의식에 참여했던 대중들끼리 신분고하를 막론하고 계, 즉 동일한 신앙결사의 회원이 되는 결연을 했을 가능성은 충분하기 때문에 단순한 법회라고만 정의하기에는 무리가 있을 것으로 생각된다.

세 번째, 법화회의 '정기성'에 대한 문제에 대해 살펴보기로 하겠다. 이제까지 확인된 자료로는 적산 법화원의 법화회의 경우처럼 두 달간 사원에서 강경을 하거나 신도들끼리 육재일 등의 기일을 정해 놓고 독송을 실천했던 사례도 있지만 개인적인 발원에 의해 설행되는 비정기적인 경우도 많은 것으로 보인다. 적산 법화원처럼 일정 기일을 정해두고 해당 기간 동안 법화회를 하는 경우는 강경, 즉 『법화경』의 교설을 배우는 데에 주요 목적을 두고 있었고, 특정 날짜를 정하여 회합을 갖는 경우는 주로 독송을 실천했던 것으로 생각된다.

그 밖에 망자의 천도를 기원하기 위해 일회적으로 법화회를 설행하는 경우에는 사경을 봉안하거나 참법을 실천하는 사례들이 주로 보인다. 결국 법화회의 경우에는 설행의 목적이 상시적인 신행이냐, 일회적으로 진행되는 천도발원이냐에 따라 정기성 혹은 비정기성 여

부가 결정되는 것이어서, 이 점으로 법화회의 결사 여부를 판단하기에는 무리가 있는 것으로 생각된다.

네 번째, 법화회에서 실천하는 신행의 반복성과 통일성의 여부에 따른 판단의 문제이다. 이 점은 앞에서 제기한 정기성의 문제와도 중첩되는 것으로서 사경, 독송, 강경, 예참을 실천하는 정기회합 형식의 법화회라면 분명히 신행의 반복성과 통일성이 확보된다. 문제는 천도나 개인적인 발원, 그리고 특정 불사를 기념하기 위한 법화회의 경우에는 역시 일회성으로 진행되는 법회로 보는 것이 타당할 것이다. 하지만 이 경우에도 사경을 대행하는 산인(山人) 등에게 맡기지 않고 신라 헌강왕대의 화엄경사회(華嚴經社會)의 경우처럼 직접 정기적으로 모여 사경을 실천하거나 하는 경우에는 결사의 성격을 가지고 있는 것으로 봐야 할 것으로 생각된다.

다섯 번째, 법화회를 설행하면서 그 비용을 충당하기 위해 연화(緣化) 활동이 있었는지, 그리고 시주를 받아들이는 과정에서 결연회원 명부를 작성하고 회에 동참했는지의 여부에 관한 문제이다. 일반적인 결사의 경우에는 정기적인 회합에 따르는 비용을 회원들이 정기적으로 추렴한 기금을 확보하여 해결하는 방식으로 진행한다. 하지만 일회적으로 설행하는 법화회에서 발원자가 비용을 내는 경우라면 상관이 없겠지만 승려 개인이나 사찰의 차원에서 설행하는 경우에는 시주들의 도움을 필요로 하게 된다.

이 경우 본문에서 제시한 청허휴정의 사례처럼 미리 시주들끼리 결연하여 필요한 재물을 준비하거나, 혹은 모연문(募緣文) 등을 돌려 시주자를 모아서 불사를 위한 기금을 마련하거나, 그 밖에 회가 열리는 현장에 모인 참여 대중들에게 즉석에서 시주금을 받는 형식도 가능했으리라 생각된다. 한국의 불교결사에서 보이는 통례대로라면 이 세 가지 방식 모두 시주자들을 결연하는 형식으로 명부에 올리게 되며, 이 경우에는 비록 일회성의 법화회라 할지라도 결사의 성격을 가지고 있는 것으로 볼 수 있다.

이상 한국불교사에 나타나는 법회회의 전개사 형태로 신행의 내용을 정리한 후 결사로서의 성격을 보이는 점들을 분류하는 작업을 진행했다. 한국불교사 안에서의 법화회는 『법화경』이 들어온 이후 법화사상과 신행을 보급하기 위한 포교활동의 맥락에서 시작되었으며, 점차 보살영험신앙과 정토신앙을 흡수하면서 개인의 발원과 국가적인 소재의식, 그리고 천도를 위한 목적으로 그 신행범위가 확장되어 갔음을 볼 수 있다.

또한 본 논문에서 제기한 문제의식인 법회냐 결사냐의 문제는 법화회가 다수 대중들을 수용했느냐의 문제로 수렴되는 것으로 생각된다. 결국 왕실이나 권문세가의 개인적인 발원, 그리고 기우를 위한 소재의식으로 법화회가 설행되었을 경우에는 법회적 성격이 강해지지만, 다수 신도들이 신행을 위해 정기적으로 회합을 갖거나 결연 대중으로 참여할 경우에는 결사의 성격이 강하게 드러난다는 결론을 맺고자 한다.

새로 발견된 『묘법연화경삼매참법(妙法蓮華經三昧懺法)』을 통해 본 고려후기 법화신행[1]

이기운

1. 서언

고려의 법화신행에 대한 기존 학계의 의견은 백련사를 중심으로 일어난 법화신앙이 몽고난으로 인한 정치적 변혁을 거치면서 백련사에서 묘련사로 중심이 바뀌어 법화신행이 전개된 것으로 보았다. 그리고 이 때 신행된 『법화경』 신행은 중국 천태대사가 찬술한 『법화삼매참의(法華三昧懺儀)』를 중심으로 수행한 것으로 보았다. 그런데 근래에 고려 묘혜(妙慧)가 지은 『법회삼매참조선강이(法華三昧懺助宣講義)』와 고려 산긍(山亘)이 지은 『묘법연화경삼매참법(妙法蓮華經三昧懺法)』이라는 저술이 발견됨으로써, 고려후기 법화신행에 대한 재조명이 필요하게 되었다.

필자는 선행 논문에서 고려후기의 법화삼매 수행이 중국의 『법화

---
[1] 『한국선학』 30(2011), pp.409-434.

삼매참의』에 의한 것이 아니라, 고려인에 의해 찬술된 법화삼매집과 주석서가 있어서 이를 묘련사를 중심으로 신행하였음을 밝힌 바 있다. 이제 백련사의 법화삼매 수행과 그 신행, 그리고 묘련사의 법화삼매 수행과 법화신행에 대한 본격적인 해명이 필요하게 되었다.

이 논문은 고려 후기 법화신행을 밝히기 위한 기초작업이다. 따라서 이 논문에서는 새로 발견된『묘법연화경삼매참법』의 저자와 수행 실상 및 사적 의의를 조명하여, 백련사에서 행해진 법화삼매 수행을 중심으로 한 법화신행의 실상을 알아보고, 묘련사에서 행해진 법화삼매 수행을 중심으로 한 법화신행의 실상을 밝히고자 한다.

2.『묘법연화경삼매참법』의 수행체계

법화삼매 수행집은 중국 천태대사의『법화삼매참의』와 일본 자각대사(?)의『법화참법(法華懺法)』이 알려져 있었다. 그런데 근래에 우리나라에서도『묘법연화경삼매참법』(3권)이라는 법화삼매집이 발견되었다. 이 법화삼매 수행집은 고려 충숙왕 13년(1326)에 찬술된 것으로 고려인에 의해 처음 찬술되었고, 기존 중국과 일본의 수행집과도 다른 수행집으로 독송(讀誦)과 작관(作觀)에 중점을 둔 수행집이었다. 더욱이 이 수행집의 강의용으로 묘혜가 지은『법화삼매참조선강의』가 따로 있어서 올바른 수행을 위한 지침서 역할을 하였다. 필자는 선행 연구에서 이같은 법화삼매집의 존재와 그 의의를 밝혔다. 이로써 고려후기『법화경』신행이 백련사를 중심으로 한 법화삼매 수행과 묘련사를 중심으로 한 법화삼매 수행이 전개되었음을 알게 되었다.

먼저 이『묘법연화경삼매참법』의 수행법의 이해를 돕기 위해 수행집의 수행체계를 정리해 보면 다음과 같다.

〈묘법연화경삼매참법의 수행체계〉

〈상권〉
제1자 육서문답(一者六瑞問答)
게송 : "아차도량여제주 시방삼보영현중"은 법화참법의 내용
① 禮佛要妙 : 송경
② 作觀
③ 삼업공양(후 게송 : 참의 내용 보충)
④ 봉청삼보(一心禮請, 참의에서는 一心奉請) : 청하는 대상은 『법화경』의 불보살로 참의와 비슷하지만, 불보살의 칭호는 차이가 있다. 참의는 20단이었으나, 여기서는 17단.
⑤ 찬탄삼보(찬탄후 축원 : "황제폐하 국왕 공주세자 종실제군 백관…")
⑥ 예불방법 63단(『법화경』 내용으로 一心頂禮로 시작한다. 참의에서는 "一心敬禮"로 시작한다.) 자방육시, 디방육서, 文殊曾見,日月燈明佛 시절, 彌勒今見放光瑞中所現 내용, 과거일월등명불 회상의 일, 극락세계 9품도사 아미타불, 당래하생미륵존불, 超八敎外 出四時表純圓獨妙充滿法界 眞淨大法妙法蓮華經, 법화회상 출현한 문수보살 등 보살대중, 일월등명불 회상 사중 팔부 인비인 등, 영산회상 아야교진여 등 성문중, 천룡팔부, 당시 대중, 서품에 이익 얻은 대중, 권발유통도량 참법

주 보현보살까지.

⑦ 참회단(육근참회 내용을 하나로)

제2자 법설주(二者法說周 方便品)

① 예불요묘 : 송경

② 작관(간략)

③ 삼보경례(후 게송 : 참의 내용 보충)

봉청단 생략

④ 예불방법 48단(「방편품」에 맞게 爲實施權說, 開權顯實說, 廢權立實法, 會三歸一法, 一大事因緣故出現於世, 欲令衆生開示悟入出現於世 不二而二法을 오불장으로 一心頂禮, 석가여래 다보여래 분신제불 아미타불 미륵불 등 불보살, 개시오입불지견의 십주위보살 십행 십회향 십지보살, 참법주 보현보살로 시작한다.)

⑤ 참회단(육근참회 내용을 하나로)

제3자 비유주(三者譬喩周 : 「비유품」「신해품」「약초유품」「수기품」)

① 예불요묘 : 송경, 각 품 송경

② 작관

③ 삼보경례(후 게송 : 참의 내용 보충)

봉청단 생략

④ 예불방법 36단(『법화경』 삼보게, 각 품에 맞는 내용의 예불 : 三車誘諸子, 長者遣二人語窮子令除糞, 大雲注一雨普潤三草二木, 化城鑿井, 사대존자 수기작불)

⑤ 참회

제4자 인연주(四者因緣周)

① 예불요묘 : 송경, 각 품 송경

② 작관

③ 삼보경례(후 게송 : 참의 내용 보충)

봉청단 생략

④ 예불방법 46단(『법화경』삼보께, 각 품에 맞는 내용의 예불)

⑤ 참회 – 권청 – 수희 – 회향 – 발원

⑥ 행도

············〈 제5자~제8자 생략〉············

〈하권〉

제9자 고금홍통병불부촉(九者古今弘通幷佛咐囑)

① 예불요묘 : 송경, 각 품 송경

② 작관

③ 삼보경례(후 게송 : 참의 내용 보충)

봉청단 생략

④ 예불방법 43단(『법화경』삼보께, 각 품에 맞는 내용의 예불, 끝에는 참주보현보살마하살)

⑤ 참회 – 축원(국왕의 은혜, 황제 황후 태자 제왕 일체 천권, 合國人民等 投誠作禮, 부모은혜, 정덕왕후 정장 정안의 인도와 같이 사승의 은혜강조, 上國 東韓百辟千官 사은삼유법계중생 동입불혜 참회축원이귀명례)

제10자 화타지사위법망신(十者化他之師爲法忘身)

① 예불요묘 : 송경, 각 품 송경

② 작관

③ 삼보경례(후 게송 : 참의 내용 보충)

봉청단 생략

④ 예불방법

⑤ 참회

제11자 타방대사봉명홍경(十一者他方大士奉命弘經)

① 예불요묘 : 송경, 각 품 송경

② 작관

③ 삼보경례(후 게송 : 참의 내용 보충)

봉청단 생략

④ 예불방법

⑤ 참회

제12자 악세옹호유통(十二者惡世擁護流通)

① 예불요묘 : 송경, 각 품 송경

② 작관

③ 삼보경례(후 게송 : 참의 내용 보충)

봉청단 생략

④ 예불방법

⑤ 참회 - 권청 - 수희 - 회향 - 발원

⑥ 행도

이상의 수행체계는 『법화경』을 12장으로 나누어 법화삼매를 수행하도록 하고 있다. 그 구성은 『법화경』의 내용에 따라 법설주·비설주·인연설주의 삼주설법과 유통분으로 나누고, 각 12장마다 하나의 체계로 법화삼매를 닦고 있다. 기본적인 수행체계는 예불요묘·작관·삼보경례·예불·오회(참회-권청-수희-회향-발원) 행도로 되어 있는데, 천태대사의 『법화삼매참의』 수행체계를 기본으로 하면서도 예불요묘를 거쳐 송경을 수행의 전반부로 이동시켜 독송을 먼저 하고 작관에 들도록 하였다. 또한 작관 후에는 『법화경』의 삼보를 청하여 모시고 예배 참회 및 오회한 후 마지막에 행도하도록 하여, 기존『법화삼매참의』에서 실상정관을 맨 마지막에 두었던 것과는 차이가 있다. 이러한 수행체계는 먼저 『법화경』 독송을 통하여 관을 만들고, 예불 참회를 통하여 삼매를 닦도록 한 독송 위주의 삼매 참법임을 보여준다.

3. 새로 발견된 『묘법연화경삼매참법』을 통해 본 묘련사 법화신행

1) 『묘법연화경삼매참법』의 묘련사 수행

필자는 선행 연구를 통하여 『묘법연화경삼매참법』이 상·중·하권이 있고, 이 삼매집의 강의집으로 『법화삼매조선강의』가 있었음을 밝혔다.[2] 이들의 간행 정보를 정리해 보면 다음과 같다.

① 『묘법연화경삼매참법』권상 : 傳天台教觀天幕沙門 山亘 集
② 『묘법연화경삼매참법』권하 : 傳天台教觀天幕沙門 山亘 集
　　　　　　　　　　勸集 前深岬寺住持慈惠大禪師 止西
　　　　　　　　　　成化八年(성종3년, 1472) 夏六月初
③ 『묘법연화경삼매참법』3권 : 泰定三年(충숙왕13년, 1326) 丙寅
　　　　　　　　　　五月 奉教 月山社 開版
④ 『法華三昧懺助宣講義』권하 : 宣光七年(우왕4년, 1378)
　　　　　　　　　　丁巳 十二月 日 施主 靈品寺住持 禪師 妙慧 謹識

이중 『묘법연화경삼매참법』은 상권본·하권본·3권본이 각기 발견되었고, 『법화삼매참조선강의』하권본은 이 『묘법연화경삼매참법』의 강의집으로 발견되었다. 이들 간기에 의하면 삼매집은 가장 빠른 것이 고려 충숙왕 13년(1326) 개판본이고, 조선시대에는 성종 3년(1472)에 인수대비(의경세자빈이고 성종의 어머니)가 20권 인간한 것 중의 한 본이 전한다. 이 삼매집에 대한 주석서인 『법화삼매참조선강의』는 우왕 4년(1378)본이어서, 고려말 우왕 때 삼매수행집의 강의집이 만들어져 유포되고 있음을 보여준다.

이 『묘법연화경삼매참법』을 지은 산긍(山亘)은 '천태교관천막사문(天台教觀天幕沙門)'으로 전하고 있다 하여 고려 천태종 승려로 보이지

---

2) 이기운, 「고려의 법화삼매 수행법 재조명 : 새로 발견된 법화삼매 수행집을 중심으로」, 『동서비교문학저널』제24호, p.139 이하.

만, 그 전기가 중국이나 우리나라에 전혀 알려져 있지 않고 있다.

그런데『묘법연화경삼매참법』개판 이전 백련사를 중심으로 법화삼매가 맹렬히 행해진 일이 있었다. 고려후기 백련사에서는 백련결사 이후 천태지관(天台止觀)·법화삼매참(法華三昧懺)·정토구생(淨土求生)의 3문수행이 행해졌던 것으로 선학의 연구에서 규명하였다.[3] 그리고 이곳에서 닦은 법화삼매참은 중국 천태대사 찬술의『법화삼매참의』였다고 한다.[4] 그렇다면 근래 발견된 위의『묘법연화경삼매참법』은 언제 어디에서 수행한 법화삼매법이었을까. 미리 밝혀두자면, 필자는 이 삼매집이 고려후기 묘련사계를 중심으로 신행되었다고 보고자 한다.

본고는 이에 대한 논증을 몇 가지 자료를 통해 밝혀보고자 한다. 먼저 이 삼매집의 사상적 성향을 통해 어떤 종파의 저술인지를 가늠해 보고자 한다.

고려에서 법화삼매가 수행되었음을 짐작하게 하는 기록은 의천의『신편제종교장총록』에서 "『삼매의』1권, 지자대사가 지었다"[5]고 하여『법화삼매참의』를 언급하고 있고, 선종 9년(1092)에는 왕태후가 자주(白州) 견불사(見佛寺)에서 일만 일(日)을 기약하고 천태 예참법을 닦았다[6]고 하여, 이때에는 법화삼매참법이 행해진 것으로 보인다. 이를 본격적으로 수행한 것은 백련결사 이후 백련사계에서 신행하였다고 할 수 있다.[7]

---

3) 고익진,「圓妙了世의 白蓮結社와 그 思想的 動機」,『불교학보』제15집, p.110.
4) 崔滋,「萬德山白蓮社圓妙國師碑銘」, "始結普賢道場 修法華三昧 求生淨土 一依天台三昧儀 長年修法華懺."
5) 大正藏50, p.1169상. "三昧儀 一卷 智者述."
6)『고려사』권10 선종 9년(1092) 6월.

백련사계의 제1세 원묘요세는 일찍이 약사난야(藥師蘭若)에서 천태종의 부흥에 대한 자각을 하고 천태종을 강설하고 대중과 함께 53불을 12편씩 맹렬히 수행하였다고 전한다. 이 참회행은 삼세삼천불이 인행시에 불도에 들기 위해 중죄를 참회하던 의식인데, 이를 수용하여 53존불을 모시고 참회행을 법화삼매참으로 닦은 것이었다. 이후 요세는 보조지눌의 수선사 정혜결사에서 영명연수(永明延壽)의 120병[8]을 천태 묘혜에 의해서 타파하고자 결사를 단행했다. 곧 고종 19년(1232) 4월 8일 백련사에 보현도량을 열고 『법화삼매참의』에 의해 결사를 닦았다는 것이다.

　이 백련결사에서 『법화삼매참의』를 통해서 참회행을 닦았던 이유는 무엇인가. 요세는 당시 보조의 조계선을 체험하고 영명연수의 120병과 같은 사종견해는 천태의 수행법에 의하지 않고는 극복할 수 없을 것이라 여긴 것이다.

　이에 대한 선행연구의 견해를 요약해 보면, 보조지눌의 선 체계는 성적등지문(惺寂等持門)·원돈신해문(圓頓信解門)·간화경절문(看話徑截門)으로 구성되어 있어서 규봉종밀의 결택요연(決擇了然)한 지해(知解)에 의해 자심(自心)을 돈오하여 정혜쌍수로 망념훈습을 점수해가는 이른바 돈오점수를 주창하였다. 보조의 수선사(修禪社) 선법은 이와 같이 결택요연한 지혜력을 통해서 깨달은 마음의 경지로 정혜를 등지할 수 있는 수승한 근기들에 유용하다는 것이다. 그런데 현실적으로 우리의 중생의 삶은 생사죄업으로 근기가 낮고 장애가 많기 때문에

---

7) 황인규, 「고려후기 백련결사 정신의 변질과 계승」, 『백련불교논집』 10, 2000. 참조.
8) 『禪宗唯心訣』(大正藏48, pp.995하-996중)에서 밝힌 사종(邪宗) 견해 120가지.

이렇게 무력한 중생에게는 적절하지 않다는 것이다. 요세는 당시 대중들에 대한 철저한 중생의식 또는 말세 중생관에 입각하여 죄업과 장애가 두터운 박덕한 중생들에게는 이러한 생사죄업을 타파하기 위해 맹렬한 참회행을 닦고 일심삼관을 닦아나가는 법화삼매참이 적절했으며,[9] 이런 중생들에게 부처님의 호념의 힘이 필요하므로 정토구생의 절실하다고 여겼다.[10]

실제로 『법화삼매참의』 권수장에는 "사마(四魔)를 파하고 일체번뇌를 정화하면 도를 장애하는 일체 죄[一切障道罪]를 멸하고자 하며, … 오역죄나 사중죄를 범하여 비구의 법을 잃었다가 다시 청정함을 얻으려고 할 때 이 법화삼매를 닦으라"[11] 하고, 실제적인 참회 방법으로 『법화경』의 삼보를 다 모시고 육근참회를 닦도록 하고 있다. 이렇게 우리 삶 속에 처해 있는 육근을 청정히 하는 육근참회를 닦고서는 일심삼관(一心三觀)에 들어가서 실상정관을 닦는다. 실상정관법에는 생사전도심·삼독·망상·무거운 악업을 철저히 파하는 대참회(大懺悔)·장엄참회(莊嚴懺悔)·무죄상참회(無罪相懺悔)·파괴심식참회(破壞心識懺悔)를 거쳐 관심실상참회(觀心實相懺悔)를 해야 실상정관이 이루어진다고 하고 있다.[12]

이에 비해서 『묘법연화경삼매참법』에서는 육근참회의 여섯 가지를 한 가지의 참회법으로 하고, 실상정관을 따로 두지 않고 작관(作觀)으

---

9) 고익진, 「圓妙了世의 白蓮結社와 그 思想的 動機」, 『불교학보』 제15집, p.112.
10) 고익진, 같은 글, p.118에서는 여기서의 정토관은 천태의 일심삼관(一心三觀)과 사명지례의 『관무량수경묘종초(觀無量壽經妙宗鈔)』에 나오는 16관을 회통하는 약심관불설(若心觀佛說)을 기초로 한다고 밝히고 있다.
11) 『法華三昧懺儀』(大正藏46, p.949중). "明三七日行法華懺法勸修第一."
12) 『法華三昧懺儀』(大正藏46, p.954상-중). "第十明坐禪實相正觀方法." 참조.

로 하고 있다. 또 열렬한 정토구생의 정신은 보이지 않고 예참도 『법화경』의 가르침을 올바로 알고 관행을 닦도록 인도하고 있다. 이러한 경향의 변화는 독송에 의한 수행을 강화한 데서 나온 것이라 할 수 있고, 이는 백련사계의 『법화삼매참의』 수행분위기와는 차이가 있다.

한편 이러한 백련사 결사정신은 후대에 이르러 변화를 보인다. 백련사의 사상 전개는 제1단계는 만덕산 백련사를 중심으로 원묘요세의 결사정신이 충실히 지켜지던 때이며, 제2단계는 중앙 개성의 묘련사에 진출하여 천태종의 총본산인 국청사까지 장악하게 되고 귀족불교로 전락해 버리는 때이며, 제3단계는 묘련사계의 귀족불교에 대해서 백련사 초기정신으로 돌아가고자 하는 새로운 백련사파가 등장하는 때라고 한다.[13]

여기서 필자가 중요하게 보는 부분은 제2단계의 묘련사계 천태종이다. 선학의 논문에서는 백련사의 법화신행은 중생구제의 결사정신을 실천한 시기였다고 한다. 그런데 묘련사 시기에 이르면 법화신행에 귀족주의 경향이 전면에 등장한다는 것이다. 여기에는 몽고의 침입으로 정치판도에 큰 변화가 생겨 최씨 무신정권이 몰락하고, 원의 간섭기에 들면서 무인집권기 이래 추락되었던 왕권을 원의 후원에 의지하여 회복하면서[14] 부원 귀족세력이 등장하여 법화신앙 판도에도 지각변동이 나타나게 되었다. 그 예가 묘련사 창건이고, 묘련사에서 신행된 불교행사들이 백련사와는 다른 정치적 성향을 띤 불교의 식들이 행해졌다.

---

13) 고익진, 「白蓮社의 思想傳統과 天頙의 著述問題」, 『불교학보』 제16집, p.121.
14) 변동명, 「高麗 忠烈王의 妙蓮寺 創建과 法華信仰」, 『한국사연구』, p.100.

묘련사는 창건부터 왕실에 의한 불사였다. 충렬왕은 원의 간섭기에 비(妃)로 원 세조의 딸 제국대장공주(齊國大長公主)를 맞아들였는데, 이들의 공동 발원으로 왕의 10년(1284)에 개경에 묘련사를 창건하게 된다. 「묘련사중흥비」에는 다음과 같이 묘련사의 모습과 창건 의의를 밝히고 있다.

> 멀리서 바라보면 마치 용이 서려 있는 것 같고, 가까이서 보면 마치 봉(鳳)이 높이 솟은 것 같다. 이러한 용의 배에 해당한 위치에 웅거하고 봉의 날갯죽지에 해당하는 위치에 붙어서 절이 있는데 묘련사라고 한다. 우리 충렬왕이 제국대장공주와 더불어 부처를 높이 신앙하였다. … 이렇게 해서 천자의 복을 빌며 종묘사직에 복을 맞이하려는 것이다.[15]

곧 묘련사가 충렬왕의 신불심과 『법화경』에 대한 신앙, 그리고 제국공주의 신앙에 의해 창건하고 있음을 보여주고 있으며, 묘련사에서는 원의 천자와 왕과 제국대장공주의 안녕을 기원하는 의식이 행해지고 있다. 또한 이후 왕과 공주는 무려 35회나 이 묘련사에 행차하여 신행하고 있다.[16] 이와 같이 충렬왕의 『법화경』 신앙심에서 사찰이 창건되어 묘련사라는 사명이 지어졌지만, 제2단계 묘련사 시기는 귀족주의적 정치성향이 매우 짙은 경향을 보여준다.

백련사 계통의 승려들이 개경 묘련사에 진출하여 중앙 불교계의

---

15) 이제현, 「묘련사중흥비」, 『동문선』 제118권(『국역동문선』9, p.118.)
16) 고익진, 「白蓮社의 思想傳統과 天頙의 著述問題」, 『불교학보』제16집, pp.25-26 참조.

전면에 나서면서 묘련사를 통해 원나라와 깊은 교류를 가지게 된다. 묘련사는 특정 가문의 부원세력과 연계되어 깊은 영향을 받았다.[17] 그 대표적인 사례가 조인규 집안 승려들이라 할 수 있다.

이러한 경향과 매우 잘 부합하는 내용이 들어 있는 것이 새로 발견된『묘법연화경삼매참법』의 발원조 내용이다. 상권의 「서품」에서『법화경』의 삼보를 청하여 모시는 의식인 봉청(奉請)이 끝나고 삼보를 찬탄하면서 들어있는 기원문은 다음과 같다.

> 이와 같은 탄불공덕으로 … 황제폐하, 국왕, 공주, 세자, 종실제군, 백관, 합국인민, 사승부모, 선악지식, 시방시주가 복을 받고, 법계의 육도사생에까지 널리 미치며, 원컨대 저희들이 닦은 선근으로 복과 지혜 두 가지로 장엄되어 무상정각이 이루어지어다.[18]

이러한 기원문은 천태대사의『법화삼매참의』에서는 보이지 않는 대목으로『묘법연화경삼매참법』에 있는 다른 기원문에서 비슷한 표현이 계속 나타난다. 하권에서도 황제 황후 태자 등 천관의 안녕과 본조(고려)의 국왕 궁주 세자 제군 백관 합국인민(合國人民)들의 기원이 보인다.[19] 원나라 황제와 고려 왕실, 그리고 공주에 대한 기원이 앞의 묘련사 창건 의의와 같은 맥락을 이루고 있어서 이『묘법연화경삼매참법』은『법화삼매참의』와 다른 성향을 보여주고 있다.

---

17) 채상식,「無畏國統 丁午의 活動相과 思想의 傾向」,『釜大史學』23, 1999, p.15.
18)『묘법연화경삼매참법』상권「서품」. "以此歎佛功德 奉福 … 皇帝陛下國王公主世子宗室諸君百官合國人民師僧父母善惡知識時方施主 廣及法界六道四生 願籍我等所修善根福智二嚴成無上覺."
19)『묘법연화경삼매참법』권하. "九者古今弘通幷佛付囑," 참회단.

이와 같이 고려후기 법화신앙이 백련사 시기의 서민적인 신행 경향에서 묘련사 시기에는 귀족주의적 신행 경향을 보이는데 『묘법연화경삼매참법』에서 이러한 귀족주의적 정치성이 나타나고 있다.

2) 묘련사의 『묘법연화경삼매참법』 강의

백련사계에서는 계환해를 가지고 『법화경』 강설을 했다고 한다. 계환해 『묘법연화경』을 요세의 백련결사(보현도량)에서 조판하도록 했다는 최이(崔怡)의 발문이 있는데,[20] 이는 천태의 해석을 따르지 않는 계환해본 『법화경』을 강설한 것이어서 천태의 주소(註疏)를 사용하고 강설한 묘련사계와 대조가 된다. 묘련사계에서 천태소를 중시하였다는 사실은 「묘련사중흥비」에 보인다. 『법화경』의 뜻을 나타내는 것은 천태소에 다 갖추어져 있다고 하는가 하면, 그곳에서 천태소를 강설했다[21]는 기록이 있다. 또한 원혜국통이 천태삼대부에 박통했고[22] 이 때문에 그를 충렬왕이 묘련사에 초치했을 것이라 보기도 한다.[23] 이와 같이 묘련사 계통에서는 앞의 백련사 계통보다 천태지의의 삼대부를 중시하였고,[24] 묘련사가 귀족화하면서 서민적 정토신앙에서 교학적인 성격의 법화신앙으로 그 중점이 이동하였다고 할 수 있다.[25]

그런데 『묘법연화경삼매참법』에서도 천태소를 중시하여 곳곳에서

---

20) 최상식, 「백련결사 성립과 사상적 경향」 『고려후기불교사연구』, p.72.
21) 『동문선』 권118.
22) 석무외, 『원혜국통제문』, 『동문선』 109권.
23) 고익진, 「백련사의 사상전통과 天頙의 저술문제」, 『불교학보』 16집, p.135.
24) 고익진, 같은 글, pp.144-146.
25) 변동명, 「高麗 忠烈王의 妙蓮寺 創建과 法華信仰」, 『한국사연구』, p.108.

수용하고 있음을 보게 된다.『묘법연화경삼매참법』을 보면 그 구성이나 작관법의 내용에 천태소, 그중에『법화문구』의 해설 내용을 수용하고 있음을 알게 된다.

『묘법연화경삼매참법』은『법화문구』의 과단에 의하여 법설주・비설주・인연설주로 나누고, 서분・종분・유통분의 구성에 의하여 각 단의 내용에 따라 12단으로 나누었다. 이들의 내용과『법화문구(기)』의 과문을 비교하면 다음의 표와 같다.

〈『법화삼매참조선강의』와『묘법연화경삼매참법』의 구성〉

『법화문구』해석		『묘법연화경삼매참법』
如六瑞問答爲法說作序 : 『문구』권5상	上卷	一者六瑞問答 :「序品」
初周別名法說 :『문구』권4상 「방편품」		二者法說周 :「方便品」
第二大段爲中根譬說 文有四品 此一品 正是譬喻開三顯一 : 『문구』권5하「비유품」		三者譬喻周 :「譬喻品」, 「信解品」,「藥草喻品」, 「授記品」
此品說因緣事下根得悟 應名宿世品 : 『문구』권7하「화성유품」		四者因緣周 :「化城喩品」

初聞法譬二周開三顯一 二.授身子等五大弟子記 三.復聞宿世結緣之事:『문구』 권7하「오백제자수기품」	中卷	五者聞三周說法授記作佛: 「五百弟子授記品」, 「授學無學人記品」
一二萬菩薩奉命此土持經: 『문구』권8하「지품」		六者凡聖弘贊廣大: 「法師品」,「見寶塔品」, 「提婆達多品」,「持品」
後聞淺行菩薩云何惡世宣說 是經:『문구』권8하 「안락행품」		七者淺行菩薩惡世說經: 「安樂行品」
今開迹顯本故裂地表之: 『문구기』권9중「용출품」		八者開迹顯本授成佛記: 「從地湧出品」, 「如來壽量品」,「分別公德品」
囑是佛所付囑:『문구』 권10하「촉루품」	下卷	九者古今弘通幷佛咐囑: 「隨喜功德品」, 「法師功德品」, 「常不輕菩薩品」, 「如來神力品」,「囑累品」
此下五品 皆是化他流通 今品明化他之師 … 盡其形命:『문구』 권10하「약왕보살본사품」		十者化他之師爲法忘身: 「藥王菩薩本事品」
文爲六 一放光束召 二奉命西來 三時方弘經 :『문구』권10하 「묘음보살품」		十一者他方大士奉命弘經: 「妙音菩薩品」, 「觀世音菩薩品」
惡世弘經 喜多惱難 以呪護持 使道流通也: 『문구』권10하「다라니품」		十二者惡世擁護流通: 「陀羅尼品」, 「妙莊嚴王本事品」, 「普賢菩薩勸發品」

각 품의 경을 독송하고 나서 행하는 작관(作觀)은 『법화문구』의 경문 해석을 음미하면서 관하도록 하고 있다. 서품의 경우를 보면,

> 제보살을 위하여 무량의경을 설하고, 무량의처삼매에 들어가니, 이때 하늘에서 네 가지 꽃이 내리고, 땅이 여섯 가지로 요동하며, 그때 회중의 대중들이 환희하여 합장하고 일심으로 부처를 관한다. 다음으로는 부처님이 미간 백호상에서 동방 만팔천 세계를 비추어 아비지옥부터 아가니타천에 이르는 것을 관한다.[26]

이러한 관은 『법화문구』 차방육서의 구분을 그대로 관법으로 사용한 예이다.

이와 같이 『묘법연화경삼매참법』에서 천태의 주소(註疏)를 수용한 것은 묘련사계와 매우 상통하는 경향이다.

필자는 선행 논문에서 『법화삼매참조선강의』가 『묘법연화경삼매참법』의 강의서임을 밝혔다. 그리고 이 강의서에도 천태의 『법화문구』 해설이 들어 있다고 밝힌 바 있다.[27] 곧 『법화삼매참조선강의』 발문을 보면 『법화경』의 해석에서 천태소가 독보적이라고 추켜세우면서 이 경을 읽고자 할 때에는 '강의'와 더불어 '영험전'을 보라고 권하고 있다. 『묘법연경삼매참법』을 수행하는 데에 『법화삼매참조선강의』의 강의집에 의해 강설되고, 『법화영험전』을 통해서 삼매의 경지와 신행의

---

26) 『묘법연화경삼매참법』 상권. "爲諸菩薩 說無量義經 … 次觀 … 至阿迦尼吒天."
27) 이기운, 「고려의 법화삼매 수행법 재조명 : 새로 발견된 법화삼매 수행집을 중심으로」, 『동서비교문학저널』 제24호, p.157.

내용을 점검했다는 것이 된다.

그런데 이『법화삼매참조선강의』를 영암사 주지 묘혜가 썼다는 데에 그 중요성이 있다.『법화영험전』과 같은 발문이 들어있는『법화삼매참조선강의』에는 발문을 쓴 영암사 주지 묘혜가 조덕유(趙德裕)의 아들로 되어 있다. 그리고 이때의 저술『법화영험전』과『법화삼매참조선강의』는 만의사에 안치하였다고 밝히고 있다. 이는『법화삼매참조선강의』가 묘련사 계통의 영암사에서 만의사에 전해졌다는 것이 되며, 이곳에서 강의되었음을 뜻한다. 그렇다면 강의서의 원전인『묘법연화경삼매참법』이 이와 같이 묘련사 계통에서 신행되었다고 할 수 있고, 삼매집 저술 또한 묘련사 계통에서 찬술되었을 가능성을 강력히 시사한다고 할 수 있다.

그렇다면 백련사계와 묘련사계를 이끌어온 승가와 후원자들은 누구인가. 이들을 통해『묘법연화경삼매참법』의 위상을 알아보기로 한다.

백련사계는 요원이 백련결사를 통하여 천태지관과 법화삼매참의 정토수행을 닦아왔고, 이를 이어 천인(天因)이 스승의 가르침을 따라『묘법연화경』을 실천하고 보현도량을 개설하여 천태교관을 전수받았다. 그는 공덕산(사불산)으로 가 미면사(米麵寺, 백련사)를 중창하여 동백련사를 열었다.[28] 이로써 기존의 백련사는 남백련이 되어 백련사는 크게 발전을 하게 된다. 이때의 초대 범석(梵席)으로서 주맹은 천책(天頙)이고 상국 최자(崔滋)가 부임하여 중창불사를 담당하였다.[29] 법맥은 천인이 요세를 이어 백련사 제2세가 된다. 천인은『법화경』독송을

---

28)『호산록』후권,「遊四佛山記」.
29) 崔滋,『보한집』권하(아세아문화사), p.152.

통하여 정토에 왕생하는 법화와 정토의 결연(結緣)을 시도하였다.

이후 백련사 제4세는 진정국사 천책(天頙)이 이었다. 그는 스승 요세가 결사운동을 할 때 적극 도왔다. 이때의 기록으로 『보현도량기시소(普賢道場起始疏)』와 『백련결사문』[30]을 지었다. 특히 천책은 『해동법화전홍록』을 지어 『법화삼매참의』의 수행과 정토행을 닦으면서 『법화경』 홍포의 모법으로 삼고자 하였다. 그는 『법화경』 한 부를 서사하고 1천 여 법문을 적어서 유포함으로써 『법화경』의 대중화에 노력하였다. 백련사 시대 『해동법화전홍록』은 영험담을 통하여 일반 서민들에게 『법화경』을 널리 유통시키고 신앙심을 고취하기 위한 목적이었다.[31]

이에 비해 묘련사계는 충렬왕과 제국대장공주가 법화신앙심에서 묘련사를 창건하였다. 이곳은 홍서(洪恕)가 개산조가 되고 그를 이어 원혜(圓慧)가 주석하다가, 무외정오에 이른다. 그는 앞에서 본 것처럼 묘련사 외에 왕명으로 국청사에 주석하며 불사를 하고 있어서 묘련사계가 천태종 총본산인 국청사까지 진출하여 크게 발전하였다. 정오는 충렬왕·충선왕·충숙왕까지 4대의 존숭을 받았다. 이와 같이 묘련사계는 왕실과 부원세력가들과의 친분으로 귀족적인 경향으로 흐르게 되었다.

특히 묘련사의 별원이라고 할 수 있는 만의사(萬義寺)가 있었다. 만의사는 혼기가 중창한(1312~1313) 이래 의선(義璇)에 이어지고 3대를 지나 조덕유의 아들 묘혜에 이르게 되어[32] 대대로 묘련사계 천태종 승

---

30) 『만덕사지』 권2, 「寄金承制」.
31) 고익진, 「백련사의 사상전통과 天頙의 저술문제」, 『불교학보』 16집, pp.131-132.

려들에 의해 전승되었다. 순암의선은 조인규의 제4자이고, 조덕유는 이른바 당대 부원세력가 조인규(1237~1308)의 손자로 만의사는 조인규 가문의 외호를 받게 된다. 혼기에 이어 의선이 만의사에 주석한 뒤에 영원사 주지로 취임한다. 『법화삼매참조선강의』 발문을 쓴 묘혜는 조덕유의 아들이었다. 같은 발문을 쓰고 있는 『법화영험전』의 찬자 보제대선사(寶濟大禪師) 요원은 순암의선의 제자 희암이 아닌가 하는 설도 있다.[33]

여기 묘련사계에서 『법화영험전』이 찬술된 것은 『법화경』을 신행하는 데에 『묘법연화경삼매참법』으로 법화삼매를 닦고 그 깊은 뜻을 알려면 『법화삼매참조선강의』를 읽고, 그 신행의 고취를 『법화영험집』에 의해 이루어지도록 한 것이다. 앞의 백련사 계열에서는 『해동전홍록』을 통하여 법화홍포를 염두에 두었다면, 묘련사계에서는 『법화경』의 각 품을 독송하여 그 감응의 모범을 『법화영험전』을 통하여 점검했다고 여겨진다.

3) 『묘법연화경삼매참법』의 저자에 대하여

『묘법연화경삼매참법』의 저자가 천락사문 신궁으로 되어있는데, 현재 그 실체를 알지 못한다. 그렇다면 저자는 과연 어떤 인물이고 언제 어디에서 찬술했을까. 먼저, 백련사계에서 수행되던 법화삼매

---

32) 요원, 『법화영험전』 발문. ; 『법화삼매참조선강의』 발문. 『법화삼매참조선강의』의 발문에는 영암사 선사 묘혜와 보제대선사 요원이 지은 발문이 실려 있다.
33) 전선영, 「『법화영험전』의 문학적 성격 연구」, 동국대학교 국어국문학과 석사학위논문, p.12.

수행집이 바뀔 수밖에 없는 이유는 무엇인지 한번 음미해 볼 필요가 있다.

위에서 본 바와 같이 고려후기 법화신행이 백련사 계통에서 묘련사 계통으로 바뀌면서 몇 가지 변혁이 이루어지고 있음을 살폈다. 첫째는 사상적인 측면에서 서민 중심적 사상에서 귀족 중심적 사상으로 변하였고, 둘째 중심세력이 요세를 중심으로 한 승가와 최씨 무신집권 세력에서 무외정오의 승가와 조덕유 집안의 후원세력으로 바뀌었으며, 셋째 신앙적으로는 법화삼매참회의 열렬한 참회와 정토구생으로부터 『법화경』을 독송하면서 정토행이 약화되는 모습을 보이고 있다. 이러한 상황변화는 그 신행의 근본이 되는 텍스트가 바뀌지 않으면 안된다는 것을 의미한다. 다시 말해서 백련사 신행의 근본이 되는 법화삼매수행의 텍스트 『법화삼매참의』가 묘련사계에서는 『묘법연화경삼매참법』으로 교체되었을 가능성을 말해주는 것이다.[34]

법화삼매집이 새로 찬술되었음을 말해주는 기록은 무외정오에게서 나타난다. 저자 산긍은 1309년 충렬왕의 명으로 국청사에 주석하게 되고,[35] 이때 석가삼존불상 조성에 착수한다. 그러나 그동안 영암사로 하산했다가 불사가 완성된 후 낙성법회가 열리면서 여기에 참가하고 있다. 1315년(충선왕2) 10월의 무외국통 정오가 주관한 국청사 낙성법회를 보면 다음과 같이 적고 있다.

---

34) 고익진, 「백련사의 사상전통과 天頙의 저술문제」, 『불교학보』 16집, p.138. 『법화삼매참의』가 원묘요세 이래 사용되다가 정오에 의해 새로 편찬된 것은 무슨 이유인지 확실히 이유를 알 수 없는 것이 유감이라 하면서, 묘련사계에서 새로이 법화삼매집이 편찬된 점에 크게 주목하고 있다.
35) 「용암사 중창기」, 『동문선』 권68.

국통이 다시 공과 산이 쉽게 이루어진 것을 기뻐하며 명하여 길한 때를 가리어 겨울 10월 14일부터 시작하여 3일 경석을 베풀고 처음으로 자기가 새로 지은 법화예참의 의식을 거행하여 낙성하였다.[36]

국청사 낙성식에 새로 지은 법화예참 의식집으로 법회를 하였다고 한다. 이 때 의식집 법화예참의란 곧 참회법이 들어 있는 법화삼매 수행집으로, 이는 중국 천태종에서 전승되어온 천태대사의 『법화삼매참의』일 것인데, 굳이 자신이 새로 지은(自所新撰法華禮懺儀) 것이라 하고 있다는 점이다. 이는 기존의 『법화삼매참의』가 아닌 새로 지은 법화삼매 의식집임을 말해주는 것이다. 그렇다면 이것은 고려에서 찬술된 『묘법연화경삼매참법』 권3이 아니겠나 하는 것이다. 그런데 찬자에 대해 "자신이 새로 지은 것"이라 하고 있어서, 곧 국청사 낙성법회를 주관한 무외국통이라 하고 있다는 점이다. 무외국통 정오가 편찬한 이 법화삼매집이 산긍이 지은 것으로 되어 있는 『묘법연화경삼매참법』이라면 산긍이 곧 무외국통 정오가 되는데 이는 현재 밝혀진 사료로는 확정하기 어려운 일이다. 그렇다면 또 다른 법화삼매 수행집이 있었는지도 아직 알 수 없다.

여기서 또 한 가지 눈여겨 볼 대목은 기림사 복장유물에서 발견된 『묘법연화경삼매참법』 3권본에는 "태정3년(泰定三年) 병인(丙寅) 오월(五月) 봉교(奉敎) 월산사(月山社) 개판(開版)"[37]이라 하여, 태정 3년(충

---

36) 閔漬, 『國淸寺金堂主佛釋迦如來私利靈異記』, 『동문선』 제68 記. "國統復喜 功山易成 命撰吉辰 以冬十月十四日 始立起三日 招集六山名德三千餘地 大張慶席 <u>初行自所新撰法華禮懺儀以落之</u>."

숙왕13, 1326) 월산사(月山祠)에서 개판했다는 것이다. 개판된 사찰 월산사에 대해서는 충남 청양의 백월산(白月山)에 있던 사찰만이 찾아지는데[38] 이곳인지 여부를 확인할 만한 근거도 미약하다.[39]

그런데 정오는 충렬왕 28년(1302) 괘탑암(掛塔庵)에서 보월산(寶月山, 월출산) 백운암(白雲庵)으로 옮겨와 주석하였다.[40] 만약 혹시 보월산 혹은 월출산에서 월산사라는 사찰명으로 불리기도 했다면 (같은 사찰이라면) 이 사찰이 앞의 삼매집이 개판된 월산사와 같은 곳은 아닐지 조심스럽게 추정해 본다.

앞에서 보았듯이 정오가 국청사 낙성식에서 1315년 사용했다는 삼매집이 『묘법연화경삼매집』이라고 하고, 정오의 하산소 보월산이 월산사와 같은 곳이라고 한다면 문제가 복잡해진다. 정오가 보월산(월산사)에서 이 삼매집을 편찬하고, 국청사 낙성식에서 사용한 후, 다시 충숙왕 13년(1326) 월산사에서 산긍이 개판한다는 것이 되기 때문이다. 이렇게 되면 정오가 이 삼매집을 편찬한 것이 되고 산긍이 후에 개판한 것이 된다. 여기에 대한 문제는 앞으로의 과제로 남겨놓는다.

---

37) 송일기, 「왕용사 삼존불상의 복장전적에 관한 연구」, 『한국문헌정보학회지』 42(2008), p.403.
38) 『신증동국여지승람』 제19권, 「청양현」, 민족문화추진추진회, p.153.
39) 송일기, 위의 글, p405. 주10)에서는 『동국여지승람』에 의하여 현 지명으로 충남 청양군 남양면 백금리 백월산에 있던 절이라 하면서, 후대인 영조 때 편찬된 『여지도서(輿地圖書)』에는 이름이 보이지 않는 것으로 보아 임진난 때 폐사되었을 것으로 판단하고 있다. 월산사에 대한 또 다른 곳은 원묘요세가 천태종 중흥의 사명을 자각한 것으로 알려진 곳이 월생산(月生山) 약사난야(藥師蘭若)이다.
40) 朴全之, 「靈鳳山龍巖寺重創記」, 『동문선』 권68.

4. 결어

우리나라 법화삼매의 수행은 백제 현광으로부터 시작되어 연원이 깊지만, 이후 몇 차례의 기록이 있을 뿐, 실제적으로 신행된 것은 고려시대 천태종이 개립되고 부터라고 할 수 있다. 특히 백련사에서는 법화삼매를 근본 수행법으로 신행하였다.

고려시대 법화신앙은 요세를 비롯해서 천척에 이르는 인물로 구성되어 무신집권 말기 때부터 백련사를 중심으로 신행되다가, 원나라 간섭기에 들어 고려왕실이 묘련사를 짓고 법화신앙의 도량으로 삼았다. 이때는 지방의 법화신앙자들이 중앙의 개경에 진출하여 묘련사를 중심으로 법화신앙을 전개하였다. 이들은 왕실과 고려 귀족들 특히 부원세력을 중심으로 기존의 법화신앙운동과 다른 신앙 양상을 보여준다.

백련사 계통에서는 천태지관과 법화삼매와 정토구생의 3문으로 닦았다. 법화삼매 수행집은 천태대사 찬술의 『법화삼매참의』를 그대로 수용하여 닦았다. 그리고 신행서는 지금은 전하지 않지만 진정국사(眞淨國師) 천책(1206~?)이 지은 『해동전홍록(海東傳弘錄)』이 사용되었다. 또한 이때 소의경전인 『법화경』은 계환해본 『법화경』을 독송하였다. 외호세력은 당시 최씨 무신정권이 적극 불사를 지원했다.

이에 비해 묘련사 후대에 이르면 원혜국통과 무외국통 의선 등이 중심인물로 법화삼매를 닦았다. 이때의 법화삼매 수행집은 고려 산긍이 찬술한 『묘법연화경삼매참법』으로 법화삼매를 신행하였다. 그리고 법화삼매를 올바로 닦도록 수행집에 대한 강의서로 영암사 주지 묘혜는 『법화삼매참조선강의』를 편찬하여 사용하였다. 이 강의서의 찬술자 묘혜는 요원의 『법화영험전』의 발문을 지었는데, 이 발문에 의하면 『법화경』을 올바로 신행하도록 하기 위해 강의서를 지었다고 하고, 그 신행의 증험으로 『법화영험전』을 보아야 한다고 밝히고 있다. 그런데 이때 신행된 『묘법연화경삼매참법』을 보면 천태대사의 『법화문구』에 의한 해설을 하고 있어서, 앞의 백련사 신행자들이 계환해를 『법화경』 주석으로 채택한 것과 비교된다. 그리고 그 외호세력도 당시 원나라 치하의 중요 세력가였던 조덕유 후손에 의해 지원을 받았다.

　이와 같이 본다면 고려 후기 법화신행은 백련사 중심의 법화삼매 수행에서 묘련사 중심의 법화삼매 수행으로 전개하였는데, 이때의 법화신앙운동은 고려에서 자체 편찬한 산궁의 법화삼매집 『묘법연화경삼매참법』을 사용했다는 것이다.

『관세음보살묘응시현제중감로
(觀世音菩薩妙應示現濟衆甘露)』에 나타난 법화사상[1)]

차차석

1. 들어가는 말

『관세음보살묘응시현제중감로(觀世音菩薩妙應示現濟衆甘露)』(1877년 발간, 이하 『제중감로』)는 조선후기 재가거사들의 수행결사단체인 묘련사를 중심으로 집성된 책으로, 제목에서 알 수 있는 것처럼 관음신앙을 주축으로 삼고 있다.[2)] 그러나 이 책에 나타난 불교사상은 매우 복합적이다. 관음신앙을 중심으로 화엄, 선, 정토, 반야사상 등 다양한 사상이 융합되어 있다.

다만 이 책은 거사들의 수행결사체인 묘련사를 중심으로 다년간 공부한 결과를 정리하고 여과하여 편집한 책이다. 복합적인 성격이

---

1) 『보조사상』 제43집(2015), pp.115-152.
2) 필자는 이미 『제중감로』에 나타난 관음사상에 대하여 발표한 바가 있다. 차차석, 「觀世音菩薩妙應示現濟衆甘露"에 나타난 관음신앙의 특징」, 『보조사상』 제39집 (2013), pp.217-252.

라 표현했지만 관음신앙이 주축이며, 동시에 『법화경』의 영향을 곳곳에서 발견할 수 있다. 흔히 『법화경』의 사상적 영향 하면 천태사상을 연상하지만 이 책에서는 천태사상의 편린을 발견하는 것은 쉽지 않다. 글자 그대로 『법화경』의 사상적 영향은 곳곳에서 찾아볼 수 있다. 『법화경』을 숙독하고 충분하게 소화하여 활용하고 있다. 그런 점을 논문의 제목에서는 편의적으로 법화사상이라 표현했다.

『법화경』이 조선불교의 중심 경전이 아니란 점은 이미 주지의 사실이다. 특히 강원의 중심 교재에서 『법화경』이 배제되고 대신 『대승기신론』이 추가되면서 조선불교는 화엄사상에 의지하게 된다. 조선시대를 대표하는 걸출한 승려들 중에 화엄사상가가 대다수를 차지한다는 점, 화엄과 선을 융합해 다양한 논쟁을 야기하는 조선불교 후기는 완전히 화엄사상이 꽃피는 시대라 말할 수 있다. 그런 만큼 『법화경』 또는 법화사상은 소외되었다고 말할 수 있다.

그러나 불교사상의 주류에서는 일탈해 있었지만 속신앙의 형태로, 당시 『법화경』이 지니는 영향력은 사라지지 않았다고 말할 수 있다. 사경이나 도상 등에서 『법화경』의 영향을 발견할 수 있기 때문이다. 다만 그런 시대적 사상적 배경 속에서 묘련사의 결사 주체들이 왜 『법화경』에 의거한 수행공동체를 구상하게 되었는지는 알 수 없다. 물론 그런 점은 연구의 과제로 남겠지만 『제중감로』를 통해 속신앙이 아닌, 지식인들이 인식하고 있던 조선 후기 『법화경』에 의거한 신앙의 형태를 알 수 있다. 그런 점을 통해 조선조 후기 불교계의 또 다른 사상적 흐름을 발견할 수 있다. 그들은 결사문과 사규(社規)를 만들어, 계율을 준수하고 삼독심을 제거하며 자타가 함께 안양국에 태어나길 발원하고 있다. 청정한 업을 닦아 상법과 말법시대의 불꽃 속에서 연꽃을 피우고자 하는 대승보살사상을 염원하고 있었던 것이다.[3]

필자는 이미 이 책에 투영된 관음신앙의 특징을 살펴본 바가 있기 때문에 본고에서는 『제중감로』에 『법화경』의 영향이 어떻게 표현되고 있는가를 살펴보는 데에 집중하고자 한다. 필자가 이 책을 읽으면서 느끼기에 이 책에 반영된 법화사상은 크게 두 가지 형태로 나타나고 있다.

첫째는 『법화경』의 내용을 인용하고 있는 경우이다. 경전의 글귀를 그대로 인용한 경우도 있지만 그렇지 않고 경전의 내용을 요약해서 인용한 경우도 있다.

둘째는 『법화경』의 사상을 응용하고 있는 경우이다. 이것도 두 가지 형태로 나누어 볼 수가 있는데, 먼저 『법화경』에서 사용되고 있는 중요한 단어나 개념을 차용하고 있는 경우이다. 수기나 여시란 단어를 활용해 자신들의 종교적 체험이나 사상을 표현하는 사례이다. 또한 표현은 달리하고 있지만 분명 『법화경』에 나타난 사상을 재구성하거나 재해석하는 경우이다.

이상의 두 가지 측면에서 이 책에 반영된 법화사상 또는 『법화경』의 영향을 분석한다면 당시 『법화경』에 대한 시각을 알아볼 수 있는 단초가 되리라 본다. 특히 재가자들이 『법화경』을 중심으로 불교적 결사를 시행했다는 것은 특별한 주목을 받아 마땅하다고 생각한다.

---

3) 보광거사, 『감로법회』(韓佛全12, pp.279상-281상).

다만 관음사상은 이미 별도의 논문에서 발표했기 때문에, 필요한 것이 아니면 인용하지 않으려고 한다. 그렇게 하는 것만으로도 필자가 기대하는 내용을 충분히 도출할 수 있을 것이라 생각한다.

2. 『법화경』의 내용이 인용된 경우

『법화경』의 내용이 인용된 것은 다양하다. 그 중에서 「방편품」, 「법사품」, 「신해품」, 「비유품」, 「약초유품」 등이 가장 많이 인용되거나 응용되고 있다. 중생을 구제하는 수단 또는 작용이란 점에서 방편이란 용어의 개념을 인식했기 때문이 아닌가 생각한다. 이하에서는 구체적으로 어떠한 내용들이 있는가를 살펴보기로 한다.

1) 여래의 심부름꾼

『제중감로』의 「고해자우품」 제1에 나오는 "중생들 속에 살면서 일을 함께 하고 제불을 대신해 마땅하게 교화하되 법을 연설함에 걸림이 없는 것이 마치 임금이 자유자재한 것과 같다."[4]란 구절은 「법사품」에서 "『법화경』의 한 구절만이라도 설법하는 선남자 선여인은 '여래의 심부름을 하는 사람이며, 여래가 보낸 분이며, 여래의 일을 행하는 분인 줄을 알아야 한다. 하물며 대중 가운데서 많은 사람들을 위

---

4) "處衆生而同事 代諸佛而宣化 演法無礙 如王自在."(韓佛全11, p.778하)

하여 널리 설한 공덕을 다 말할 수 있겠느냐?"는 경구[5]에 나오는 여래사(如來使), 여래소견(如來所遣), 행여래사(行如來事)의 내용을 압축해 인용한 것이다. 그것은 "제불을 대신해 마땅하게 교화한다(代諸佛而宣化)"라는 구절에서 알 수 있다.

그런데 여래의 심부름꾼을 의미하는 여래사(如來使)나 여래소사(如來所使)란 개념은 「십종원신품」과 「일체원통품」에서도 찾아볼 수 있다. 「십종원신품」에서는 열 가지의 원만한 믿음에 대해 설명하면서 "미망중생(迷妄衆生)은 부지여래지소사(不知如來之所使)"[6]란 구절이 나온다. 모든 중생을 여래의 일을 대신하는 존재들로 인식하고 있는 것이다. 또한 「일체원통품」에서는 "유정과 무정은 모두 보살의 화신이며, 큰 일이나 작은 일이나 여래의 소사(所使) 아님이 없다."[7]란 구절이 보이고 있다. 인용문에서 강조하는 여래지소사(如來之所使)란 바로 「법사품」의 특징 중 하나이다. 일체중생을 보살의 화신으로 인식하는 것은 화엄사상의 성기론적 관점이 아닌가 생각된다. 중생들이 그만큼 존엄하다는 인식은 대승적인 시각이 아닐 수 없으며, 그런데 그런 모든 존재들을 여래의 소사(所使)로 인식하고 있는 것은 존재의 의미를 보다 긍정적이고 적극적으로 해석한 결과라 인식된다.

법사는 여래의 일을 대신하는 사람이며, 부처님을 대신해 중생을 구제하는 실천자라는 의식이 내재되어 있다. 구제의 주체를 다른 곳에서 찾는 것이 아니라 결사에 참여한 사람 모두, 나아가 의식이 깨

---

5) "若是善男子善女人 我滅度後 能竊爲一人說法華經乃至一句 當知是人 則如來使如來所遣行如來事 何況於大衆中廣爲人說."(大正藏9, p.30하)
6) 韓佛全11, p.780중.
7) "有情無情總是菩薩之化身 大事小事無非如來之所使."(韓佛全11, p.788상)

어있는 중생 모두라 정의하고 있음을 알 수 있다. 경전에서 말하는 심부름꾼이나 대리자란 개념은 부처님의 이념을 계승해 사바세계에 살면서 보살도를 완성해야 한다는 신념의 표현이다. 법신, 보신, 응신의 개념이 명확하게 자리잡기 이전의 형태이지만 법사는 바로 부처님의 대리자란 점에서 이후의 대승경전에 출현하는 화신불(化身佛)과 상통하는 개념으로 인식되기도 한다. 그런 점에서 본다면 묘련사결사에 참여한 사람들은 『법화경』의 정곡을 명확하게 인식하고 있었다고 평가할 수 있다.

여기서 『제중감로』의 사상적 특징을 분명하게 드러내기 위해 중국을 대표하는 법화사상가인 천태와 길장은 이에 대해 어떠한 입장을 지니고 있었는지 살펴보기로 한다. 여래의 심부름꾼 또는 여래의 일을 대신 한다는 점에 대해 길장은 매우 현실적으로 풀이하고 있다. 즉 그는 『법화의소』에서 "여래의 심부름꾼이란 부처님의 가르침과 유훈을 선전하는 것이다. 여래가 파견했다는 것은 경전을 유통해 그 의미를 체득했다는 것이다. 반드시 그것을 맡기되 이치를 보내게 된다. 여래의 일을 행한다는 것은 '부처님은 중생을 이롭게 하는 것으로 일을 삼는다. 크게 설법하여 이로움이 있으면 여래의 일을 행하는 것'이다."[8]라 해설하고 있다.

또한 천태는 『법화문구』에서 다음과 같이 해설하고 있다.

마땅히 알아라. 이 사람이 바로 여래의 심부름꾼이란 것은 그 공덕과 과

---

8) 大正藏34, p.585상.

보를 밝히는 것이다. 경전은 지혜답게 설하고 있으며 이치답게 설한다. 오늘의 수행자가 여법한 가르침에 따라서 진리답게 선전한다면 바로 여래의 심부름꾼이다. 여래의 일을 행한다는 것은 지혜답게 비추어보고 이치답게 일하는 것이다. 오늘의 수행자에게 대비(大悲)가 있을 수 있다면 이 경전 중에 나오는 진여의 이치를 중생들에게 설해 이로움을 얻게 한다. 그렇다면 그것도 역시 여래의 일을 행하는 것이다.

관심석으로 여래의 심부름꾼을 해석하자면 다음과 같다.

"지혜의 마음으로 대상을 관조하면 대상이 바로 진여이다. 대상에서 지혜가 유발되므로 지혜를 여래의 심부름꾼으로 여긴다. 여래가 파견했다는 것은 지혜를 관조해 보니 진여 가운데서 나왔다는 것이다. 여래의 일을 행한다는 것은 모든 존재는 진여 아님이 없다. 그런 즉 진여가 바로 부처님의 일[佛事]이다."[9]

이상에서 간략하게 길장과 천태의 해석을 대비해 보았지만 길장보다 천태의 해석이 매우 현학적임을 알 수 있다. 그렇다고 길장과 천태가 묘련사의 결사에 참여했던 사람들과 사상적으로 교감했을 가능성에 대해서는 배제할 수도 긍정할 수도 없는 상황이지만, 『제중감로』에 나타난 내용에 의거한다면 상통의 가능성은 매우 낮다고 말할 수 있다. 그럼에도 두 사상가들과의 사상적 친연성을 따진다면 천태보다는 길장과 사상적 친근성이 있다고 말할 수 있다. 설법을 통해 중생을 구제하는 것이 법사요, 그러한 일을 하는 것이 여래의 심부름꾼이라 해

---

9) 大正藏34, p.109중.

석하는 것은 법화사상을 공감하고 있었다고 생각되기 때문이다. 반면에 천태의 해석은 수행에 입각해 있다는 점에서 차별성을 지닌다.

2) 방편사상

이미 앞서 설명했듯이 『제중감로』에는 방편사상의 영향을 강하게 드러내고 있다. 「무진방편품」이란 품명도 나오지만 방편과 진실, 삼승과 일승이라는 『법화경』의 사상적 특징이 잘 표현되고 있다. 이들의 인용 사례를 살펴보면 다음과 같다.

『제중감로』의 「고해자우품」에 의하면 "방편 따라 입문(入門)하되 원진(圓眞)하고 공적(空寂)한 법을 믿고 실제(實際)를 세워서 (각각의) 근기에게 보인다."[10]란 구절이 나온다. 결론적으로 말하자면 이 내용은 『법화경』「방편품」의 개시오입(開示悟入) 사상과 상통한다. 부처님의 지견을 열어서 보여주고 깨닫게 하고 그 길에 들어가게 한다는 것은 중생을 제도하는 것이 무엇보다 중요하다는 『법화경』의 정신을 함축하고 있다. 그런데 이 구절에선 방편을 따라서 입문하며 원진(圓眞)하고 공적한 법을 믿으며 실제를 세워 근기에 맞추어 보여준다고 하는데, 그것은 중생의 근기에 따라 교화하되 방편의 문을 열어 진실의 세계를 보여준다고 하는 법화의 핵심을 표현한 것이라 본다. 이러한 방편사상은 「일체원통품」에선 "부처님께서 자비를 베푸시어 근기에 따라 법을 설한다. 법은 비록 한 맛이지만 (들어가는) 문은 백 천

---

10) "隨方便而入門 信圓眞空寂之法 立實際而示機."(韓佛全11, p.778하)

가지이다."¹¹⁾라는 구절로 보다 명확하게 표현된다. 인용문에서 강조하고 있는 "근본은 동일한 맛"이란 일승을 말하며, 다만 "들어가는 문이 다양할 뿐"이란 삼승의 방편을 의미한다. 그렇다면 역시 회삼귀일로 표현되는 법화의 방편사상이다.

그런데 방편문을 시설하는 것에 대해 『제중감로』는 "일체중생은 무시겁 이래 삼악도에 떨어져 9류에 침륜하며 괴로운 과보가 그치지 않지만 영원토록 벗어날 기약을 할 수 없다."고 한다. 삼계를 불난 집으로 보는 것과 동일한 인식이다. 그렇기 때문에 그들을 위해 방편문을 열지 않을 수 없다는 입장이다. 이러한 입장은 『제중감로』의 「반본환원품」에서도 표현되고 있다. 즉 "삼계의 화취(火聚)를 가엾이 여겨 널리 방편을 열었으며, 인연따라 응현하되 제도하는 것이 헤아릴 수 없다."¹²⁾는 인식이다. 또한 「무진방편품」에서는 "중생을 제도하는 방편은 이처럼 자유자재하다. 걸림없음으로 본체를 삼고 원융함으로 작용을 삼으니, 비로소 삼세제불의 일대사 인연이 다만 중생을 제도하는 한 가지의 일에 있을 뿐임을 알게 된다."¹³⁾고 보다 명확하게 밝히고 있다. 인용문 중에서 대사인연이란 『법화경』「방편품」에서 핵심이 되는 일대사인연을 지칭하는 것이며, 다른 표현으로는 개시오입이다. 그런데 그런 모든 것은 중생을 제도하여 그들을 행복하게 한다는 일념 이외에는 있을 수 없다는 점을 강조한다. 중요한 것은 현실적인 수단 또는 방편이다. 그러나 일률적이지 않다는 점에서 시대상황과

---

11) "導師垂慈 隨機說法 法雖一味 門則百千."(韓佛全11, p.787중)
12) "悲憫三界之火聚 廣開方便 隨緣應現 濟之無量."(韓佛全11책, p.797하)
13) "度濟衆生之方便 如是自在 以無礙爲體 圓融爲用 則方知三世諸佛之大事因緣 只在於濟衆一事矣."(韓佛全11책, p.807상)

중생과 구원의 주체자가 어떠한 의식을 지니고 있는가에 따라 달라질 수 있다고 본다.

『법화경』의 「방편품」에는 다음과 같은 설법이 있다. 부처님께서 사바세상에 출현하신 이유와 목적이 무엇인가를 밝히고 있는 설법이다.

> 왜냐하면 모든 부처님께서는 오직 일대사인연 때문에 세상에 출현하시느니라. 사리불아, 어찌하여 모든 부처님께서 세상을 위하고 사람들을 위하여 오직 일대사인연을 가지고 세상에 출현하신다고 하는가? 모든 부처님께서는 중생들에게 부처님의 지혜를 열어 주어 청정함을 얻게 하시려고 세상에 출현하시며, 모든 중생들에게 부처님의 지혜를 나타내 보여 주시려고 세상에 출현하시며, 모든 중생으로 하여금 부처님의 지혜를 깨닫게 하시려고 세상에 출현하시며, 모든 중생들로 하여금 부처님의 깊은 지혜의 길로 들어가게 하시려고 세상에 출현하시느니라. 사리불아, 이것이 모든 부처님께서 오직 일대사인연 때문에 이 세상에 출연하시게 되는 것이니라.[14]

이상의 인용문에 의하면 부처님께서는 그의 지혜를 열어서 보여주고 깨닫게 하고 그 지혜의 길로 들어가게 하기 위해 이 세상에 출현했다고 선언한다. 이것을 일대사인연(一大事因緣)이라 지칭하며, 다른 표현으로는 출세본회(出世本懷)라 한다. 일대사인연이란 '인생에서 가장 중요한 인연'이라는 의미이며, 출세본회란 이 세상에 나오신 궁극

---

14) "所以者何. 諸佛世尊 唯以一大事因緣故出現於世 舍利弗 云何名諸佛世尊唯以一大事因緣故出現於世 諸佛世尊 欲令衆生開佛知見使得淸淨故出現於世 欲示衆生佛之知見故出現於世 欲令衆生悟佛知見故出現於世 欲令衆生入佛知見道故出現於世 舍利弗 是爲諸佛以一大事因緣故出現於世."(大正藏9, p.7상)

적인 목적이란 의미를 내포하고 있다.

인용문에서 언급된 부처님의 지혜란 불지견(佛知見)을 번역한 것인데, 불지견이란 모든 존재의 참다운 모습에 관한 진리를 남김없이 깨달아 비추어보는 부처님의 지혜를 의미한다. 불지견을 범어로는 tathagata-jñāna-darsana라 하는데, "부처님의 본질적인 지혜에 의해서 활용되는 인식능력"이며, 그렇기 때문에 부처님의 지혜라 번역한 것이다. 이것을 『법화경』에 나오는 다른 용어로 바꾸어 표현하면 일승(一乘)이나 일해탈(一解脫) 등이 있으며, 『열반경』이나 여타의 대승경전에서는 불성이라 표현하기도 한다. 그리고 이러한 단어의 특징은 논리적으로 설명하는 것이 쉽지 않다는 점이다. 어느 정도까지는 논리적 설명이 가능할지라도 그 범주를 넘어서면 불교적 수행에 의해서만 체험할 수 있기 때문이다.

그러나 일대사인연이란 인간과 인류에 대한 보편적인 구원을 의미한다. 불교라는 종교의 존재 이유가 모든 중생의 보편적인 구원에 있다고 인식하고, 그러한 실천을 강조하고 있다는 점에서 그 의미가 매우 크다. 중생이란 단어의 개념은 인간에 국한된 것이 아니라 전 생명을 포괄하는 개념이기 때문이다. 그런 점에서 부처님께서 이 세상에 나오신 목적이 중생을 위한 것이라는 정의는 희망적인 메시지가 분명하다.

중생 또는 모든 생명에 대한 봉사와 헌신, 의식의 각성과 포용적 자세의 강조 등은 『법화경』뿐만 아니라 이미 초기불교시대 이래 불교의 본질이 되어 있다. 초기불교 문헌에 보이는 '전도선언(傳道宣言)'을 비롯해 수많은 대승경전에서 다양한 방식으로 표현하고 있다. 대승불교운동은 초기불교 이래 중시했던 전도선언의 망각에서 촉발되었다고 해도 과언이 아니다. 다만 『제중감로』에서 강조하는 방편과 불교적인 구제의 상호관계성은 『법화경』의 「방편품」에서 강조하고 있는 출세본회의 정신을 그대로 잘 표현하고 있다는 점이다.

3) 부처님의 애자(愛子)

『제중감로』의 「일체원통품」 제4에 다음과 같은 구절이 있다.

> 삼계는 뜨거워 괴로우니 마치 불난 집과 같다. 미혹하고 뒤집혔으니 생사의 노두(路頭)에서 윤회를 감수한다. 위대한 성인이 가엾이 여겨 근기에 따라 가르침을 베푸시니 만법이 함께 밝아지고 천문(千門)이 순식간에 원숙해진다. 대비(大悲)가 끊어지지 않고 평등하게 상주하니 병에는 의사가 되고, 괴로움에는 즐거움을 준다. 인연 따라 감응하니 모두가 이로움을 보인다. 왜냐하면 중생은 보살의 사랑하는 자식이기 때문이다. 보살은 중생의 자비스러운 어머니기 때문이다.[15]

이것은 『법화경』「비유품」에 나오는 화택의 비유를 인용한 것으로 볼 수 있다. 경전에 의하면 화택의 비유를 설한 뒤에 이어서 "사리불아, 여래도 또한 이와 같아서 일체 세간의 아버지가 되느니라. 모든 두

---

15) "三界熱惱 譬如火宅 而迷倫顚倒 生死路頭 甘受輪轉 大聖悲憫 應機垂訓 萬法竝彰 千門頓圓 大悲相續 平等常住 於病作醫 於苦與樂 隨緣隨感 皆示利益 何以故 衆生是菩薩之愛子故 菩薩是衆生之慈母故."(韓佛全11, p.786상)

려움과 쇠락함과 고뇌와 근심, 그리고 환난과 무명과 암폐(闇蔽)를 영원히 제거하여 남음이 없게 하느니라."16)거나 "그러나 삼계의 썩고 낡은 불타는 집에 태어나서 중생들의 생로병사와 우비고뇌, 그리고 어리석음과 암폐(闇蔽)라는 삼독의 불을 건너도록 교화하여 아뇩다라삼먁삼보리를 얻게 하느니라."17)는 구절이 있다. 또는 "여래는 또한 이와 같으니라. 일체 중생의 아버지가 되었으니 만일 무량한 억천(億千)의 중생들을 보면 부처님의 가르침의 문으로 삼계의 괴롭고 두려운 험도(險道)를 벗어나와 열반의 즐거움을 얻게 하느니라."18)고 한다.

이상에서 인용문과 경문을 대비하여 살펴보면 중생들이 사는 세상을 삼계의 화택으로 묘사하고 있으며, 그러한 중생들을 가엾이 여기고 구원의 손길을 내미는 것이 부처님이나 보살로 묘사되고 있다. 다만 경전의 「비유품」에서는 부처님과 중생을 아버지와 자식의 관계로 묘사하고 있다면, 『제중감로』에서는 어머니와 자식의 관계로 설정하고 있다. 자비를 강조하는 데서 기인한 것으로 판단된다. 설정은 여하튼 중생을 자식으로 인식하고 그들을 위해 헌신적인 사랑을 베풀어주는 구도는 동일하다. 그런데 그러한 관계는 쌍방향이 아니라 일방적이며, 그처럼 일방적인 관계 속에서 조건 없는 사랑을 베푸는 것이 『법화경』의 사상적 특징이다. 그러한 것을 『제중감로』에서 "위대

---

16) "舍利弗 如來亦復如是 則爲一切世間之父 於諸怖畏衰惱憂患無明闇蔽 永盡無餘."(大正藏9, p.13상)
17) "而生三界朽故火宅 爲度衆生生老病死憂悲苦惱愚癡闇蔽三毒之火 敎化令得阿耨多羅三藐三菩提."(大正藏9, p.13상)
18) "如來亦復如是 爲一切衆生之父 若見無量億千衆生以佛敎門出三界苦怖畏險道得涅槃樂."(大正藏9, p.13하)

한 성인이 가엾이 여겨 근기에 따라 가르침을 베푸신다(大聖悲憫 應機 垂訓)"란 구절이나 "인연 따라 감응하니 모두가 이로움을 보인다(隨緣 隨感 皆示利益)"란 구절로 표현하고 있다.

이러한 인식은 『제중감로』의 「무진방편품」 제8에서도 찾아볼 수 있다. 중생들이 착각하고 오해하는 열 가지의 병이 있다는 전제 속에서 각각의 내용을 설명하는데, 그중에서 다섯 번째에 해당하는 항에서 "일체중생은 모두 부처님의 사랑하는 자식인데 비앙(悲仰)하지 않고 전적으로 자비심을 지니지 못하는 것"[19]은 치명적인 병이라 간주한다. 물론 그 전에 일체중생은 모두 본래 부처님이며, 공경해야 함에도 버리는 물건처럼 취급하는 것을 첫 번째의 병으로 보며, 나아가 일체중생은 모두 미래의 부처님인데 형상을 분별하며 헛되이 아만심을 일으키는 것이 두 번째의 병[20]이라 진단한다. 동일한 인식의 지평 위에서 중생을 부처님의 사랑하는 자식으로 인식하고 있다.

그런데 천태는 「비유품」에서 장자가 아들들에게 똑같이 대백우거를 주는 장면을 다음과 같이 해설한다.

> 아들이 평등하기에 그들의 마음도 평등할 수밖에 없다. 이는 일체중생이 다 평등하게 불성이 있음을 비유하는 것이니 불성이 같은 까닭에 똑같이 아들인 것이다. 수레가 평등하다 함은 법이 평등한 까닭에 불법 아님이 없다는 것이다. 이는 온갖 법이 다 대승임을 비유함이니 대승인 점이 같은

---

19) "一切衆生 盡是佛之愛子 不同悲仰 全無慈悲 爲病五也."(韓佛全11, p.801하)
20) 『법화경』 「상불경보살품」에서 보살이 중생을 경멸하지 못하는 이유로 제시하는 것과 내용상 상통한다.

까닭에 똑같이 대거인 것이다.[21]

불성이란 개념을 통해 중생은 평등하며, 그렇기에 동일하게 부처님의 사랑을 받을 자격이 있다는 점을 알려준다. 동시에 중생을 차별하는 것은 불성에 대한 차별이란 점에서 근본적인 오류가 아닐 수 없다.『제중감로』의「반본환원품」제8에서 중생의 형상을 보고 분별하거나 그들에게 자비심을 베풀지 않는 것은 근본적인 잘못이란 의미에서 병으로 설명하고 있는 점은 대승불교의 정곡을 지적한 것이라 말하지 않을 수 없다.

그런데『법화경』의 핵심개념인 일불승(一佛乘) 혹은 일승(一乘)을 불성과 동일한 개념으로 해석하게 된다면 중생을 제도하기 위해 전개하는 다양한 방편은 회삼귀일(會三歸一)이라는「방편품」핵심사상의 또 다른 표현이라 말할 수 있다. 다만 이 책에서 친절하게 느끼지는 것은 불성이나 부처님을 실체적으로 인식할 수 있는 여지를 사전에 차단하고 있다는 점이다. "불신은 원만하기가 허공과 같아서 본래 거래(去來)가 없다. 다만 중생을 위해 세상에 출현해 무량한 묘법(妙法)으로 열뇌(熱惱)를 식히고 청량한 세계에 들어가게 한다."[22]라는 인식이 그것이다.「법사품」에 나오는 원생보살사상을 선사상에 입각해 독자적으로 표현했다고 볼 수 있다. 여하튼 불신(佛身)은 허공과 같이 실체적으로 존재하는 것은 아니고 시간을 초월해 존재하지만 중생을

---

21)『법화문구』(大正藏34, p.71상)
22) "佛身圓如虛空 本無去來 只爲衆生 出現於世 以無量妙法 使息熱惱 入淸涼界."(韓佛全11, p.797하)

위해 세상에 출현해 중생들을 청량한 세계에 들어가게 한다는 것이다. 이러한 인식은 불교라는 종교의 존재 의의를 본질적으로 생각하고 있는 것이지만 「법사품」의 원생사상, 「방편품」에 나오는 출세본회사상, 「비유품」의 내용을 융합해 표현한 것이라 볼 수 있다.

그런데 회삼귀일론(會三歸一論)은 「비유품」 이전에 이미 「방편품」에 나오고 있으며, 「수학무학인기품」 제9까지 이어진다. 그렇게 보면 일승이란 『법화경』의 근본 입장을 대변하는 용어이다. 그러나 『법화경』 전체를 통해 이 입장이 강력하게 주장되는 것은 「방편품」이다. 이 품에서는 여래의 출세본회를 설명한 뒤에 다음과 같이 설하고 있다.

> 사리불아, 여래는 단지 일불승(一佛乘)으로 중생들을 위하여 이 가르침을 설하실 뿐 다른 법은 없거늘, 어찌 이승이 있고 삼승이 있겠느냐?[23]

경전은 인용문에 이어서 일승이 시방삼세 모든 부처님들의 공통적인 가르침이라는 것을 강조한다. 과거 현재 미래의 모든 부처님은 동일하게 불승이나 일승을 설하고 있으며, 그 설법을 들은 중생들은 모두 위없이 바르고 평등한 깨달음을 성취하게 된다고 설한다. 결국 일대사인연이란 개시오입으로 표현되었지만, 그것을 다시 압축하면 일승이며, 모든 중생을 일승의 세계로 인도하기 위해 방편의 힘으로 법을 설한다고 강조한다.

---

23) "舍利弗 如來但以一佛乘故爲衆生說法 無有餘乘若二若三."(大正藏9, p.7중)

사리불아, 이처럼 모두 일불승과 일체종지를 얻게 하고자 함이니라. 사리불아, 시방세계에는 2승도 없거늘 어찌 하물며 삼승이 있겠느냐?[24]

모든 부처님은 방편의 힘으로 일불승을 분별하여 삼승을 설하느니라.[25]

너희들은 마땅히 일심으로 믿고 부처님의 말씀을 받아들여라. 모든 부처님 여래의 말씀에는 허망함이 없느니라. 이승이나 삼승은 없고 오직 일불승만 있느니라.[26]

이상에서 보았듯이 도처에서 일불승 또는 일승을 강조하고 있다. 그런데 경문에선 일승을 무일무이(無一無二)한 것으로 표현하고 있다. 중생을 교화하기 위해 그것을 삼승으로 나누어 설했다는 것은 중생의 근기에 맞추어 그들을 교화하고자 하는 「방편품」의 핵심에 어긋나지 않는다. 그리고 이런 가르침은 초기불교시대로 소급하면 『수타니파타』에서도 그 원형을 발견할 수 있다.

진실로 진리는 하나뿐이며, 제2의 진리는 존재할 수 없다. 그 진리를 아는 사람은 다투는 일이 없다. 그들은 각기 다른 진리를 찬양하고 있다. 그러므로 사문은 동일한 것을 말하지 않는다.[27]

---

24) "而爲說法 舍利弗 如此皆爲得一佛乘一切種智故 舍利弗 十方世界中尙無二乘 何況有三."(大正藏9, p.7중)
25) "諸佛以方便力 於一佛乘分別說三."(大正藏9, p.7중)
26) "汝等當一心信解受持佛語 諸佛如來言無虛妄 無有餘乘唯一佛乘."(大正藏9, p.7하)
27) 법정 역, 『수타니파타』 884게송, 민음사, 1980(중판).

진리는 하나뿐이며, 그렇기에 상대적 가치를 존중하고 다투지 않는다는 것은 여러 가지의 의미를 함축하고 있다. 상대적 가치를 인정하지 못하는 것은 대승불교운동의 전개와 함께 기존 교단과의 대립과 갈등을 야기했다. 반야부 경전에 의지하는 대승운동가들은 기존의 불교교단을 소승이라 폄하하고 있었으며, 그들은 결코 성불할 수 없다고 저주했다. 그러나 그런 갈등과 대립이 결코 대승불교운동의 본질이 될 수 없으며, 나아가 불교의 근본이 아니라는 점에서 반성의 여지가 있었다. 배척하고 비방하는 것이 불교가 될 수 없었기 때문에 그런 반성과 고민은 깊어져야만 했다. 『법화경』은 그런 점에서 진리의 동일성을 수긍하고 일체를 포용하고자 했다. 그런 점에서 일승을 분별해 삼승으로 나누었지만, 그 삼승은 결국 일승이라는 동일한 곳으로 귀착될 수밖에 없다고 주장한다.

또한 경문에 의하면 부처님은 오탁악세에 출현한다고 되어 있다. 그때 삼승은 교묘한 교화방법인 방편으로 설해진다. 「방편품」에서 일승을 주장하는 것은 『법화경』 전체의 구성에서 볼 때, 시원적이고 핵심적인 내용이라 볼 수 있다. 「비유품」에서는 화택의 비유를 설하고 나서 다음과 같이 말한다.

> 다만 지혜와 방편으로 삼계의 불타는 집에서 중생을 제도하기 위해 성문과 벽지불과 불승(佛乘)의 삼승을 설하면서 이렇게 말씀을 하셨느니라.
> "너희들은 삼계의 불타는 집에 머무는 것을 좋아하지 말라. … 만일 탐내고 애착하면 불에 타게 되느니라. 너희들이 삼계에서 빨리 벗어나면 반드시 성문과 벽지불과 불승을 얻으리라. 내가 이제 너희들을 위하여 이 일

을 책임지고 보증하리니 결코 허망하지 않으리라. 너희들은 다만 부지런히 정진하라. 여래는 이러한 방편으로 중생을 유도해 나갈 것이다."[28]

이러한 내용이 바로 회삼귀일(會三歸一)로 알려진 법문이다. 이미 이상의 경문에서 살펴보았듯이 3승이란 방편설이지만 이러한 수레에는 차별이 없다고 말한다. 그것은 기질이나 개성의 차이 정도로 인식하고 있다. 따라서 교리를 삼승에 대입하여 성문승은 4성제를, 연각승은 12인연설을, 보살승은 6바라밀을 좋아하는 무리로 간주하며, 어느 가르침에 의지하든 결국은 일불승의 세계로 귀착된다고 한다. 그런 점에서 차이는 비판이나 배척의 대상이 될 수 없으며, 일불승이 개성 따라 표현된 것이기에, 그리고 일승에 의해 공통분모를 지니는 것이기에 상호존중하고 배려하는 것이 중요하다는 점을 말하고자 한다. 『제중감로』는 그런 점을 인식하고 화엄의 성기론을 활용해 상대적 가치의 중요성을 설명하고 있는 것으로 판단되며, 그렇지만 그것은 법화의 방편사상과 연결시키고 있다는 것을 알려주고 있다.

여기서 또 하나 생각할 것이 있다. 『법화경』을 중국에서 해석한 주석서들이 후대에 막대한 영향을 미쳤다는 점이다. 그렇다면 중국의 불교사상가들이 일승을 중요하게 생각한 또 다른 이유는 없을까? 일승이 삼승을 융합하며 모든 존재에 보편적으로 존재하는 보편자의 속성을 일정 정도 지니고 있다는 점에서, 중국인들의 심층 속에 자리

---

28) "但以智慧方便 於三界火宅拔濟衆生 爲說三乘聲聞辟支佛佛乘 而作是言 汝等莫得樂住三界火宅 ...若貪著生愛則爲所燒 汝速出三界 當得三乘聲聞辟支佛佛乘 我今爲汝保任此事 終不虛也 汝等但當勤修精進 如來以是方便誘進衆生."(大正藏9, p.13중)

잡고 있는 전통사상의 영향도 고려하지 않을 수 없다. 즉 중국인들 역시 불교가 전래되기 이전부터 일(一)이란 숫자에 특별한 의미를 부여하고 있었다. 그들은 하나를 절대시하여 도의 다른 표현으로 생각했다. 그렇게 본다면 불교가 전래되기 이전부터 삼현학(三玄學)에서 중시했던 도(道)나 무(無), 혹은 일(一)의 영향 속에서 일승과 삼승을 체용의 관계 또는 유무론(有無論)의 형태로 해석하고자 했던 것으로 볼 수 있다. 그것이 중국의 법화사상가들이 주장하는 권실론(權實論), 방편과 진실, 혹은 체용론으로 귀착된 것이다.『제중감로』에서 흔히 활용되고 있는 논리체계 역시 권실론 혹은 체용론이다. 이런 점은 일(一)을 도(道)와 동일한 개념으로 인식하고 있었기에 가능한 것이라 말할 수 있다. 대표적인 것이 노자의 수일(守一)사상이다.

때문에 성인은 하나를 포용하여 천하의 법식으로 삼는다.[29]

옛날에 하나를 얻으면 하늘은 하나를 얻어서 청정해지며, 땅은 하나를 얻어서 평안해지며, 정신은 하나를 얻어서 신령스러워지며, 계곡은 하나를 얻어서 가득 차며, 만물은 하나를 얻어서 태어나며 후왕은 하나를 얻어서 천하를 바르게 한다. 모두 하나에 이르는 것이다.[30]

그것은 나누어지는 것이 이루어지는 것이며, 그것은 이루어지는 것이 허물어지는 것이다. 무릇 만물에는 이루어짐과 허물어짐이 없나니, 또한 통하

---

29)『노자』22장(朝日文庫 상, 1992, p.169). "是以聖人 抱一爲天下式."
30)『노자』39장(朝日文庫 하, 1992, p.19). "昔之得一者 天得一以淸 地得一以寧 神得一以靈 谷得一以盈 萬物得一以生. 侯王得一以天下貞 其致之一也."

여 하나가 된다. 오직 통달한 사람만이 통하여 하나가 됨을 안다.[31]

그리고 하나를 중요하게 여기는 사상은 선종에도 영향을 미치고 있다.[32] 즉 남종선의 4조로 알려진 도신(道信)은 "하나를 지켜 움직이지 않으니 동정이 상주한다. 능히 배우는 사람들로 하여금 불성을 분명하게 보아 선정의 문에 빨리 들어가게 한다."[33]고 말한다. 그리고 도신의 법을 계승한 5조 홍인은 수일(守一)을 수심(守心)이나 수일심(守一心)으로 표현하고 있다.

이처럼 일(一)이란 중국인들이 형이상학적인 본질로 인식하고 있던 도(道)의 또 다른 표현이었기 때문에 일승을 본질로 파악하거나 도와 마찬가지로 보편자 또는 통일자의 속성으로 이해하는 데에 장애를 느끼기 않게 된다. 의도적이라 말할 수는 없지만 문화적 환경을 고려한다면 일승을 도의 개념으로 이해하고자 했던 중국사상가들의 영향이『제중감로』에도 투영되어 있다고 보아야만 한다. 물론 그러한 사상적 영향은 방편사상과 유기적인 관계 속에서 해석된다.

---

31)『장자』「제물론」(동서문화사, 1978, p.58). "其分也成也 其成也毁也 凡物無成與毁, 復通爲一. 唯達者知通爲一."
32) 吉岡義豊,『道敎と佛敎』제3, 일본: 國書刊行會, 昭和51. p.295에 의하면 도교는 내단(內丹)의 수련을 중시하므로 수일(守一)의 초점이 내신(身內)에 있지만 선종의 수일은 능숙한 수행자는 신외(身外)에서 일(一)을 관상(觀想)하지만 초심자는 신내(身內)에서 일(一)을 관상한다고 본다. 선종과 노장은 일(一)의 개념이 다르지만 사유체계는 유사한 점이 많으며, 선종에 영향을 준 것은 부인할 수 없다.
33)『능가사자기』(大正藏85, p.1288상). "守一不移 動靜常住 能令學者 明見佛性 早入定門."

4) 「약초유품」과 기타 인용

『제중감로』에는 이상에 소개한 내용 이외에 「약초유품」을 연상하는 내용을 찾아볼 수 있다. 특히 『제중감로』의 「무진방편품」에서 「약초유품」을 인용하거나 응용한 사례를 많이 찾아볼 수 있다. 구체적인 내용을 적시하면 다음과 같다.

> ① 예컨대 태양이 초목을 발생시키되 치우침이나 사사로움이 없으며, 형태나 자취가 없으며, 있으되 치우친 있음이 없으며, 사사로운 유무가 없으며, 형태는 있으나 자취가 없으니 치우침 아님도 아니며 사사로움이 없는 것도 아니며 형태가 없는 것도 아니며 자취가 없는 것도 아닌 것과 같다. 이러한 가운데 불가사의함으로 초목들마다 각각 그 종류에 따라 각각 그 마땅함을 얻게 하니, 어떠한 방편으로 이러하며 어떠한 선교(善巧)로 이러한지 알지 못하는구나!.[34]

이상의 인용문에 의하면 태양이 빛을 뿌려 초목을 기르지만 치우침이나 사사로움이 없으며 자취를 남기지 않는다고 말한다. 그럼에도 초목은 각각의 근기에 따라 충분하게 그 빛을 수용한다고 말한다. 다만 『법화경』「약초유품」과 다른 것이 있다면 구름이나 비 대신 태

---

34) "譬如東君 發生草木 無偏無私 無形無跡 有無偏有 無私有無 形有無跡 非無偏 非無私 非無形 非無跡 如是之中 能使難思議 草草木木 各隨其品 各得其宜 不識何方便而如是 何善巧而如是乎."(韓佛全11, p.810중)

양을 부처님의 평등한 자비로 묘사하고 있다는 점이다. 하지만 태양이나 비의 은택을 통해 성장하는 초목을 중생에 비유하고 있는 점은 동일하다. 그런 점은 경전의 영향 속에서 이해하기 쉽게 응용된 결과라 볼 수 있다. 그런데 인용문에서 "각각 그 종류에 따라 각각 그 마땅함을 얻는다(各隨其品 各得其宜)"란 구절은 「약초유품」에서 강조하는 상대적 가치의 존중을 잘 표현하고 있는 것으로 느껴진다. 각각의 품성에 따라 각각 그 필요한 것을 얻는다는 구절 때문이다. 『제중감로』의 「불가사의품」 제9하에서는 보다 구체적으로 다음과 같이 해설한다. 즉 "빛을 받는 일은 각각 그 양에 따라 모양에 차별이 있다. 그러나 빛을 내는 근본에는 싫고 좋고 편협하고 사사로움이 없다."[35]고 한다. 여기서는 법우(法雨)를 받아들인다는 용어 대신에 부처님의 지혜의 빛을 받아들이는 것이라 표현하고 있으며, 초목이 각각의 기량에 따라 햇볕을 받아들이되 현상적으로는 다양한 차별이 있다는 것, 그러나 비추어 주는 주체인 빛, 말하자면 부처님의 크신 자비는 호오미추의 차별을 두지 않는다고 밝힌다.

② 자유자재한 자우(慈雨)로 그 믿음의 뿌리(信根)를 적시며, 자유자재한 지풍(智風)으로 그 시대의 꿈(劫夢)에서 깨어나게 하며, 자유자재한 혜월(慧月)로 오랫동안 성천(性天)에 머무르며, 자유자재한 원운(願雲)으로 수행하는 땅(行地)을 벗어나지 않는다. 이치마다 이러하고 일마다 이러하니 절대로 한 곳에 묶이지도 말고 한 곳을 떠나지도 말라.[36]

---

35) "受光者 各隨其量 其形有差有別 然照光之本 無憎無愛 無偏無私."(韓佛全11, p.819 중)

이상의 내용은 「약초유품」의 내용을 보다 세세하게 풀어서 설명한 것이다. 다만 부처와 중생의 상호관계라는 점에 주목하고 있다. 자우(慈雨), 지풍(智風), 혜월(慧月), 원운(願雲)은 부처님의 자비가 주체적으로 형상화된 것이다. 동시에 이러한 사고는 외적 실재로 인식되기 쉬운 부처를 수행자 자신의 종교적 실천의 완성으로 승화시키기도 한다. 상대적으로 신근(信根), 겁몽(劫夢), 성천(性天), 행지(行地)는 초목처럼 자비의 대상이지만 중생들이 지니는 품성의 다양성을 의미한다. 그렇지만 그러한 품성은 자비의 실천을 통해 전환할 필요가 있다는 것을 강조한다. 인용문은 「약초유품」의 내용을 주체적인 입장에서 재해석한 것이며, 묘련사에 참여한 대중들의 입장이 무엇인가를 분명하게 드러내는 것이기도 하다.

③ 시방의 국토에 인연 따라 출현해 인연 따라 감응하니, 일체의 고난과 신형(身形)과 천지에서 각각 그 근기에 따라 원만하게 교화하고 평등하게 성숙시킨다.[37]

이상의 내용은 시공을 초월해 어떠한 유형의 존재나 고난 속에서도 중생의 근기에 따라 원만하게 교화하고 중생을 성숙시킨다는 점에서 「약초유품」의 내용을 잘 표현하고 있다고 말할 수 있다. 다양한 초목이 부처님의 법우(法雨)를 받아 성숙하되, 각각 만족하면서 부족함을

---

36) "以自在之慈雨 潤其信根 以自在之智風 醒其劫夢 以自在之慧月 長住性天 以自在之願雲 不離行地 理卽如是 事事如是 切莫繫於一處 切莫離於一處."(韓佛全11, p.810하)

37) "十方國土 無盡刹海 隨緣出現 隨緣赴感 於一切難 於一切苦 於一切身 於一切形 於一切天 於一切地 各隨其根 圓滿之而敎化 平等之而成熟."(韓佛全11, p.814중)

모른다는 경전의 내용을 표현하고 있는 것이다. 부처님의 자비는 그 대상이 한정되어 있지 않다. 시간과 공간을 초월해 전개될 뿐만 아니라 종의 차이를 넘어서 있다. 「묘음보살품」이나 「관세음보살보문품」에서 강조하는 이류중행(異類中行)은 그러한 사실을 잘 보여주는 것이다. 그런데 「약초유품」은 다양한 중생을 약초에 비유하고 있다는 점에서 이류(異類)와 개념적으로 상통점이 있다. 그런 점에서 『제중감로』역시 부처의 자비는 종의 차이나 시공을 초월해 존재한다는 점을 강조하며, 「약초유품」의 내용을 응용해 설법하고 있다.

④ 우물 속에서 달을 보는 지혜로 아만이란 높은 산을 일으키고, 스스로 이미 불지(佛智)를 깨달았다고 해서 진불(眞佛)을 보고도 받들지 않으며 가아(假我)를 세워서 교만함을 일으킨다. 만일 이처럼 수행한다면 보배를 소장하고도 스스로 가난해서 즐겁지 않은 것과 같다.[38]

이것은 「오백제자수기품」에 나오는 의리계주(依裏繫珠)의 비유를 응용한 것이다. 인용문의 마지막 구절은 계주(繫珠)의 비유로 널리 알려진 내용을 독자적으로 해석한 것이라 이해할 수 있다. 물론 이 구절에서 옷 속에 귀중한 무가시보를 소유하고 있으면서도 그것을 알지 못하고 가난하게 사는 사람을 장보자빈(藏寶自貧)이라 정의하고 있다. 그런데 그런 당사자는 다름 아닌 중생이란 점을 말하고자 한다. 그러한 중생을 구체적으로 살펴보면 우물 속의 개구리처럼 작은 식

---

38) "以井中見月之智 起我慢之高山 自許已證佛智 見眞佛而不敬 立假我而生慢 若如是修行 則如藏寶自貧 不見快樂矣."(韓佛全11, p.804중)

견을 지니고 있음에도 최고라는 아만을 일으키는 사람이다. 아직 깨닫지 못했으면서 깨달았다고 착각하고 교만한 마음을 일으켜 남을 능멸하는 사람이다. 오온개공(五蘊皆空)이라는 무상의 이치를 통찰하지 못하고 가아(假我)를 진아(眞我)로 착각하는 사람이다. 보배를 지니고 있지만 가난하게 사는 사람이란 바로 그런 부류의 사람이라 규정한다.

 세친의 『법화론』[39]에서도 『법화경』의 일곱 비유는 중생이 가진 칠종의 번뇌를 대치하기 위하여 각각의 번뇌에 따라 설해진 것이라 설한다. 특히 교만한 마음을 다스리기 위해 의리계주의 비유를 설했다는 인식은 교만한 마음을 지닌 사람을 가난한 자로 인식하는 『제중감로』와 상통한다. 그런데 세친은 교만한 사람 중에서도 선정이 없어 산란한 증상만심의 중생을 대치하기 위하여 의주유(依珠喩)를 설한 것이라 정의한다는 점에서 약간의 개념적인 차이를 느끼게 한다. 즉, 마음의 통일이 없어 과거의 대승 선근을 깨닫지 못하는 이는 소승의 도를 최고의 진리로 생각하게 된다. 이런 사람들은 과거생의 대승 선근을 선정을 통해 되살릴 필요가 있다. 이런 이들에게 이 비유가 적용되는 것이다. 세친이 이 비유를 이렇게 해석하게 된 이유는 의주유의 주인공이 술에 취한 사람이기 때문으로 보인다.

---

[39] 大正藏26, p.17하.

3. 『법화경』의 사상을 응용한 경우

『제중감로』「불가사의품」 제9하에서는 부처님께서 중생의 병을 치유하는 의사로 묘사되고 있다. 물론 의사로 비유된다는 점에서 『법화경』「여래수량품」에 나오는 양의(良醫)의 비유를 연상할 수 있다. 중생을 구제하고자 하는 제불보살의 원대한 자비심의 발로가 의사로 비유된 것이다. 그런 점에서 본다면 핵심적인 내용은 크게 다르지 않지만 표현상의 차이는 응용의 문제로 이해할 수 있다.

예를 들자면 의왕과 같다. 병과 종기를 치료하는 데는 약의 한열과 온청, 의술의 활용과 변화가 있다. 혹은 그 시기를 따르거나 그 지역을 따른다. 혹은 그 세력을 관찰하거나 그 증상을 관찰한다. 일심불란하되 생각을 집중하여 약과 의술이 한결같이 올바르다. 그런 뒤에 병마다 호전되고 종기마다 호전된다. … 헤아릴 수 없이 자유자재한 묘약으로 무량한 중생들의 습병(習病)을 치유한다. 근기의 이둔과 선신(善信), 그릇의 대소와 광협(廣狹)은 그 인연과 원력에 따라 즉시 제거할 것은 즉시 제거하고 점차 제거할 것은 점차 제거하며 느러내놓고 치유할 것은 드러내놓고 치유하고 비밀스럽게 치유할 것은 비밀스럽게 치료한다.[40]

---

40) "譬如醫王 治病治瘇 藥之寒熱溫淸 術之活用變化 或隨其時 或隨其地 或察其勢 或察其症 一心不亂 思專想寂 藥術一直 然後病病回春 瘇瘇回春 …以無量自在之妙藥 治無量衆生之習病也 根之利鈍善信 器之大小廣狹 隨其因緣 隨其願力 頓除者頓除 漸除者漸除 顯治者顯治 密治者密治."(韓佛全11, p.819중하)

부처님을 의사로 묘사하는 것은 초기불교 이래 일반적이다. 초기 불전인 『양의경(良醫經)』에서 중생의 병을 치료하는 의사 중에서 가장 뛰어난 의사로 묘사한 이래 『법화경』에서도 의사로 묘사하고 있다. 그런 점에서 본다면 인용문의 내용을 다른 경전의 영향이라 말할 수 도 있다. 그러나 『제중감로』의 전체적인 경향을 감안하면 다른 경전의 영향을 고려할 여지가 사라지게 된다. 다만 『법화경』의 내용보다 구체적이고 현실적인 묘사를 하고 있다는 점이다. 약의 처방이나 의술의 활용은 때와 장소에 따라, 혹은 병의 증상이나 세력에 따라 달라져야 한다고 말한다. 일심불란하게 병의 치료에 전념해야 하며, 치료자의 상태, 근기, 인연, 원력 등 다양한 요인을 잘 살펴서 치료의 방법을 선택해야 한다는 것이다. 그런 점은 『법화경』의 방편사상을 보다 현실적으로 해설한 것이라 볼 수 있다. 치병이나 시약(施藥)은 다양한 요인을 고려해야 한다는 점에서 본다면 불교라는 종교의 가르침 역시 변화된 환경이나 때와 장소를 고려하지 않으면 안 된다. 따라서 과감하게 『법화경』의 내용을 응용하거나 활용하고 있다.

또한 천태사상에서 핵심적인 개념으로 자리잡고 있는 십여시(十如是)를 응용해 「여시게찬품」을 만들고 진여의 출현이 여시(如是)라고 인식한다. 물론 이러한 경우 화엄성기론의 영향을 배제할 수 없지만 여(如)를 불성이나 진여로 인식하고 있었다는 점은 분명하다. 천태의 삼시게(三是偈)의 영향도 고려할 수 있지만 당시의 시대적 상황을 고려하면 '그렇다'고 동의할 수 없다. 천태의 영향이 미미한 시대였기 때문이다. 시대적 환경을 고려한다면 화엄성기론의 영향이라 보는 것이 설득력을 지닌다. 「여시게찬품」에는 여시(如是)란 단어가 매우 많이 나오고 있다. 장문의 게송에 여시란 단어가 포함되어 있다. 대표적인 것을 통해 그 특징을 살펴보기로 한다.

여러분들의 본체가 원만하기가 여시(如是)합니다. 작용이 원만하기가 여시합니다. 본체가 진실한 것이 여시하며, 작용이 진실한 것이 여시합니다. 그런즉 여시한 경계에서 자비가 여시하고 여시합니다. 여시한 처소에서 지혜가 여시하고 여시합니다. 여시한 장소에서 망각(忘却)이 여시하고 여시합니다. 여시한 능력에서 놓아버리는 것이 여시하고 여시합니다. 일체가 여시하니 바로 여시한 것이 여시합니다. 일념이 여시하니 여시한 것이 여시합니다.[41]

이상의 인용문에서는 본체와 작용이 여시하다고 표현하고 있다. 일체가 여시(如是)하다고 규정하고 있는 것이다. 『법화경』에서 말하는 십여시는 사물에 공통하는 일반적인 속성을 지칭한 것이지만 그것을 천태는 자신의 세계관을 구성하는 핵심적인 요소로 해석했다. 그리고 십여시 중에서 여시성(如是性)의 성(性)이란 글자에 세 가지의 의미가 들어 있다고 말한다.[42] 불개의(不改義), 종류지의(種類之義), 실성의(實性義)가 그것인데 이들 중에서 실성의는 이성(理性)이나 불성(佛性)의 이명(異名)으로 이해한다. 이렇게 이해한 이유는 공가중의 삼제에 입각했기 때문인데, 공의 입장에서 성(性)은 부동(不動)이며 가의 입장에서

---

41) "汝等體圓如是 用圓如是 體眞如是 用眞如是 則如是之境 悲如是如是 如是之處 智如是如是 如是之所 忘如是如是 如是之能 放如是如是 一切如是 則如是者如是 一念如是 則如是者如是矣."(韓佛全11, p.789하)
42) 『마하지관』(大正藏46, p.53상)

볼 때는 종류이다. 그리고 중의 입장에서 말하자면 성(性)은 불성이라 본다. 천태의 이러한 해석을 감안하면 『제중감로』에서 말하는 여시(如是)를 불성으로 해석하는 것은 크게 무리가 없다고 할 수 있다.

다만 『제중감로』에서 말하는 여시(如是)는 천태와 마찬가지로 중도실상을 의미하는 불성은 아니란 점이다. 이 책에서는 모든 것이 여시라고 말하는데, 이러한 경우 활용되는 여시란 단어의 개념은 화엄에서 말하는 성기론에 가깝다.

> 하나의 진실한 법계는 모두 여시합니다. 무엇을 일러 법계는 모두 여시하다고 합니까? 내가 설하는 것이 여시하고 듣는 것이 여시합니다. 부처님은 여시에서 여시를 증득했습니다. 중생은 여시에서 여시에 미혹했습니다. … 실상의 땅에 발을 놓으니 여시 (위를) 걷습니다. 고해에 손을 내리니 여시를 접수합니다. 법계에서 눈을 드니 여시를 관찰합니다. 진실한 곳에서 입을 여니 여시를 말합니다.[43]

일거수일투족, 보고 듣고 말하는 것이 모두 여시라는 것이다. 이것은 모든 것이 그대로 불성의 현현이라 보는 것과 동일하다. 그런 점에서 여시는 불성의 다른 개념이다. 법화사상의 핵심 개념인 여시를 화엄의 불성으로 이해한 것은 화엄사상이 주류를 형성하고 있었던 조선 중후기 불교계의 사상적 경향과 맥락을 함께 하고 있는 것으로

---

43) "一眞法界摠如是 何謂法界摠如是 我說如是聽如是 佛從如是證如是 生從如是迷如是 … 措足實地步如是 垂手苦海接如是 擧眼法界觀如是 開口眞處語如是."(韓佛全 11, p.789하)

이해할 수 있다.

또한「묘현수기품」제6에서는 수기란 단어를 활용해 하나의 품을 만들고 있다. 보살의 신묘한 위신력을 받들어 정진의 바다에 들어가며, 근기에 따라 중생들이 사는 고해를 두루 살펴보고 이에 기별의 게송을 선포[44]했다는 것이다. 그리고 남녀의 결사 참여자들에게 수기의 게송을 주고 있다. 물론 그 형식은 전법의 게송과 같은 형식이며, 법명은 두 글자 또는 세 글자로 되어 있다. 두 글자는 청신사이고, 세 글자는 청신녀를 의미하는 것으로 보인다. 다만『법화경』에 나오는 수기란 형식은 깨달음과 성불을 보증하는 것인데,「묘현수기품」에 나오는 내용에서는 깨달음이나 성불을 보증하는 내용을 찾아볼 수 없다. 마치 오도송과 같은 내용의 게송을 주고 있을 뿐이다. 그것도 "관세음보살의 신묘한 위신력을 받들어"란 구절에서 알 수 있듯이 관음보살의 위신력에 의지하는 것이다. 타력적인 신앙의 모습을 보이지만 누구나 깨달을 수 있다는 점에서 누구나 수기를 받을 수 있는 것이라 인식하고 있었다. 그렇다면 구원의 보편성을 수기라는 형식을 통해 표현하고 있는『법화경』의 근본 정신과 상치된다고 말할 수는 없다. 오히려 보살의 위신력을 통해 누구나 성불할 수 있다는 점을 보여주고 있다는 점에서 이 책의 특징을 발신할 수 있다. 수기란 단어와 개념을 매우 파격적으로 응용하고 있다고 이해할 수 있는 것이다.

---

44) "承菩薩妙力 入精進海 隨根隨機 普觀衆海 乃宣莂偈."(韓佛全11, p.791상)

4. 맺는 말

이상에서 『제중감로』에 나타난 법화사상에 대해 살펴보았다. 크게 『법화경』의 내용을 재인용하거나 압축 요약해 인용한 경우와, 『법화경』에 나오는 특수한 용어나 내용을 재해석하거나 응용한 경우로 나누어 볼 수 있다. 이미 살펴보았듯이 『제중감로』에 천태사상의 영향이라 말할 수 있는 내용은 매우 드물다. 오히려 화엄성기론이나 염불, 선사상의 영향은 도처에서 살펴볼 수 있다. 지금까지 살펴본 내용을 정리하면 다음과 같다.

첫째, 『법화경』의 내용을 인용한 경우인데, 주로 「방편품」, 「비유품」, 「약초유품」, 「법사품」, 「오백제자수기품」 등이 인용되고 있다. 중생을 제도하기 위해 다양한 교화의 방법이 시설되는데, 그 목적은 일대사인연을 응용한 것이다. 중생들의 현실 상황은 삼계화택에 비유하고 있다. 중생들은 각각 불성의 현현이어서 존귀하며, 그렇기 때문에 그들을 교화하지 않을 수 없다는 것은 「약초유품」을 활용하고 있다. 자가보장(自家寶藏)이란 자기 정체성의 각성은 의리계주의 비유를 활용하고 있으며, 여래의 심부름꾼이란 자각과 사회적 책무의 실현은 「법사품」을 활용하고 있다. 물론 이외에도 「관세음보살보문품」이 활용되고 있지만 그것은 별도의 논문으로 발표한 바가 있기 때문에 언급하지 않았다.

묘련사에 참가해 『제중감로』를 편찬한 재가 수행자들은 조선불교의 다양한 영향 속에서도 『법화경』에 의지해 수행하면서 자신들의 종교적 당위성을 확보하고자 했다고 말할 수 있다. 그런 점은 다양한 불교사상을 흡수하여 『제중감로』의 편찬에 활용하되, 그것은 때때로 『법화경』을 해석하는 데에 활용되고 있다. 「약초유품」을 해설하면서 화엄의 성기론이 활용되거나 관음을 정토나 선과 결부해 해석하는 것이 그것이다. 그럼에도 특이한 것은 재가자들이 수행결사체를 만들어 다년간에 걸쳐 수행하고, 그 결과물인 『제중감로』를 편집했으며, 불교의 주류에서 소외되어 있던 『법화경』에 의거하고 있다는 점이다. 19세기 중후반에 전개된 한국불교사상의 외연을 풍성하게 하고 있을 뿐만 아니라 재가신앙의 일단을 보여주고 있다는 점에서 매우 주목할 가치가 있다고 생각한다.

둘째, 『법화경』의 핵심 단어를 활용하거나 재해석하고 있다는 점이다. 여시(如是)라는 「방편품」에 나오는 단어를 진여나 불성의 현현이라 이해하고, 모든 것은 여시에 의거해 전개된다고 인식하고 있다. 이런 점은 천태의 영향이 아니라 오히려 화엄의 영향을 보여주고 있다는 점에서 특징이 있으며, 조선후기 불교사상의 흐름과 무관하지 않다. 나아가 수기라는 단어를 활용해 수기의 게송을 주고 있다는 점이다. 남녀를 가리지 않고 수기를 준다는 점, 전통방식인 전법게의 형식을 취하고 있다는 점 등이 특성적이라 말할 수 있다.

이상에서 요약 정리했듯이 『제중감로』는 『법화경』의 영향을 강하게 표출하고 있다. 속신앙의 형태가 아닌 사유의 결집체로서의 법화사상을 살펴볼 수 있는 조선후기의 문헌이 매우 드물다는 점을 고려한다면 다양한 시각에서 지속적으로 연구할 필요가 있다. 다만 그런 점은 차후의 과제로 남겨 두고, 묘련사와 『법화경』의 관계를 정립하는 데에 본 논문의 의의가 있음을 밝히고자 한다.

상월대조사의 수행과 대한불교천태종의 신행

이봉춘

1. 머리말

수행과 신행은 동일한 뜻으로 함께 사용하기도 하지만 약간의 의미 구분도 가능하다. "깨달음·열반 등의 목적을 성취하기 위해 몸과 마음을 수련하는 일"을 수행이라 한다면, 신행은 "진리에 대한 확고한 믿음과 그 구현을 위한 실천적 행위"라고 표현해 말할 수 있겠다. 이 같은 수행 또는 신행은 같은 불교 안에서도 종파·종단에 따라 각기 다른 내용과 형식으로 나타난다. 천태종의 수행·신행도 그 중에 하나임은 물론이다.

한국에서 천태종은 고려 숙종대에 대각국사 의천이 처음 개창하였다. 그러나 조선 초기의 억불정책에 따라 천태종이 선종의 이름 아래 통폐합되면서 그 종명(宗名)이 사라지고, 그것이 다시 중창된 것은 현대에 들어와서이다. 상월대조사에 의해 1967년 1월 정부의 공식 인가를 받아 종단 등록을 마침으로써 대한불교천태종으로 재창종한 것이다. 종명을 잃은 지 540여 년만의 일이다. 이는 한국 천태종의 역사는 물론 그 수행과 신행이 그만큼 오랜 세월동안 단속(斷續) 과정을 겪으며 오늘에 이르고 있음을 보여준다.

이 글은 한국 천태 법화신행의 역사적 전개라는 전체적인 맥락에서 현대 천태종의 신행을 검토하고 그 의미를 확인해보려는 것이다. 이 같은 목적을 위해서라면 먼저 이해해야 할 일이 곧 천태종 중창조 상월대조사의 수행 부분이다. 처음부터 독자적인 수행으로 대오(大悟)를 이루고, 마침내 역사 속에 묻혀있던 천태종을 재창종하여 그 신행의 초석을 놓은 분이 곧 상월대조사이기 때문이다.

따라서 먼저 상월대조사 자신의 수행과정과 내용을 통해 천태종 중창 예비기간 중의 수행상을 살펴본다. 이어 중창 이후 천태종의 독특한 신행 형태가 어떻게 정착해왔는가를 검토한다. 마지막으로 이 같은 천태종의 신행이 지니는 역사·사상적 의미를 규명해 볼 것이다. 이로써 한국 천태 법화사상의 역사를 통시적으로 조망하고 아울러 그 미래적 지향을 확인해보는 한 계기로 삼고자 한다.

2. 초기 민간 전통의 산기도와 득력

오랜 단절의 역사를 이어 다시 출발한 대한불교천태종은 새로운 종교 사상적 지향과 대중적 신행으로 이 시대에 새 희망의 빛이 되고 있다. 이런 천태종의 참 면모와 저력은 중창조 상월조사의 원력과 구도수행에서 그 연원을 살필 수 있다.

상월조사의 행적과 사상 등 생애에 관해서는 저술과 논문 등 적지 않은 자료들이 있지만[1], 이들 거의 대부분은 조사의 입적 이후에 출간되었다. 상월조사는 오직 제자들의 수행 지도와 대중 교화에만 진력했을 뿐 생전에 자신의 사상이나 행적을 직접 글로 써서 남기지는 않았다. 따라서 조사의 구도 수행에 주목하더라도 특히 그 초기 시절의 상황을 정확하게 파악하는 일은 쉽지 않다. 후대의 저술이나 연구 자료들 상당 부분에서 자의적인 기술로 인해 내용이 서로 다르거나 명확하지 않은 점이 많기 때문이다. 이런 문제들을 감안할 때, 그 가운데서도 1차 사료로서 가장 크게 신뢰할 수 있는 『상월원각대조사오도기략』(이하 『오도기략』)과 그보다 1년 앞서 초고한 『천태종통기』를 중심에 두고[2] 기타 자료들을 함께 참고하면서 상월조사의 초기 수행

---

1) 상월대조사 관련 저술 및 연구자료는 다음과 같다.
   ① 천태종 총본산 구인사, 『天台宗略典』, 1970.1.
   ② 천태종 성전편찬회, 『天台宗聖典』, 1970.8.
   ③ 대한불교천태종 교화원, 『佛教布教集』, 1982.3.
   ④ 박형철, 『上月祖師와 天台宗』, 1982.5.
   ⑤ 천태학연구회, 『天台宗統紀』, 1983.1.
   ⑥ 南大忠大宗師 말씀·趙明基박사 씀, 『上月圓覺大祖師悟道記略』, 1987.5.
   ⑦ 선원빈, 『(한국 근대불교의 산맥 17인) 큰스님』, 1991.
   ⑧ 대한불교천태종 종전편찬연구원, 『天台山과 한국의 天台宗』, 1995.
   ⑨ 박형철, 『不滅의 燈明』, 2000.
   ⑩ 원각불교사상연구원, 『韓國 天台宗史』, 2010.
   ⑪ 기타, 『한국민족문화대백과사전』 제11권 '상월'(한국정신문화연구원, 1987) ; 『한국불교인명사전』(불교시대사, 1993) ; 『인물로 본 한국불교 1600년사』 上(불교텔레비전, 2002) ; 최기표, 「上月圓覺大祖師의 생애와 업적」(『天台學研究』 제5집, 2003)을 비롯, 상월대조사와 천태종에 관한 연구논문 수편이 있다.
2) 상월대조사 관련 기록 가운데 ①『불교포교집』, ②『상월원각대조사오도기략』(1982.3.기록), ③『천태종통기』(김영태, 1981년 봄 초고), ④『천태산과 한국 천태종』(김영태, 1995)이 비교적 신빙성이 높은 자료에 속한다. 현재 천태종에서는 ②를 상월조사의 공식 행적 기록으로 인정하는 입장이다. 『오도기략』이 1차 사료로서 가치가 크지만 이 역시 내용의 불충분하고 불분명한 부분이 없지 않다.

부터 살펴본다.

강원도 삼척에서 태어난 상월조사는 1925년 15세 때 집을 떠나 고향마을 뒤편의 삼태산에 홀로 들어가 굳은 결심으로 맹렬한 기도에 들어간다. 이것이 그의 생애에서 구도 수행의 첫 발걸음이었다. 대부분의 자료들이 그 때 조사의 나이가 15세였다는 것과 삼태산 입산을 말하고 있음은 동일하다. 상월조사의 이 같은 첫 구도 수행의 계기와 목적은 무엇이었으며 또 어떤 내용으로 수행한 것일까. 이 부분에 대해서는 기록들이 약간씩 달리 말하고 있지만, 여기서는 1983년 2월에 기록한 『오도기략』과 1982년 봄에 초고된 『천태종통기』의 해당 부분을 옮겨 차례로 본다.

15세 되던 여름에 크게 발심하여 좁쌀 일곱 되, 새옹 하나, 바가지 둘, 고추장, 된장 등과 붕어칼 한 자루를 가지고 삼태산에 들어가서 천류계곡(川流溪谷) 심소상(深沼上)에 외나무다리처럼 통나무 두세 개를 걸쳐 놓고 그 위에 초막(草幕)을 매고 이 나무토막 위에 앉아 붕어칼을 앞에 놓고 불침불식(不寢不食) 천수다라니 비주(秘呪)를 염송하며 백일을 한하고 용맹정진하였다. … 기도 중 식사는 처음에는 1일 1식, 다음은 2일 1식, 그 다음은 4일 1식, 나중에는 죽 또는 냉수만 먹고 끝까지 기도를 엄수한 결과 이것을 크게 성취하여 차력술, 축지법, 둔갑술 등을 체득하여 자유자재로 행동하게 되니 환골탈퇴, 심(心)과 신(身)이 완전히 탈진(脫塵)되었다.(『오도기략』, pp. 11-13)

그는 일찍이 5세 때에 한문학을 공부하기 시작하였다. 사서삼경(四書三經)을 다 배운 그는 13세 때 벌써 발심한 바가 있었다. 남의 불행이나 불쌍

한 사람을 보면 도와주지 않고는 못 견디는 착한 마음을 지녔던 그는 14세 때 삼척의 한 공장에 들어가 일한 적도 있었다. 그러나 15세 되는 해 발심을 실현하기 위해 구도의 길에 나섰다.

15세에 집을 나선 스님은 좁쌀과 된장을 싸가지고 삼척의 삼태산으로 들어갔다. 거기에서 스님은 백일 산신기도를 시작하였다. 그곳에는 몇 사람이 먼저 와서 기도하고 있었으나 배겨나지를 못하고 하나 둘 하산하여 나중에는 그 혼자만이 남게 되었다. 그의 마음 역시 하산의 유혹이 일어났으나 그는 일곱 치쯤 되는 부엌칼을 시퍼렇게 갈아서 앞에다 꽂아놓고 결심을 더욱 굳혔다. 죽는 한이 있더라도 목적을 달성하기 전에는 이곳을 뜨지 않겠다고 굳게 다짐하였다.

백일 산기도를 무사히 마친 그는 그곳에서 주로 전래의 선도(仙道)를 닦았다. 가져간 좁쌀이 다 떨어져 칡뿌리를 캐먹기도 하였다. 16세 때 잠시 하산하여 집을 다녀온 그는 거기서 3년동안 차력과 축지법 등의 술법(術法)을 익히고 그곳을 떠났다.(『천태종통기』, pp.145-146)

인용에서 보듯이 두 자료가 모두 발심을 말하고 수행의 정황을 비교적 상세하게 적고 있다. 그러나 그것에서 구도의 계기와 목적이 분명하게 드러나 있지는 않다. 구체적인 발심의 내용이 보이지 않는 것이다. 수행방법에 있어서도 전자는 천수다라니 염송을, 후자는 산기도 또는 선도를 말하고 있다. 이런 수행의 결과 또는 목적으로서 차력술 축지법 등 술법을 이루었다 함은 두 자료의 내용이 거의 비슷하다. 『오도기략』에서 천수다라니 비주 염송을 말하고 있음은 크게 주목되지만, 이에 대한 설명은 별도로 없다. 따라서 상월조사가 어느

시점에서 어떻게 천수다라니를 알게 되었을까 하는 점도 의문으로 남는다.[3]

상월조사의 이 같은 초기 수행에 대해서는 아무래도 그가 살았던 시대의 분위기와 지역적인 환경 조건을 감안하면서 이해해야 할 것 같다. 즉 그 시대는 어떤 방법으로든 사람들에게 탈출구와 희망이 절실했던 일제 통치하의 암울한 시기였다. 이와 더불어 조사의 고향 삼척지방은 무속, 독경쟁이의 독경, 주문, 축문낭독, 산기도 등 전통적인 신앙습속이 특히 강한 고장이기도 했다.[4] 이렇게 본다면 상월조사는 일찍부터 그러한 민간 전통의 신앙에 자연스럽게 접해왔고 특히 신묘한 술법 등에 관심이 남달라 15세의 나이에 홀로 입산하여 천수다라니 염송으로 백일 산기도를 결행한 것이 아닐까 한다. 위의 두 자료에서 전후 수행기간의 차이가 보이기는 하지만 어쨌든 이 첫 기도와 수행으로서 상월조사가 '마음과 몸의 탈진(脫塵)'과 함께 상당한 수준의 차력·축지법 등 술법들을 성취한 것임을 짐작할 수 있다.[5]

그러나 문제는 이 같은 과정과 결과를 그대로 불교의 발심과 구도

---

3) 상월대조사가 천수다라니(『천수경』)을 알게 된 것은 그의 고향마을에 들어온 한 기인(奇人)으로부터였다는 자료도 있다. 사람들이 '오선생'으로 불렀다는 그는 주문과 기(氣)로써 병자들을 치료하였고, 그의 축지술을 목격한 사람도 있었다 한다. 일정한 거처가 없었던 그가 대조사의 집 사랑채에 잠시 머물 때 그로부터 『천수경』을 받았고 신묘장구대다라니를 외우며 산기도하는 법을 들었다는 것이다. 직접 대조사의 고향마을을 답사하고 생존인물들을 만나 증언을 청취했다는 이 자료는, 그러나 연대에는 큰 차이가 있다. 최동순, 『상월조사의 구인사 창건기』, 운주사, 2009, pp.39-44 참조.
4) 김세운, 「상월조사의 생애와 교화방편」, 『韓國禪學』 제15호, p.670.
5) 『오도기략』에는 상월대조사가 35세 때 삼척지방의 역사(力士)와 술객(術客)들이 모여 있는 팔장사(八壯士) 집에서 쇠사슬을 끊어 보임으로써 그들의 투항을 받은 사실이 기록되어 있다. 그 밖에 대조사의 무수한 병자 치료, 풍수택지, 미래 예언 등 영험한 능력을 실제 경험한 사람들이 많고 또 여러 자료들에 증언되어 있다.

수행으로 볼 수 있는가 하는 것이다. 미리 말한다면 상월조사의 삼태산 입산기도와 천수다라니 주송을 그대로 불교적인 발심과 구도 수행으로 연결짓기는 어려워 보인다. 혹 그의 발심에 모든 괴로운 사람들에 대한 구제의 마음이 포함된 것으로 추측해볼 수는 있다. 또 두타행(頭陀行)으로 말할 만한 산중의 고행과 맹렬한 천수다라니 염송으로 득력의 경지에 이르렀음도 인정할 수 있다. 그러함에도 불구하고 이 같은 백일 산기도는 여러 가지 의미에서 지혜와 자비의 길로서 불교의 발심·구도 수행과는 구분된다 하겠다.

3. 천수다라니 주송수행과 대오

대조사 15세 때의 백일 산기도 수행에서 보이는 결연한 구도의 의지나 치열한 수행의 강도 등은 결코 범상한 일이 아니다. 그러나 그 성격상 이 같은 사실을 그대로 불교적인 발심과 구도수행이라고 말하기는 어렵다.[6] 또 홀로 수행한 백일기도로써 차력술·축지법·둔갑술 등 신통력을 자유자재로 쓸 만큼 완전하게 체득했다는 것 또한 쉽게 이해하기 어려운 부분이다. 불교적 성격 여부와는 상관없이, 대조사의 불가사의한 각종 신묘력은 이후의 오랜 수행과 함께 더욱 깊

---

[6] 『오도기략』에서는 대조사의 백일 산기도 내용을 '수험(受驗)'으로 표현하고 있다(p.13). 수험도(受驗道)는 일본 고래의 산악신앙이 외래의 밀교, 도교, 유교 등의 영향하에서 헤이안(平安)시대 말에 하나의 종교 체계를 형성한 것이다. 수험도는 특정 교조의 교설에 의거한 창창(創唱)종교와는 달리, 산악수행에 의한 초자연력의 획득과 그 힘을 이용해서 주술종교적인 활동을 하는 것을 목적으로 하는, 실천적 의례중심의 종교이다. 한국사전연구사,『종교학대사전』, 1998.

게 축적되어온 것으로 나타나 보이기 때문이다.

어쨌든 삼태산 백일 산기도가 대조사 평생의 구도 수행에서 의미 있는 종교적 첫 출발임은 분명하다. 그러나 특히 주목하게 되는 것은 이후 대조사의 새로운 발걸음이다. 백일 산기도 성취 이후 그는 지금까지의 수행에서 그대로 머물지 않고 더 큰 구도를 위해 또 다른 만행유력(萬行遊歷)의 길로 나아가고 있는 것이다. 대조사의 진정한 불교적 발심과 구도 수행을 말할 수 있는 것도 바로 이 종교적 전회(轉迴)의 시점부터라 할 수 있다. 『오도기략』은 이 시기를 16세로 적고 있으며, 『천태종통기』에서는 앞의 인용에서 본 대로 신통술 수련과 관련하여 그보다 몇 년 뒤의 일로 기록하고 있다. 역시 위의 두 자료를 대비해 본다.

> 16세 수험(修驗) 후 귀가하여 있다가 조춘일일(早春一日)에 자모를 하직하고 국내의 명산대찰 성지를 순방하였다. 소백산을 비롯하여 태백산, 금강산, 구월산, 묘향산 보현사, 속리산 법주사, 조계산 송광사, 가야산 해인사, 영취산 통도사, 팔공산 은해사, 오대산 월정사, 기타 등등의 승지(勝地)를 5년 동안 순례하고 영험을 적축(積蓄)하였다.(『오도기략』, pp.13-14)

> (16세 때 하산하여 잠시 집을 다녀온 그는 거기서 3년 동안 차력과 축지법 등의 술법을 익히고 그곳을 떠났다.) 축지법이나 차력 등의 선도(仙道) 술법이 현대과학을 능가할 수가 없다는 것을 깨달은 그는 더 큰 진리를 찾아서 그것을 버렸다. 현대의 과학으로도 미치지 못하는 큰 법을 향해서 걸음을 옮긴 그가 찾아간 곳이 불법이었다. 불법이야말로 이 세상에서 가장 깊

고 오묘한 진리의 길이란 말을 듣고 그는 불문으로 들어간 것이었다. 그리하여 불경을 읽고 또 부처님의 참 뜻을 참구하였다. 때로는 명산승지를 물어서 선지식을 찾기도 하였다. 그로부터 견문을 넓히기 위하여 여러 곳을 편력하다가 그는 중국으로까지 들어갔다.(『천태종통기』, pp.146)

불교적 발심과 그 구도의 출발 시기에서 두 기록에는 약간의 차이가 보인다. 그러나 백일 산기도 이후 눈길을 불교로 돌리고 있다는 점에서는 같은 방향을 말하고 있다. 대조사의 국내 명산대찰 성지 순방은 곧 불교와의 구체적인 만남 바로 그것이다. 그러나 전자에서는 5년 동안 이어진 이 유력순방에서 주요 명산승지만 나열하고 있어 이 기간 중 대조사의 구도 내용은 거의 알 수 없다. 또 다른 자료에서는 "순방의 생활 중 충북지역에서 강백으로 이름 높던 김순관(金順寬) 화상을 찾아가서 지도를 청하였다"는 내용이 보이지만,[7] 이는 배움을 위해서가 아닌 승적 취득의 한 방편적 과정이었음이 밝혀져 있다.[8]

어쨌든 이 같은 사실을 포함하여 유력순방 기간 중의 활동에 대해서는 후일 대조사의 수행과 교화 등 성향에 비추어 그 대략을 유추해볼 수 있다. 즉 대조사의 유력순방은 그 자체로서 불교에의 입문인 동시에 모든 선과 모든 수행을 다하는 만행(萬行)인 셈이었다. 그는 명산대찰을 순방하는 동안 많은 선지식들을 만나면서 스스로의 도심(道心)을 깨우치고, 때로는 불교의 경전들을 읽거나 교학을 담론하는

---

7) 박형철, 교전 간행위원회, 『不滅의 燈明』, 사로, 2000.
8) 최기표, 「上月圓覺大祖師의 생애와 업적」, 『天台學硏究』 제5집, 천태불교문화연구원, 2003, p.229.

기회도 있었을 것이다. 후일 대조사에 의해 중창되는 천태종의 소의 경전으로서『법화경』이나 천태교관에 접했다면 바로 이 기간이었을 가능성이 크다. 대조사는 이 때부터 이미 법화·천태의 교의에 계합하여 크게 유념해 온 것이 아닌가 한다. 또 유력순방의 길에서도 천수다라니 주송은 멈추지 않았으며 이 같은 한결같은 수행 속에서 그의 영험이 축적되어 갔을 것으로 본다.

한편 대조사의 이런 만행은 5년간의 국내순방뿐만 아니라 중국 땅의 유력으로 이어진다. 1930년 20세 때, 중국으로 건너간 그는 역시 불교성지를 중심으로 순방에 나선다. 그리하여 오대산 문수도량, 보타산 관음영장, 아미산 보현도량, 청량산 화엄성지를 순력하고 북경 장가구(張家口)를 거쳐 티베트지역과 몽고 근지(近地)까지도 함께 돌아보았다. 국내와는 또 다른 종교적 환경과 인심, 그리고 문물(文物)들을 접하면서 대조사는 세상에 대한 안목을 넓혔고 이로써 영감(靈感)은 더욱 충일하였다.[9]

6년에 걸친 중국 유력순방의 행적과 내용 역시 자세하지 않다. 그러나 대조사는 그곳에서도 성지마다 새로운 신심을 얻으며 가행(加行) 정진하고, 인연 닿는 곳마다 신묘력으로 모든 선행에 진력했을 것임은 상상하기 어렵지 않다. 또한 이 기간은 대조사가 새로운 안목으로 시대와 현실을 조망하면서 장차 스스로 펼쳐나갈 불법대도의 세계를 구상하고 점검하는 시기이기도 했을 것이다. 1936년 26세 때 중국으로부터 귀국함으로써 대조사의 유력순방은 대단원의 끝을 맺는다. 국

---

9)『오도기략』, p.13 참조.

내 명산대찰에서부터 중국의 이름있는 각 성지에 이르기까지, 장장 11년이나 계속된 긴 불법 구도의 여정이었다. 이제 실로 뜻깊은 구도 만행의 편력이 끝난 것이다.

귀국 이후 대조사는 그동안 더욱 축적된 신통과 법력으로 사람들에게 정신적 위안을 주고 몸이 아픈 이들에게는 다양한 민간요법으로 병을 고쳐 낫게 하는 등 보시행에 힘을 기울였다. 어느 날 대조사는 문득 더 많은 중생의 구제를 위해서는 스스로의 수행이 더욱 절실함을 느낀다. "자신의 도가 충만하면 이것이 곧 보시가 되고 구제가 된다"고 생각한 것이다.[10]

이로부터 대조사는 강원도와 소백산 일대를 중심으로 하여 도량을 삼고 굳은 결의로 정좌하여 9년동안 수행만을 일삼았다. 그러던 중 1945년 1월 삼척지방에서 대조사의 차력신통과 법력이 드러나는 우연한 일을 계기로 민원홍·민경덕 2인이 제자로 귀의하게 된다. 이들은 당시로서는 매우 드문 대학출신자들이었다. 이 무렵 대조사는 수행과 교화에 적합한 성지를 물색 중이었고, 드디어 충청북도 단양군 소백산 구봉록(九峯麓) 아래를 점지(占地)하고 향방을 결정하였다.[11]

같은 해 1월 16일 대조사는 제자 2인을 데리고 단양군 영춘면 소백산 자락 아래 있는 여의생(如意生) 마을로 들어갔다. 마을에서 방 한 칸을 빌어 우거(寓居)하며 제자들과 함께 천수다라니를 합송하며 정진하니, 이곳에서도 따르는 사람들이 생겨났다. 뒷날 제2대 종정이 된 남익순(대충스님)을 비롯하여, 홍승원과 그의 부친, 여학봉과 그의 12

---

10) 같은 책, p.17.
11) 같은 책, p.18.

세 되는 여식 임이(문성스님) 등이 그들이다. 이후 대조사는 제자들과 힘을 모아 현 구인사의 법당 터에 작은 법당과 주방을 갖춘 초암(草庵)을 짓기 시작하였고, 건물이 완성된 5월 단오날에는 그동안에도 모여든 남자 신도 8명이 입사하였다. 오늘의 대가람 구인사가 이렇게 처음 열렸다.

새 도량이 마련되자 대조사와 그 제자들은 다시 천수다라니를 고성으로 합송하면서 정진하였다. 저녁 6시에 시작하여 다음 날 아침 6시까지 철야로 정진하고, 낮에는 8시에서 11시까지와 1시에서 4시까지의 오전·오후 정진이 이어졌다. 낮 동안 잠깐씩 눈을 붙이고 질경이 보리죽을 먹으면서 용맹정진하는 수행생활이 5년 동안 계속될 무렵 6·25전쟁이 일어났다. 대조사는 부득이 공주 마곡사 근처로 피난해야 했다. 피난 중에도 병자를 구호하는 등 난민구제에 힘쓰다가 반년 만에 돌아왔지만 이미 사우(寺宇)는 모두 불타버린 상태였다. 이에 대조사는 세 칸 초가를 새로 짓고, 대중을 모아 더욱 분발하여 정진에 돌입하였다. "자신성불을 위해서 선정과 주력으로 생명을 건 용맹정진"[12]을 재개한 것이다.

1951년 41세 때, 대조사의 큰 깨달음을 예고하는 듯 상서로운 징조들이 나타나기 시작하였다. 그 해 봄과 가을 두 차례나 새벽에 소백산이 크게 울려 사내 대중과 인근 부락민들이 모두 상서를 느꼈다. 12월 21일부터 대조사는 "우리 공부가 가장 깊게 되고 있으니 대중은 엄숙하라. 발소리도 내지 말고 기침소리도 내지 말라. 그리고 나를

---

12) 같은 책, pp.21-22.

보라."고 하며 경각심을 일깨웠다. 12월 28일 깊은 밤, 정진 중에 하늘에서 서광이 비쳐 도량을 대낮과 같이 밝혔다. 대조사의 큰 깨달음이 임박한 징후였다. 『오도기략』은 이때의 사실을 다음과 같이 적고 있다.

> 자정이 되자 『천수경』을 치는 소리가 달라지고 안광(眼光)이 샛별 같고 행동하는 것이 평소와는 판연히 달라졌다. 대중은 모두가 이상하게 보고 있었으나 무엇인가 모르는 압박감까지 있었다. 새벽 3시에 이르러 벼락같은 소리로 "천수천안관세음보살"을 외치니 산곡(山谷)은 메아리치고 대중은 허공에 뜬 기분이었다.
> "나를 보라." 하고는 조사가 입을 크게 벌리고 "동천(東天)에 큰 별이 나타나서 내 입으로 들어가니 뱃속이 환하게 밝고, 일월(日月)이 머리 위에 있으니 천지가 크게 밝도다."라고 하였다. 그리고 사내에 서광이 응결되어 발광체(發光體)를 찾고자 하기도 했다. "천상천하 유아독존. 내가 탄생했다." 대성으로 소리치니 산곡이 메아리치고 대중은 정신이 막막하였다.[13]

15세 때 봄 삼태산에서부터 처음 시작한 천수다라니 주송 수행이 대조사의 41세 때 겨울에 이르러 드디어 내오(大悟)의 결신로 나타나는 실로 장엄한 광경이 펼쳐지고 있었다.

---

13) 같은 책, pp.23-25.

4. 천태종 중창과 관음주송 신행

　상월대조사는 큰 깨달음을 성취한 다음 3일 낮과 밤을 이어 그침 없이 설법하며 증오(證悟)의 경계를 열어보였다.[14] 그러나 이후 대조사의 일상에 크게 달라진 것은 없었다. 평소의 생활 그대로 정진하며 내관(內觀)을 닦는 한편 소백산 초암으로 찾아드는 사람들을 담화와 설법으로 일깨우고 지도하는 교화의 행을 묵묵히 실천할 뿐이었다. 다만 정진 중에 간혹 대소환희(大笑歡喜)하며 오도의 심경을 몇 줄의 글로 적어 두는 일이 있었다. 또 사람의 성정(性情)을 꿰뚫어 알고 화복(禍福)의 길이나 앞날을 예언하기도 하였다. 이 같은 정진과 자비의 교화는 대조사가 대도를 이룬 1951년 41세로부터 1962년 52세 무렵까지 조용하게 이어졌다.

　이러는 동안 대조사와 구인사는 세상에 점차 크게 알려지고 있었다. 소문은 마치 전단향 내음처럼 사방으로 퍼져 나갔고 구인사에는 많은 사람들의 발길이 줄을 이었다. 모두 대조사의 큰 가피와 구제를 갈망하는 사람들이었다. 이에 대조사는 우선 이들의 근기와 사정을 살펴 기류(機類)에 맞게 보살피고 지도하는 일이 필요했다. 따라서 그들의 어려움을 듣고 방법을 일러주거나 때로는 병을 고쳐주기도 하였다. 또는 인간이 살아가는 이치나 법의 말씀으로 한 사람 한 사람

---

14) 이 때 대조사는 스스로 깨달음의 경계를 장행(長行)이나 절구(絶句)로 읊거나, 혹은 신통 발원 법시 신장(神將) 예언 등을 막힘없이 무문자설(無問自說)하였다. 『오도기략』(pp.26-33)에는 대충(大忠) 종정이 기억하고 있는 그 구절 상당수가 채록되어 있다.

을 보살피고 지도해 나갔다. 실로 응병여약(應病與藥)의 방편 지도였고 이고득락(離苦得樂)의 자비 구제였다.

그러나 대조사의 지도는 이것이 전부가 아니었다. 이들에 대한 교화에서 가장 중요한 것은 법에 대한 각자의 확신이며 희망이었고, 이런 확신과 희망을 자신의 신앙과 수행정진으로 증험(證驗)해내는 일이었다. 대조사는 평소 사람들에게 일러왔다.

부처님의 법은 틀림없이 우리를 선도하며 돕는다.
바른 법은 누구나 차별하지 않고 건진다.
바른 법을 바르게 믿으면 누구나 참 삶의 기쁨을 얻는다.[15]

사람들에게 이와 같이 바른 법에 대한 확신을 심어주고 격려하면서 대조사는 이들을 위한 여러 가지 행법(行法)들을 지도해갔다. 이러한 지도는 역시 저마다의 수행이 중심이 되었는데, 여기서 눈길을 끄는 것은 그 수행법이 매우 다양했다는 사실이다. 이때의 수행법은 『천수경』 독송과 천수다라니 주송만이 아니었다. 육자진언(六字眞言)·준제진언(准提眞言)[16]을 외우거나 '대방광불화엄경'과 같이 경명(經名)을 염송하기도 하였다. '나무아미타불', '관세음보살', '미륵보살' 등 칭명염불도 함께 행해졌다. 이처럼 여러 가지 수행법을 혼용한 것이지만 그 중에는 당시 신흥종교 중 하나인 보천교(普天敎)의 '궁궁강

---

15) 대한불교천태종 총무원 편, 『상월대조사』, 대한불교천태종출판부, 2013, p.243.
16) 육자진언(六字眞言) '옴 마니 반메훔'은 아미타불이 관세음보살을 칭찬하여 부르신 보호(寶號)라 하며, 준제(准提) 또한 6관음의 하나로 선종과 밀교(密敎)에서 존숭한다.

강(弓弓降降)'과 같은 생소한 주문을 외우는 일[17]도 있었다.

구인사 대중과 신도들을 지도 교화하는 과정에서 나타난 현상들이지만 이처럼 다양한 수행법들이 시작된 시점은 분명하지 않다. 다만 확실하게 말할 수 있는 것은 이 같은 시도가 대중들의 각기 다른 성향과 근기에 대한 고려에서 이루어지고 있었다는 점이다. 달리 말하면 이는 많은 사람들에게 보다 적합한 수행의 길을 제시하기 위한 방법론적 모색의 노력이었다 할 것이다.

대조사의 이 같은 노력과 함께 1963년부터는 교화활동이 더욱 적극적으로 전개되었다. 대조사 스스로가 좀 더 활동을 구체화할 시기에 이르렀음을 느꼈던 것으로 보인다. 이 때 대조사는 ① 호국불교의 실천, ② 생활과 불교의 신행 일치, ③ 모든 사람이 함께하는 대중불교의 구현이라는 세 가지 교화 방향을 세우고 있었다.[18] 이 같은 교화의 방향은 대조사의 오랜 수행과 세상에 대한 통찰의 결과로서 당시 기성의 불교종단에서는 찾아보기 힘든 새불교운동의 이념이라 할 만한 것이었다. 이로부터 수행과 교화 도량으로서 구인사의 내적·외적 기반 또한 더욱 확장되어갔다. 폭주하는 신도들의 편의를 위해 구인사에 이르는 새로운 교통로가 개설되고 이들을 수용할 법당과 기도실과 요사 등 건축불사들도 활발하게 진행되었다. 뿐만 아니라 사내(寺內) 상주인원이 증가하면서 사부대중의 형태가 갖추어짐에 따라 각

---

17) '궁궁강강' 주문은 당시 영주와 풍기 지역 일대에서 유행하던 보천교도들을 교화하기 위한 방편이었다고 한다. 당시 대조사의 교화활동으로 많은 교도들이 천태종 구인사로 귀의하였다.(김세운, 「상월조사의 생애와 교화방편」, p.690)
18) 대조사의 세 가지 교화활동의 방향은 후일 천태종 중창이 이루어지면서 ① 애국불교, ② 생활불교, ③ 대중불교라는 종단의 3대지표로 반영된다. 원각불교사상연구원, 『韓國天台宗史』, 천태종출판부, 2012, pp.350~351 참조.

종 행례(行禮) 절차와 사중 규범 등이 마련되기도 하였다.

소백산 깊숙이 자리잡은 구인사는 이로써 이미 하나의 교단을 형성하고 있었다. 앞에서 언급한 대로, 대조사는 젊은 시절에 국내외를 유력순방하면서 장차 펼쳐나갈 불법대도의 세계에 대한 구상과 함께 결의를 스스로 다짐한 것으로 짐작된다. 이는 곧 새시대를 향한 새불교의 염원으로서, 그것이 이제 소백산 구인사 도량에서부터 시작되고 있는 것이다.

이 시기를 전후하여 구인사 안팎에서는 종단 창설의 필요성이 꾸준히 제기되고 있었다. 따라서 대조사는 제자 등 60여 명에 달했던 구인사 승니(僧尼) 대중과 함께 종명(宗名)을 비롯한 여러 가지 문제들을 논의·검토하여 중지(衆智)를 모았고, 마침내 1966년 8월 천태종 중창을 내외에 선포하였다. 이후 종단 창설에 따른 모든 준비와 행정적 절차를 거쳐 1970년 1월 15일 정부로부터 '대한불교천태종' 종단 인가를 받고 종헌·종법을 선포하였다. 참고로 그 선언문의 후반부만을 옮겨본다.

> 조선 초에 억불정책으로 인하여 본종은 선종으로 합종되어 묘법은 은몰되었던 것이다. 그러나 상주불멸의 묘법은 인연에 따라 다시 이 강토에 감로법우를 뿌릴 때가 되었다. 이에 오랫동안 역사의 진토 속에 묻혔던 신성한 정신문화를 발굴하여 조국재건과 민족중흥의 과업에 이바지하고자 대한불교천태종을 재건하고, 개권현실(開權顯實)의 최상종승(最上宗乘)으로서 불교의 대중화 생활화를 위하여 이 종헌을 선포하는 바이다.[19]

종단 등록으로 중창한 천태종은 본산인 구인사를 더욱 확장 개축하고 전국에 천태종 사찰을 건립하여 활동을 확대해갔다. 더불어 득도(得度)·수계(受戒)·안거(安居) 등 모든 제도를 정비 확립하고 수행방법을 관음주송으로 통일하였다. 관음주송이란 '관세음보살' 다섯 글자를 칭명하며 염송하는 수행으로, 염불 수행법과도 상통한다.

오랜 신앙적 실험과정을 거쳐 이처럼 마침내 관음주송법이 정해진 것이지만, 이는 종단 중창 이후 소의경전(所依經典)의 교리 수용에 대한 요구를 반영한 결과이기도 했다. 『법화경』의 「관세음보살보문품」은 관세음보살의 일심칭명을 강조하며, 「다라니품」은 다라니 주문의 신묘력을 중심으로 한다. 따라서 대조사가 소의경전인 『법화경』에 의해 관세음보살 주송으로 수행법을 확정한 것은 당연하고 자연스러운 귀결이었다.

수행법의 확정 이후 종단 내에서는 일사불란하게 관음주송이 이루어졌거니와, 『법화경』 등에서는 중생이 관세음보살을 일심으로 부르면 큰 공덕을 얻는다고 설한다. 이때 중생이 얻게 되는 공덕은 무량한 것이지만 이를 크게는 두 가지로 나눌 수 있다. 그 하나는 일상적 소원의 성취이고, 또 다른 하나는 깊은 삼매를 이루어 도를 얻는 것이다. 이와 관련하여 대조사는 세속적 소원 성취를 위한 칭명을 '기도'라 불렀고, 도를 성취하기 위한 경우에는 '공부'라 불러 이 둘을 분명하게 구분하였다. 이 때문에 천태종의 중심 수행법으로서 관세음보살을 부르는 일은 일반적으로 의미하는 바의 관음염송과 구분하여

---

19) 대한불교천태종 총무원 편, 『상월대조사』, p.292.

'관음주송'이라고 불러야 한다는 것이다.[20]

대조사의 이 같은 설명은 '관세음보살' 다섯 글자를 보살의 명호로만 본 것이 아니다. 그것은 보살의 명호인 동시에 일종의 주문이며 염불이자 화두로서 통합적인 수행법이기도 하였다. 그런 관점에서 종단 중창 이후 통일된 관음주송은 천태종의 수행법이자 신행으로서의 성격을 함께 부여하기에 충분한 것으로 보겠다. 관음주송으로 대중의 현실적 구제를 얻고, 나아가 종교적 구경(究境)에까지 이르게 한다는 의미에서이다.

5. 천태종의 신행 특성과 의의

현재 천태종의 수행법은 한마디로 '관음주송'으로 표현된다. 이는 대조사의 최초 천수다라니 염송에서부터 시작하여 그동안 진언·다라니 주송, 불보살 칭명의 염불, 관세음보살 염송 등 다양한 수행법들의 실험기를 거쳐 마침내 확립된 결론이기도 하다. 이 같은 관음주송 수행은 앞에 언급한 대로 천태종의 신행으로 바꾸어 말할 수도 있다. 대조사가 제시하고 가르치온 관음주송의 신앙적 요체는 결국 그의 교화 이념과 맞닿아 있으며 그 정신의 반영인 것으로도 볼 수 있기 때문이다.

대조사는 천수다라니 염송을 중심으로 수행하여 큰 깨달음을 이

---

20) 같은 책, p.380.

루었다. 그러나 이후 제자들과 신도의 교화에서는 중생의 근기를 고려하여 대중에게 보다 친근하고 간편한 관음주송법을 가르쳤다. 종단 중창 이후 대조사는 전 종도에게 관세음보살 주송 1백만 번을 기준으로 제시했는데, 이는 하루에 1만 번을 주송할 경우 100일이 걸리는 수행이다. 혹은 "일주일의 기간을 정하여 관음주송 1백만 독을 하라."는 교시문을 내리기도 하였다. 관음수행자들의 가행정진(加行精進)을 격려하기 위함이었다. 이러한 관음주송은 현재 출가자와 재가자를 가리지 않고 천태종의 보편적인 수행법으로 정착되어 있다.

상월대조사가 관세음보살을 주송하도록 한 궁극적 목적은 관음수행자의 마음을 청정하게 하여 깨달음을 성취하게 하는 데에 있다. 대조사는 관음주송의 4단계를 제시한 바 있다. ① 밖으로 칭명의 소리를 관찰하는 단계, ② 칭명하는 내면의 소리에 집중하는 단계, ③ 내면의 깊숙한 곳에서 나오는 참 나의 소리에 집중하는 단계, ④ 칭명의 소리조차 사라져 마음이 적정해지는 단계이다. 이 마지막 단계가 바로 깊은 선정(禪定) 삼매의 경지라 할 수 있다.

관음주송은 그 목적에 따라 '기도'와 '공부'로 구분하기도 한다. 그러나 이상과 같은 대조사의 가르침대로 수행한다면 기도와 공부의 경계는 사실상 모호하고 무용(無用)한 것이 된다. 대조사의 지시와 가르침은 관음수행자들이 용맹정진을 통해 그 심경이 깊어져 마침내 참된 신앙의 기쁨에 이르게 하려는 것이다. 곧 일상에서 소망하는 일들의 성취를 넘어선 진정한 자기정화의 법열로 인도함이다. 그러나 관음주송 공부는 이것으로 끝나지 않는다. 법열에서 한 걸음 더 나아가 관음의 대자비 덕상과 그 끝없는 중생구제의 원력을 감득(感得)해야 한다. 그리고 마침내는 관음의 큰 서원을 자기화하는 일이 남아있다. 대조사의 관음주송 수행에 대한 가르침의 궁극은 여기에까지 이른다. 관음주송 수행을 천태종의 신행으로 말할 수 있는 것도 바로 이런 점에서이다.

이 같은 신행으로서의 관음주송이 갖는 특성에 대해서는 그 통합성을 중심으로 말할 수 있다. 관음주송의 수행법은 법화·천태에서부터 정토와 염불 그리고 선에 이르기까지 다양한 교의와 행법을 함께 포괄한다. 그것이 『법화경』의 관음신앙을 기본으로 삼고 있음은 물론이다. 또한 행주좌와 언제 어디서나 지속하는 관음주송은 천태의 『마하지관(摩訶止觀)』에서 세운 4종삼매 가운데서도 비행비좌삼매(非行非坐三昧)의 수행법 그대로이다.[21] 주송의 방식은 밀교의 진언·다라니 수행과 동일하며, 미타불의 협시(協侍)보살로서 관음의 칭명은 정토와 함께 염불의 수용이다. 관음주송으로 삼매를 이룰 때 이는 선수행과 다르지 않다.

그러나 관음주송의 이런 특성들을 모든 행법의 혼용 또는 모방으로 보아서는 안된다. 기존의 수행법들과 비교해 볼 때 그 차이 또한 분명하다. 관음주송은 불보살의 명호를 부른다는 점에서 염불의 범주에 넣을 수 있다. 하지만 무심으로 칭명한다는 점에서 불보살의 상호(相好)나 공덕을 떠올리는 관상염불(觀相念佛)과는 같지 않다. '관세음보살'이라는 '말'을 집중 대상으로 삼음으로써 화두와 유사하지만 의

---

21) 4종삼매에서 ① 상좌삼매(常坐三昧), ② 상행삼매(常行三昧), ③ 반행반좌삼매(半行半坐三昧)와는 달리 ④ 비행비좌삼매(非行非坐三昧)는 기간을 정함이 없으며 언제 어디서나 온갖 행을 통해 닦는 수행법을 말한다.

단(疑團)이 없다는 점에서는 간화선(看話禪)과 다르다. 그것이 언어 이상의 의미를 지닌다는 뜻에서 관세음보살은 다라니와 대등한 용어이기도 하지만 입으로 외우고 있음을 관찰한다는 점에서라면 남방불교의 위빠사나와도 상통함을 찾을 수 있다.[22]

이상과 같이 보았을 때 관음주송은 통합적 혹은 통섭(統攝)의 관음신앙이라고 할 만하며, 동시에 이는 천태종의 신행적 특성으로 볼 수 있겠다. 이 같은 특성과 관련하여, 다시 천태종의 관음주송에서 보이는 의의를 역사와 사상 두 가지 측면에서 찾아본다.

먼저 관음주송의 역사적 의의로서, 그것은 우선 고려 천태종을 오늘에 계승했다는 사실을 들 수 있다. 대조사가 조선 초에 사라진 고려로부터의 천태종을 중창한 것임을 새삼 재론할 필요는 없다. 그러나 수행의 전통 면에서도 그 계승의 의미는 역력하다. 이는 고려전기의 천태교관보다는 특히 중기 이후 원묘국사 요세(1163~1245)의 백련결사 계통에서 보이는 수행법과 거의 비슷함을 지적해 말할 수 있다. 요세는 그 스스로가 매일 『법화경』 독송, 준제다라니 1천 번, 아미타불 1만 번을 염송하였으며, 53불에게 12번씩 예경하며 참회행을 닦았다. 이 같은 요세의 백련결사는 동일시대 지눌의 정혜결사와는 방향을 달리한다. 대체로 중생은 번뇌와 죄업이 심중한 존재라는 것이 그의 기본적인 인간 이해이다. 따라서 중생은 끝없는 예경, 참회, 정토구생(淨土求生)의 수행을 필요로 하는 존재였고, 그 자신 또한 그렇게 수행한 것이다. 오늘의 천태종은 관음주송 수행으로 통일 정착되어

---

[22] 최기표, 「천태종의 觀音呪誦과 그 이론적 토대」, 『동아시아불교문화』 제3집, 동아시아불교문화학회, 2009, pp.60-61 참조.

있지만, 대조사의 신앙적 실험기를 거쳐온 관음주송에서는 고려 천태종 백련결사의 수행법과도 같은 맥락임을 느낄 수 있다.

역사적 관점에서 또 다른 의의는 조선후기 염불 전통의 재현이다. 천태종은 조선초기에 선종으로 통합되면서 그 법맥은 사라졌지만 수행법은 전승되었던 것으로 추정된다. 이는 조선후기에 염불수행이 유행했던 데서 확인할 수 있다. 조선후기부터는 아미타불 칭념 외에 진언·다라니 주송, 관음·지장 염송까지도 모두 염불의 범위에 포함시켰다. 그에 따라 관세음보살을 염송하는 염불이 일반화되었던 것으로 보인다. 대조사가 관세음보살을 주문화하여 염송하게 한 것은 이러한 역사적 맥락에서 이해할 수 있다.[23]

한편 선종의 역사는 선수행과 관음신앙이 서로 융화해온 전통을 보여주는 바, 천태종의 관음주송에서는 그 계승과 재창조를 말할 수 있다. 이는 관음주송이 지니는 사상적 의의에 해당한다. 한국 선문의 관음신앙 수용은 고려중기 이후 『능엄경(楞嚴經)』의 유통과 관련이 깊다.[24] 『능엄경』은 「수선(修禪)」 「이근원통(耳根圓通)」 등 수선의 요의를 설한 경이다. 그만큼 고려·조선시대에 선문에서 중시해왔으며, 능엄신주다라니는 오늘의 선문에서까지도 주송되고 있을 정도이다. 천태종의 관음수송은 이 같은 신수행과 관음신앙이 융화 전통을 계승한다. 뿐만 아니라 그것은 일반인이 접근하기 어려운 선수행법을 대중

---

23) 『韓國 天台宗史』, p.359 참조.
24) 선법이 쇠미하던 예종대에 진락공(眞樂公) 이자현(李資賢)은 청평산 문수원에 들어가 『능엄경』을 통해 심요(心要)를 얻고 중기 이후의 선문을 지키는 데 크게 기여하였다. 당시 선문의 고승들인 승형(承逈), 혜소(慧昭), 탄연(坦然) 등이 모두 이자현의 능엄선에 영향을 입고 있다.

화하여 염불선으로서 기능하게 한 측면이 있다. 그런 뜻에서라면 관음주송은 조선후기·근세에 크게 유행한 염불 또는 염불선의 단순한 계승을 넘어선다. 수행에 있어서의 사상적 재창조로 이해할 수 있는 것이다.

관음주송이 보여주는 민중에 대한 깊은 의식은 또 다른 사상적 의의를 엿보게 한다. 이는 대조사의 수행은 물론 교화방법에서도 드러나 있다. 민간 전통의 신앙을 물리치기보다 폭넓게 수용하고 있음이 그것이다. 다시 말하면, 관음주송은 법화·천태에 입각한 불교의 수행법임에 틀림없다. 그러나 그 안에는 어느 정도 도불융합적 수행의 요소도 없지 않은 것으로 생각할 수 있다. 이 같은 불교신앙 이전의 민중, 그리고 이들의 전통적인 신앙의식의 폭넓은 수용 또한 대조사의 불교가 보여주는 한 사상적 입장을 말해주고 있다.

6. 맺는말

상월 대조사는 한국불교사에서 5백년 이상 단절되어온 천태종을 중창하고 종단의 정신적 물적 기반과 오늘의 수행 및 신행 종풍을 확립한 분이다. 현재 천태종의 통일된 수행법인 관음주송은 대조사의 일생에 걸친 수행 경험은 물론 그의 교화이념까지도 함께 반영한다. 그런 의미에서 관음주송 수행법은 그대로 종단적 차원의 신행으로 말할 수 있다.

천태종의 관음주송은 대조사 최초의 천수다라니 주송에서부터 그의 대오 이후 진언·다라니 주송, 불보살 칭명, 염불·염송 등 다양한 행법의 실험기를 거쳐 최종적으로 확정된 수행법이다. 그런 만큼 대조사 자신의 경험적 색채가 짙게 배어 있다. 그것은 경험에서뿐만 아니라 소의 경론인 『법화경』과 천태교관에 입각해 있으며, 동시에 오늘의 사회 환경과 대중의 근기를 충분하게 고려하고 있다. 따라서 근기의 우열을 막론하고 도에 이르기 위한 유용한 수행법이며, 그 추구라는 정신에 비추어 현시대에 더욱 적합한 신행이다.

관음주송의 특성으로는 통합성을 말할 수 있다. 그것은 법화·천태는 물론 밀교·정토·염불 그리고 선에 이르기까지 다양한 교의와 행법을 모두 포괄한다. 그러나 관음주송은 이들의 단순한 혼합이 아니다. 그것은 일심칭명하는 주송이지만 진언·다라니와는 구별되며, 염불이면서도 정토의 관상염불과는 다르다. 화두와도 유사하지만 간화선과 같지 않다. 그런 뜻에서 관음주송은 통합적 혹은 통섭적인 관음신앙이라고 말할 수 있다.

이 같은 관음주송이 갖는 의의에 대해서는 역사·사상적 두 가지 면에서 찾을 수 있다. 먼저 역사적 관점에서는 ① 특히 고려 천태종 백련사 계통의 수행법 계승, ② 종파통합의 결과로서 나타난 조선 후기 송합화된 염불 전통의 재현을 들 수 있다. 다시 사상적 관점에는 ① 선수행과 관음신앙의 융화 전통의 계승 및 염불선으로의 기능 확대, ② 민간 전통의 도불융합적 신앙의식을 법화·천태 중심 관음주송으로의 포용 등이 이에 해당한다.

이처럼 관음주송에 함축된 대한불교천태종의 신행은, 그것이 전통의 계승과 새로운 사상적 창조라는 두 가지 측면에서 그 위치와 역할을 뚜렷하게 보여온다. 그런 관점에서 미래 천태종의 지향 또한 이 두 가지 모습의 더욱 적극적인 확대와 발전에서 찾을 수 있을 것으로 본다.

| 참고문헌 |

제1부 한국 천태법화사상의 연원으로서의 개현사상

천태삼대부(天台三大部)의 개현사상(開顯思想)

    『妙法蓮華經』(高麗藏9).

    龍樹, 『中論』(高麗藏16).

    智顗, 『妙法蓮華經文句』(大正藏34).

    智顗, 『妙法蓮華經玄義』(大正藏33).

    智顗, 『摩訶止觀』(大正藏46).

    智顗, 『維摩經玄疏』(大正藏38).

    湛然, 『止觀輔行傳弘決』(大正藏46).

제2부 신라시대 법화사상과 신행

신라시대 『법화경』의 수용과 전개

(신라 법화사상 관련 한국어 논저만 소개함)

    불교문화연구소 편, 1983, 『韓國天台思想硏究』, 동국대출판부.

    정승석 편, 1986, 『법화경의 세계』, 지양사.

    안계현, 1987, 『新羅淨土思想史硏究』, 玄音社.

    고익진, 1989, 『韓國古代佛敎思想史』, 동국대 출판부.

    김영태, 1990, 『삼국시대 불교신앙연구』, 불광출판부.

    불교사학연구소 편, 1994, 『元曉의 華嚴·法華思想』, 중앙승가대 불교사학연구소.

    김영미, 1994, 『新羅佛敎思想史硏究』, 민족사.

서성우, 1997, 『법화경연구 : 방편품의 일승사상을 중심으로』, 운주사.

정병삼, 1998, 『의상 화엄사상연구』, 서울대 출판부.

김상현, 1999, 『신라의 사상과 문화』, 일지사.

이영자, 2002, 『법화・천태사상연구』, 동국대 출판부.

차차석, 2005, 『법화사상론』, 운주사.

박광연, 2013, 『신라법화사상사연구』, 혜안.

강보승, 1998, 「韓國『法華經』敎義思想의 展開」, 원광대 석사학위논문.

김경희, 2003, 「義寂의『法華經集驗記』에 대한 고찰」, 『日本文化學報』 19.

김두진, 2003, 「高麗前期 法華思想의 변화」, 『韓國思想과 文化』 21.

김상현, 1983, 「고려초기의 천태학과 그 史的 의의」, 『한국천태사상연구』.

김상현, 1996, 「日本에 現傳하는 新羅 義寂의『法華經集驗記』」, 『佛敎史硏究』 1.

김상현, 2000, 「義寂의『法華經集驗記』에 대하여」, 『東國史學』 34.

김영길, 1998 「원효의『법화경종요』로 본 일승통일」, 『元曉學硏究』 3.

김영태, 1969, 「新羅 佛敎 大衆化의 歷史와 그 思想 硏究」, 『佛敎學報』 6.

김영태, 1976, 「新羅의 觀音思想 : 三國遺事를 중심으로」, 『佛敎學報』 13.

김영태, 1977, 「법화신앙의 전래와 그 전개」, 『한국불교학』 3(1983, 「三國時代의 法華受容과 그 信仰」, 『韓國天台思想硏究』, 동국대출판부 재수록).

김영태, 1980, 「三國遺事 所傳의 觀音信仰」, 『신라문화제학술발표회논문집 1』(1992, 『佛敎思想史論』, 민족사 재수록).

김영태, 1988, 「삼국의 관음신앙」, 『韓國觀音信仰研究』, 동국대출판부.

김영태, 1997, 「53존불신앙과 천태종과의 관계」, 『53존불 및 만불신앙의 경교사상과 역사성』, 삼광사.

김문경, 1967, 「적산 법화원의 불교의식」, 『史學志』 1.

김문경, 1999, 「신라 교역선과 일본 천태종」, 『田雲德總務院長華甲紀念 佛敎學論叢』, 大韓佛敎天台宗 總本山 救仁寺.

김문경, 1999, 「신라 무역선단과 관세음신앙」, 『장보고와 21세기』, 혜안.

김부용, 1999, 「元曉의 一乘思想 연구」, 동국대 석사학위논문.

김영호, 1993, 「법화경의 일승원리와 종교 다원주의 : 원효의 법화경종요를 중심으로」, 『震山韓基斗博士華甲紀念 韓國宗教思想의 再照明(上)』, 원광대 출판부.

김은희, 1996, 「천태지자의 문하인 신라 연광스님」, 『金剛』 134.

김종인, 2003, 「법화종요에 나타난 원효의 『법화경』 이해」, 『淨土學研究』 6.

김천학, 2014, 「원홍은 신라 승려인가? : 『법화경론자주』의 인용문헌을 중심으로」, 『동아시아불교문화』 17.

라정숙, 2009, 「『삼국유사』를 통해 본 신라와 고려의 관음신앙」, 『역사와 현실』 71.

목정배, 1996, 「한국불교와 법화경 : 삼국시대와 고려시대를 중심하여」, 『불교대학원논총』 3.

목정배, 2000, 「법화 . 천태사상의 전개」, 『한국불교학의 현대적 모색』, 동국대 출판부.

박광연, 2014, 「신라 중대의 정불국토(淨佛國土) 인식과 의미」, 『불교학보』 68.

석길암, 2004, 『원효의 보법화엄사상 연구』, 동국대 박사학위논문.

안계현, 1982, 「法華思想과 三國統一理念」, 『韓國佛教史研究』, 同和出版社.

안중철, 1993, 「海東天台의 原流」 『중앙승가대학교논문집』 2.

이기영, 1983, 「법화종요에 나타난 원효의 법화경관」, 『韓國天台思想研究』.

이기영, 1984, 「원효의 법화사상」, 『新羅文化』 1.

이기운, 1996, 「신라 義寂의 法華思想 연구」, 『대학원연구논집』 26, 동국대.

이기운, 1997, 「신라 의적의 법화경집험기 연구」, 『彌天睦楨培博士華甲記念論叢 未來佛敎의 向方』, 장경각.

이만, 2004, 「新羅 義寂의 一乘思想과 修行論」, 『佛教學報』 41.

이묘선(지효), 1997, 「元曉 法華經觀의 研究」, 원광대 석사학위논문.

이병욱, 1997 「元曉 法華宗要의 教理體系 研究」, 『韓國佛教學』 23.

이병욱, 1999, 「한국 법화 · 천태사상 연구의 현황과 과제」, 『한국종교연구』 6.

이상섭, 2003, 『法華 一乘思想의 研究』, 동국대 박사학위논문.

이영자, 1988, 「元曉의 法華經 理解」, 『제5회국제학술회의논문집 2』, 한국정신문화연구원.

이영자, 1988, 「元曉의 天台會通思想研究」, 『韓國 天台思想의 展開』, 民音社.

이영자, 2001, 「한국 천태불교와 법화신앙의 성격」, 『법화사상과 동아시아 불교교류』.
이평래, 2004, 「원효의 천태지관 수용에 관하여」, 『천태학연구』6.
일공, 1995, 「元曉의 法華宗要에 대하여」, 『僧伽學人』2.
조영록, 2002, 「張保皐 船團과 9세기 동아시아의 佛敎交流 : 赤山 · 寶陀山과 洛山의 내적 연관성의 모색」, 『대외문물교류연구』창간호.
최연식, 2003, 「義寂의 思想傾向과 海東 法相宗에서의 위상」, 『불교학연구』6.
홍기삼, 1997, 「巫佛교체기의 관음신앙 : 분황사천수대비맹아득안」, 『불교문학연구』, 집문당.

제3부 고려 조선시대 천태종의 동향

천태의 회삼귀일(會三歸一)과 고려시대의 불교정책
- 민지의 「국청사영이기(國淸寺靈異記)」를 중심으로 -

閔漬, 「國淸寺金堂主佛釋迦如來舍利靈異記」, 『東文選』68.
閔漬, 「寶盖山石臺事蹟記」, 『불교어문논집』3, 1998.
閔漬, 「무위사선각대사탑비명」, 『선문화』122, 2010.9.
김민구, 「민지와 유점사 오십삼불의 성립」, 『불교학보』55, 2010.
변동명, 「정가신과 민지의 사서편찬활동과 그 동향」, 『역사학보』130, 1991.
민현구, 「민지와 이제현 : 이제현 소찬 '민지묘지명'소개검토를 중심으로」, 『두계 이병도박사 구순기념 한국사학논총』, 1987.
민현구, 「민지 : 한국의 역사가」, 『한국사 시민강좌』19, 서울: 일조각, 1996.
박광연, 「신라법화사상연구」, 이화여자대학교 박사학위논문, 2010.
박광연, 『신라법화사상사연구』, 서울: 혜안, 2013.
이창국, 「원 간섭기 閔漬의 事蹟기와 그의 현실 인식」, 『민족문화논총』24, 2001.
한기두, 「여말선초 천태 법화사상」, 『한국천태사상』, 서울: 동국대 불교문화연구원, 1997.

허흥식,『고려시대불교연구』, 서울: 일조각, 1986.

허흥식,『진정국사와 호산록』, 서울: 민족사, 1995.

Ahn Kye-hyon, "Buddhism in the Unified Silla Period," *Assimilation of Buddhism in Korea: Religious Maturity and Innovation in the Silla Dynasty*, eds. Lewis R. Lancaster and C.S. Yu, Berkeley: Asian Humanities Press, 1991.

Best, Jonathan., "Tales of Three Paekche Monks Who Travelled Afar in Search of the Law," *Harvard Journal of Asiatic Studies* 51:1, 1991.

Hurvitz, Leon, *Chih-i (538-597): An Introduction to the Life and Ideas of a Chinese Buddhist Monk*, Brussels: Institut Belge des hautes études chinoises, 1962.

Penkower, Linda, "In the Beginning ⋯. Guanding (561-623) and the Creation of Early Tiantai," *Journal of the International Association of Buddhist Studies* 23:2, 2000.

Plassen, Joerg, "Die Spuren der Abhandlung (Lun-chi): Exegese und Uebung im San-lun des sechsten Jahrhunderts." Ph.D. diss., Univ. of Hamburg, 2002.

Robinet, Isabelle, *Les commentaires du Tao To King jusqu'au VIIe siècle*, Paris: Collège de France, 1977.

Sharf, Robert, *Coming to Terms with Chinese Buddhism: A Reading of the Treasure Store Treatise*, Honolulu: University of Hawaii Press, 2002.

Swanson, Paul, *Foundations of T'ien-t'ai Philosophy: The Flowering of the Two Truths Theory in Chinese Buddhism*, Asian Humanities Press, 1989.

Vermeersch, Sem, *The Power of the Buddhas: The Politics of Buddhism During the Koryo Dynasty (918-1392)*, Cambridge, MA: Harvard University Asia Center, 2008.

Vermeersch, Sem, "Buddhism and Political Integration: Reflections on the Buddhist Summa of Wŏnhyo and Political Power," *Acta Koreana*, 18:1, 2015.

Wright, Arthur F, "The Formation of Sui Ideology," *Chinese Thought and Institutions*, ed. John K. Fairbanks. Chicago: University of Chicago Press, 1957.

Wright, Arthur F, "Sui Yang-ti: Personality and Stereotype," *The Confucian Persuasion*, ed. Arthur F. Wright. Stanford: Stanford University Press, 1960.

고려후기 조선초 천태종단의 존재양상 추이 및 동향

-주요 고승과 사찰을 중심으로-

『佛祖統紀』,『宋高僧傳』,『대명고승전』,『대각국사문집』,『무의자시집』,『진각국사어록』,『원감록』,『법화영험전』,『동국승니록』,『金華黃先生文集』,『重修华严堂经本记』

『고려사』,『고려사절요』,『조선왕조실록』,『급암시집』,『동국이상국집』,『보한집』,『익재난고』,『가정집』,『목은집』,『雙梅堂篋藏集』,『운곡행록』,『유항시집』,『圓齋文稿』,『동문선』,『신증동국여지승람』,『東溟集』

『조선금석총람』,『한국금석전문』,『조선불교통사』,『조선사찰사료』.

김용선,『고려묘지명집성』, 한림대학교 아시아문화연구소, 2001(제3판).

권희경,『高麗寫經의 硏究』, 미진사, 1986.

원각불교사상연구원,『천태역대조사전』상(중국편), 대한불교천태종, 2013.

장동익,『원대여사자료집록』, 서울대출판부, 1997.

全義禮安李氏大同譜 刊行委員會 編,『全義禮安李氏族譜』 1-1, 大田: 農經出版社, 1979.

허흥식,『진정국사와 호산록』, 민족사, 1995.

허흥식,『한국의 고문서』, 민음사, 1988.

허흥식,『고려불교사연구』, 일조각, 1986.

황인규,『고려후기 조선초 불교사연구』, 혜안, 2003.

황인규,『고려말 조선전기 불교계와 고승연구』, 혜안, 2005.

강호선,「원 간섭기 천태종단의 변화 : 충렬·충선왕대 묘련사계를 중심으로」,『보조사상』 16, 2001.

강호선,「무외국통 정오와 원 간섭기 백련결사의 전개」,『진단학보』 120, 2014.

고익진,「백련사의 사상전통과 천책의 저술문제」,『불교학보』 6, 1979.

고익진,「法華經戒環解의 盛行來歷考」,『불교학보』 12, 1975.

고익진,「원묘국사 요세의 백련결사」,『한국천태사상연구』, 동국대 불교문화연구원,

1983.

김영미, 「靜和宅主 王氏의 삶과 불교 신앙」, 『이화사학연구』 37, 2008.

남권희, 「홍덕사로 찍은 "자비도량참법집해"의 찬자와 간행에 관한 고찰」, 『서지학보』 7, 1991.

박소영, 「고려 천태종의 법맥 상승에 대한 연구(1)」, 『천태학연구』 6, 2004.

박용진, 「의천의 천태종 문도와 그 사상경향」, 『중앙사론』 24, 2006.

박현규, 「고려 혜월이 보수한 房山 石經山 石經 답사기」, 『동북아 문화연구』 6, 2004.

변동명, 「고려 충렬왕의 묘련사 창건과 법화신앙」, 『한국사연구』 104, 1999.

양은용, 「고려 요원찬 법화영험전의 연구」, 『김삼용박사 화갑기념 한국문화와 원불교사상』, 원광대출판부, 1995.

이영자, 「대각국사 의천 이후의 국청사와 法眷考」, 『천태학연구』 4, 2002.

채상식, 「고려후기 천태종의 백련사 결사」, 『한국사론』 5, 1979.

채상식, 「무외국통 정오의 활동상과 사상적 경향」, 『부대사학』 23, 1999.

최연식, 「대각국사비의 건립과정에 대한 새로운 고찰」, 『한국사연구』 83, 1993.

허흥식, 「무외국사 정오의 사업과 계승」, 『대련 이영자박사 화갑기념 천태사상과 동양문화』, 1997.

한기문, 「고려시기 천태종 남숭산문의 성립과 사상적 경향」, 『역사교육논집』 50, 2013.

허흥식, 「조선초의 사원과 소속종파」, 『고려불교사연구』, 일조각, 1986.

황인규, 「고려후기 白蓮社 결사정신의 계승과 변질」, 『백련불교논집』 10, 2000.

황인규, 「고려후기 백련사 결사의 계승과 전개」, 『불교연구』 38, 2013.

황인규, 「고려후기 조선초 강진 白蓮寺의 역사와 사세」, 『한국사상사학』 46, 2014.

황인규, 「여말선초 천태종승의 동향」, 『천태학연구』 11, 2008.

황인규, 「조선전기 천태고승 행호와 불교계」, 『한국불교학』 35, 2003.

황인규, 「조인규가문과 수원 만의사」, 『수원문화사연구』 2, 1998.

제4부 한국 천태법화신행의 전개

한국불교사에 나타난 법화회(法華會)의 통시적 특징
 : 법회인가, 결사인가?

『高麗史』

『觀世音應驗記』

『東國李相國集』

『東文選』

『法華經靈驗傳』

『佛祖統記』

『三國遺事』

『宋高僧傳』

『四溟堂大師集』

가산지관 역주,『한국고승비문』, 서울: 대한불교조계종 전통사상서간행위원회, 2011.

고후카쿠사인 니조,『도와즈가타리』, 서울: 학고방, 2014.

김성순,『동아시아 염불결사의 연구 : 천태교단을 중심으로』, 서울: 비움과 소통, 2014.

김창현,『고려의 불교와 상도 개경』, 서울: 신서원, 2011.

박광연,『신라 법화사상사 연구』, 서울: 혜안, 2013.

박상국 편,『全國寺刹所藏木板集』, 서울: 문화재관리국, 1987.

안지원,『고려의 국가 불교의례와 문화』, 서울: 서울대출판부, 2005.

圓仁,『입당구법순례행기』, 신복룡 옮김, 서울: 선인, 2007.

이광수,『금강산유기』, 서울: 실천문학사, 1998.

이병희,『고려시기 사원경제 연구』, 서울: 경인문화사, 2009.

휴정,『청허당집』, 박경훈 옮김, 서울: 동국대 역경원, 1987.

길기태,「백제 사비시기 법화신앙」,『대구사학』제80집, 대구사학회, 2005.

김두진,「고려전기 법화사상의 변화」,『한국사상과 문화』제21집, 수덕문화사, 2003.

김문경,「적산 법화원의 불교의식 : 불교 대중화 과정의 一齣」,『史學志』제1집,

단국대사학회, 1967.

김영미, 「고려 후기 "법화경" 영험담 유포와 그 의의 : "海東法華傳弘錄"을 중심으로」, 『이화사학연구』제45집, 이화여자대학교 이화사학연구소, 2012.

김영태, 「법화신앙의 전래와 그 전개 : 삼국·신라시대」, 『한국불교학』3집, 한국불교학회, 1977.

이기운, 「동북아 삼국의 법화삼매 행법체계 연구」, 『동양철학연구』제70집, 동양철학연구회, 2012.

이기운, 「서산대사 휴정의 법화경 수용과 신행」, 『韓國禪學』제15호, 한국선학회, 2006.

이기운, 「새로 발견된 妙法蓮華經三昧懺法을 통해 본 고려후기 법화신행」, 『韓國禪學』제30호, 한국선학회, 2011.

이능화, 「조선불교휘보」

이효원, 「보살관음의 한국적 변용과정 : 신앙의 영험화를 중심으로」, 『文學 史學 哲學』제20호, 한국불교사연구소, 2010.

한국역사정보통합시스템: http://www.koreanhistory.or.kr/

한국고전번역원: http://www.itkc.or.kr/itkc/Index.jsp

불교기록문화유산아카이브시스템: http://kabc.dongguk.edu/

한국불교문화종합시스템: http://buddha.dongguk.edu/

새로 발견된『묘법연화경삼매참법(妙法蓮華經三昧懺法)』을 통해 본 고려 후기 법화 신행

智顗, 『法華三昧懺儀』

『法華三昧懺助宣講義』卷下

山亘, 『妙法蓮華經三昧懺法』卷上

山亘, 『妙法蓮華經三昧懺法』卷下

山亘, 『妙法蓮華經三昧懺法』三卷

『禪宗唯心訣』

『신편제종교장총록』

『동문선』

『고려사』

崔滋, 「萬德山白蓮社圓妙國師碑銘」

석무외, 「원혜국통제문」

「遊四佛山記」, 『호산록』

『만덕사지』

「용암사 중창기」

『신증동국여지승람』

朴全之, 「靈鳳山龍巖寺重創記」

閔漬, 「國淸寺金堂主佛釋迦如來私利靈異記」

崔滋, 『보한집』

이제현, 「묘련사중흥비」

고익진, 「圓妙了世의 白蓮結社와 그 思想的 動機」, 『불교학보』 제15집.

고익진, 「白蓮社의 思想傳統과 天頙의 著述問題」, 『불교학보』 제16집.

채상식, 「無畏國統 丁午의 活動相과 思想的 傾向」, 『釜大史學』 23, 1999.

채상식, 「백련결사 성립과 사상적 경향」, 『고려후기불교사연구』.

변동명, 「高麗 忠烈王의 妙蓮寺 創建과 法華信仰」, 『한국사연구』.

전선영, 「"법화영험전"의 문학적 성격 연구」, 동국대학교 국어국문학과 석사학위 논문.

이기운, 「고려의 법화삼매 수행법 재조명 : 새로 발견된 법화삼매 수행집을 중심으로」, 『동서비교문학저널』 제24호.

『관세음보살묘응시현제중감로(觀世音菩薩妙應示現濟衆甘露)』에 나타난 법화사상

『묘법연화경』(大正藏9)

세친 조, 『법화경우파데사』(大正藏26)

천태 찬, 『법화문구』(大正藏34)

　　　　『마하지관』(大正藏46)

길장 찬, 『법화의소』(大正藏34)

『능가사자기』(大正藏85)

『제중감로』(韓佛全11)

보광거사, 『감로법회』(韓佛全12)

『노자』, 朝日文庫 상 하, 1992.

『장자』, 동서문화사, 1978.

법정 역, 『수타니파타』, 민음사, 1980(중판).

吉岡義豊, 『道敎と佛敎』 제3, 일본: 國書刊行會, 昭和51.